이름에는 인생이 깃들어 있습니다.

저자 **박도금**

도서출판 **위**

이름은 천만년을 간다.

혈기 왕성한 젊은 시절에는 무서울 것이 없었습니다. 꿈도 크게 가지고, 야망도 컸으며, 노력하면 무엇이든지 이루어낼 수 있다는 자신감도 넘쳐 흘렀습니다. 그러나 사회생활을 시작하면서, 돈 버는 것, 부자가 되는 것, 사업을 성공시키는 것, 정치하는 것, 문학하는 것, 예능하는 것, 예술하는 것, 스포츠하는 것, 등 등, 무엇하나 쉽게 달성할 수 없었고, 꿈이 있다고, 또, 야망이 크다고 이룰수 있는 것이 아니라는 것을 깨달았습니다. 근본적으로 운이 따라야 하고, 그 운에 맞게 꿈도 맞추어야 실현이 가능하다는 것을 느꼈습니다. 운이란, 운명이란 무엇일까요? 운명에는 선천적 운명과 후천적 운명이 있다고 봅니다. 선천적 운명이란, 지구에서, 어느 나라에서, 또 어느 지역에서, 어느 부모님의 자식으로 태어났으며, 몇 년, 몇 월, 몇 일, 몇 시, 몇 분에 태어났고, 남자로 태어났는지, 여자로 태어났는지, 여건이 좋은 집안에서 태어났는지, 여건이 나쁜 집안에서 태어났는지, 형제 자매는 있는지, 몇 번째로 태어났는지 하는 것이 선천적 운명이라고 보고, 후천적 운명은, 부모님께서 세상에 태어난 선물로 자기를 대신하여 표현할 수 있는 이름을 지어준 것이 후천적 운명이라고 봅니다.

선천적인 운명은 바꿀 수 없는 운명이지만, 후천적인 운명은 그 운에 따라 인생이 바뀔 수가 있습니다. 좋은 환경에서 태어나고 좋은 이름으로 살아가면 고생이나 고난없이 안락하게 인생을 살아갈 수 있고, 좋은 환경에서 태어나도 나쁜 이름으로 살아가면 결국, 패가망신이나 가정파탄, 자살, 등 불행한 삶을 살아가게 될 것이며, 나쁜 환경에서 태어나서 좋은 이름으로 살아가면 자수성가하여 대업을 이루고 행복하게 살아갈 것이고, 나쁜 환경에서 태어나서 나쁜 이름으로 살아가면 고난과 슬픔의 삶이 계속 이어지거나, 흉폭한 범죄자가 되어 감옥생활을 하는 삶을 살아가게 될 것입니다. 그래서 선천적인 운명은 바꿀 수 없지만, 후천적인 운명인 이름은, 비록 부모님으로부터 선물받은 것이지만, 인생을 자각하는 그 순간부터는 본인이 얼마든지 바꿀 수가 있는 것입니다.

이름을 바꾸면, 잠시동안 각종 서류나 계약서, 주민증, 면허증 등에 이름을 바꾸어야 하는 번거러움이 생기겠지만, 운명이 바뀐다고 생각하면 그 정도의 수고로움은 아무것도 아닙니다. 혹자는 그 따위 이름이 무슨 대단하고 중요하다고 그러느냐, 또는 이름에 무슨 운명 따위가 있겠는가, 하면서 개똥철학 때려치워라 하고 비웃으며 무시하는 사람들도 있을 것입니다. 그래서 저는 그동안 여러 사람들의 이름을 풀어보고 작명이나 개명을 하면서 느꼈던 것을, 소설이라는 형식을 빌어서 이름에 깃들어 있는 명운들을 이야기해 보고자 합니다.

독자분께서도 이 책을 읽어보면, 사람들이 신기하게 자기 이름대로 살아가는 것을 보고는 놀라움과 두려움을 느끼실 것입니다. 여기 나오는 사람들은 모두 가명을 사용하였으나, 가명이지만 실제 인물과 같은 명운이니, 충분히 이해하리라고 생각됩니다.

이 책을 읽고난 후, 독자분께서도 한번 정도는 자기 이름을 풀어보고나서, 자기의 명운이 어떻게 구성되어 있는지 파악한 후, 길흉화복을 선별하여, 피흉취길하는 자세로 살아간다면, 좋은 삶이될 것으로 믿습니다. 독자 분들의 행복한 인생을 기원하면서 이만 줄이겠습니다.

이름에 모든 것이 있다.

01.

명운의 특성과 이해

몸과 이름은 하나다.

명운의 특성과 이해

명운 이름	육친	특성	NO
비견	나, 형제, 친구, 동료, 동서	• 독립심이 강하고 자기주장도 강하다. • 재물을 가볍게 여기고, 가정에 소홀하다. • 재물운을 극하지만, 다른 명운은 그 명운에 동화되어 힘을 보태준다. • 자기의 성, 세력을 쌓는다 • 대외활동에는 관심이 많다.	1
겁재	나, 자매, 친구, 동료, 동서	• 재물탕진, 허욕, 투기, 가정파괴, 패가망신 • 사교적이고 대인관계 원만, 야망, 혁신 • 재물운을 극하지만, 다른 명운을 만나면 그 명운으로 동화되어 힘을 보태준다.	2
식신	남자 : 장모, 손자, 조모 여자 : 자식, 손자, 친정조카	• 신체 풍만, 건강미 넘침, 성격 명랑, 활동력 뛰어남, 남에게 호감과 친밀감을 줌. • 낙천적이고 넓은 도량을 갖고 있음. • 미식가, 영양의 신. 건강, 장수. 식록 • 주색을 탐하고 색정에 빠질 염려있음. • 편관과 정관을 극함. • 게으름, 힘든일 회피, 실천력 결단력 부족 • 말을 잘함. • 정신적 심리적 감성적 예술적 종교적 재능	3

명운 이름	육친	특성	NO
상관	남자 : 손녀, 조부 여자 : 자식, 조모	• 나는 나의 길을 가겠다. 나만의 인생. • 변화, 혁신, 혁명, 말을 잘함. • 편관과 정관을 극함. • 비관, 반항, 반발, 자기학대, 불안, 고독, 염세주의, 피살, 자살, 실패, 망신, 실권 • 나와 타인에게 불이익을 줌. • 정신적 심리적 감성적 예술적 종교적 재능	4
편재	남자 : 부친, 첩, 처의 형제자매 여자 : 부친, 시어머니	• 재물운이 좋다. 특히 유동재물운이 좋다. • 사교성이 좋고 이성에 친절하다. • 여자운이 좋다. 애인, 첩, 애인같은 아내 • 선량, 봉사, 의리, 주색, 풍류, 낭비벽 • 분주하고 바쁨, 역마성. • 편인을 극함.	5
정재	남자 : 본처, 부친의 형제, 고모 여자 : 부친의 형제, 고모	• 고정재물운, 안정적인 수입. • 근면, 성실, 절약,보수적, 무리한 모험 거절. • 총명, 합리적, 이성적, 가정적임. 본처운 • 편인, 정인을 극함.	6
편관	남자 : 자식(아들) 여자 : 애인, 흠있는 남자, 정부	• 추진력, 진취성, 도전의식이 매우 강하다. • 승부욕이 강하다. 책임감이 강하다. • 권세, 권위, 명예, 의협심, 완강, 조급, 흉폭 • 큰 성취를 이룰수 있는 강한 힘 • 조직의 두령운, 무인기질, 무관 • 나 자신을 극함. 칠살이라 함. • 비견, 겁재를 극함. • 살기, 귀기, 10대명운중 기가 가장 셈 • 항상 위험이 따름. • 직장운, 영적감각탁월	7

명운 이름	육친	특성	NO
정관	남자 : 자식(딸) 여자 : 남편, 자부	• 안정성과 보수성, 가풍이나 조직의 관습 • 권위, 명예, 법규, 모범, 성실한 원칙주의자 • 강한 책임감, 감투를 좋아함, 관리자 • 통솔자, 지도자 자질 보유. • 문관. • 비견, 겁재를 극함. • 직장운	8
편인	남자 : 서모, 계모, 이모 여자 : 서모, 계모, 이모, 사위, 조부	• 치우침, 왜곡, 독특함, 다재다능, 눈치빠름 • 비판적 시각, 뛰어난 감각, 창조, 개선, 두뇌 • 용두사미, 실패, 비관, 파재, 병재, 복수손상 • 유시무종, 모험가, 난세의 영웅, 시련, 고난 • 식신, 상관을 극함.	9
정인	남자 : 어머니, 장인 여자 : 어머니, 손녀	• 어머니, 모성애, 유순함 • 복록, 수명, 장수 • 학습능력이 뛰어남. 지적 활동을 추구 • 다재다능하며 지혜롭고 총명하다. • 대인관계 원만, 인복이 있음. • 자기애가 강함. • 상관을 극함. • 재복이 있음.	10

명운의 생, 극, 합 관계

명운	생(生)하는 명운	극(殛)하는 명운	합(合)하는 명운
비견(1)	식신(3), 상관(4)	편재(5), 정재(6)	
겁재(2)	식신(3), 상관(4)	편재(5), 정재(6)	
식신(3)	편재(5), 정재(6)	편관(7), 정관(8)	비견(1), 겁재(2)
상관(4)	편재(5), 정재(6)	편관(7), 정관(8)	비견(1), 겁재(2)
편재(5)	편관(7), 정관(8)	편인(9), 정인(10)	
정재(6)	편관(7), 정관(8)	편인(9), 정인(10)	
편관(7)	편인(9), 정인(10)	비견(1), 겁재(2)	비견(1), 겁재(2)
정관(8)	편인(9), 정인(10)	비견(1), 겁재(2)	비견(1), 겁재(2)
편인(9)	비견(1), 겁재(2)	식신(3), 상관(4)	비견(1), 겁재(2)
정인(10)	비견(1), 겁재(2)	식신(3), 상관(4)	비견(1), 겁재(2)

02.

그녀와의 첫만남

아름다운 이름이 보배로운 기름보다 낫다.

    내 사무실이 있는 건물 앞에 자주 정차하는 승용차 1대가 있었다. 차량 끝 번호 4자리 숫자가 7499인데, 나의 전화번호 끝 숫자도 7499라서, 내가 아끼는 7499 숫자를 가지고 있는 차주가 누구인지 몹시 궁금하였다. 그래서 오늘은 꼭 차주를 만나 보아야겠다고 마음먹고 그 차량이 올 시간대에 건물 앞에 나와서 기다리고 있었다. 30분쯤 기다리니, 드디어 7499 차량번호 차가 나타나서 건물 앞에 정차하였다. 차 밖으로 차주가 나왔다. 여인이었다.

도금선생 : 안녕하세요? 처음 뵙겠습니다.

7499차주 : 아! 네! 안녕하세요?

도금선생 : 여기 자주 주차하시네요.

7499차주 : 네, 바로 저기 식품점에 들러서 먹을 것 좀 사려는데, 마땅히 주차할 곳이 없어 여기 잠시 주차하게 되었네요.

도금선생 : 아! 그렇군요, 그런데 차량번호 뒷 4개 숫자

가 7499이네요. 제 전화번호 뒷 4개 숫자도 7499랍니
다. 참 묘한 인연이네요. 바쁘지 않으시면 제 사무실로
가서 차나 한잔 하면서 7499숫자에 대하여 이야기를
나누었으면 합니다만, 제 사무실은 이 건물 2층에 있는
도금선생 작명소랍니다.

7499차주 : 네, 그 참 묘한 인연이네요. 오늘은 제가 좀
바빠서 아니되고, 다음에 한번 시간내어 사무실로 찾아
뵙겠습니다.

도금선생 : 네, 그렇게 하세요, 다음에 뵙겠습니다.

7499차주 : 그럼 실례하겠습니다.

　이렇게 그 여인과 첫 인사를 하고 헤어졌다. 나는 2층 사무실로
가서, 이름으로서 고객의 애환을 달래주고, 애로 사항을 해결해주
고, 또 어떻게 하면 삶에 대한 희망과 행복을 줄 것인가를 계속 연
구하고 있었다.

03.

슬픈 작명

좋은 이름을 가진 자는 반은 성공한 것이다.
나쁜 이름을 가진 자는 제대로 살아보기 전에
벌써 실패한 것이다.

〈똑! 똑! 똑! 출입문 노크 소리가 들렸다〉

도금선생 : 네! 들어오세요.

〈할머니께서 방문하셨다〉

도금선생 : 여기 앉으세요.

할머니 : 네, 고맙습니다. 여기 뭐하는 곳입니까?

도금선생 : 여기는 성명을 풀어서 그 사람의 인생도 알
아보고 또 궁합도 봐 주고, 신생아의 이름도 지어주고,
개명하고 싶은 분의 이름도 지어주고, 상인이나 사업하
시는 분의 가게나 회사 이름도 지어주는 곳이랍니다.
무엇이 궁금하여 오셨습니까?

할머니 : 제 인생이 하도 기이하고 힘들어서 이름풀이라
도 좀 할려고 찾아왔답니다.

도금선생 : 네, 그렇셨군요. 잘 오셨습니다. 그럼 사주중 알고 있는 것과 성명을 말씀해 주세요. 아, 그리고 성명은 한자로도 말씀해 주세요

할머니 : 저의 성은 방가고 이름은 정자 숙자랍니다. 전남편의 성은 이씨고 이름은 국자 영자랍니다.

도금선생 : 네, 방정숙 할머님, 무엇이 궁금하세요?

방정숙 : 제가 결혼하기 전에는 부친께서는 은행에 근무하셨는데, 은행장이었답니다. 남부럽지 않게, 경제적으로 유복하게 지냈답니다. 제가 중매 결혼을 했는데, 신랑되는 사람이 서울에서 대학교를 졸업하고, 집안도 충청도에서 내노라하는 양조장 운영과 대규모 농사를 짓고 살고 있는 지역의 유지였답니다. 꽤나 잘 사는 집안의 막내 아들과 결혼을 했지요. 그 당시 서울에서 대학교를 졸업하면, 엘리트중 엘리트였는데, 저는 희망과 행복에 부풀어 결혼을 하고나서 시댁이 있는 충청도에서 신혼생활을 시작했지요. 그런데, 결혼생활동안 남편이란 작자가 도대체 직장에 나가서 일을 해서 돈을 벌어올 생각을 하지 않는 거예요. 박정희 대통령 경제개발 시대 때니, 얼마나 고급 일자리가 많았겠어요. 또 건축과를 졸업했으니, 취직할 곳이 얼마나 많았겠어요.

취직했으면 출세가도를 달렸을텐데, 도대체 꿈쩍도 아
니하고 무위도식하는거예요. 하도 답답하여 친정에서
가져온 패물이나 재산을 팔아서 생계를 이어갔지요. 이
런 것도 다 떨어지면 친정에 가서 도움을 청하여 겨우
겨우 지냈답니다. 팔다리 멀쩡하고 정신도 멀쩡한데 신
랑은 전혀 일을 할려고 하지 않았답니다. 참다 못한 저
는 이 사람과는 결혼생활을 계속 할 수 없다는 생각 끝
에 이혼을 작정하고 그 사람과 합의이혼을 하였답니다.
그 동안 딸 하나를 낳았는데, 내가 키우기로 하고 헤어
졌지요.

친정에서 물려준 집과 재산을 가지고 온갖 굳은 일을
다 하며, 딸과 둘이 지금까지 살아오고 있답니다. 애 아
빠는 아직도 살아 있으며, 여러 여인과 살고 또 헤어지
며, 경제적으로 어려울 때는 딸에게 전화하여 도움을
요청하며, 우리 모녀의 속을 썩이며 살아가고 있답니
다. 도대체 왜 이런 슬픈 삶을 살아야 되는지, 답답해서
선생님을 찾아왔답니다. 혹시 이름에 이렇게 살아가야
할 운명같은 것이 들어 있습니까?

도금선생 : 잘 들었습니다. 그럼 두 분의 이름을 풀어서
그 원인을 찾아보겠습니다.

도금식 성명 풀이서

시기	천간명운	성명	지지명운
초년운	겁재(2)	방	편재(5)
25~30세	정재(6)		편인(9)
중년운	식신(3)	정	정관(8)
55~60세	편재(5)		정인(10)
말년운	상관(4)	숙	편관(7)
60세이후	정인(10)		식신(3)

〈참고〉   1. 초년운, 중년운, 말년운의 시기는, 사람들의 수명에 따라
　　　　　다르므로, 위의 시기는 참고용입니다.
　　　　2. 천간명운 : 태어날 때, 가지고 온 운입니다.
　　　　3. 지지명운 : 살아가면서 생기는 운입니다.

방정숙님의 이름을 풀어 보겠습니다.

〈천간명운과 지지명운〉

왼쪽에 있는 명운을 천간명운이라 하며, 태어날 때 가지고 온 운
이고, 오른쪽에 있는 명운을 지지명운이라 하며, 살아가면서 생기
는 운입니다. 서로 상생상합하여 조화로우면 행복해 지고, 서로극
을 했을 때, 좋은 운이 극을 당하면 불행해 지고, 나쁜 운이 극을 당

하면, 나쁜 운이 사라지고 좋은 운으로 변하여 흉변위길하니, 대성하고 행복해 집니다.

방정숙님은 천간명운이 간접적으로 지지명운을 극하고 있습니다.

〈초년운〉

초년운 첫자음은, 겁재(2) - 편재(5) 명운 배합입니다. 겁재(2)가 편재(5)를 극하고 있습니다. 편재(5)의 특성은, 유동재물, 아버지,활동성, 역마성, 인정, 의리, 친절 등이 있는데, 극을 당하여 불행한 운이 되었습니다. 두 명운 배합의 특성은, 재물복이 없습니다.

조실부모합니다. 일신이 고단하고 부부풍파가 심합니다.

초년운 받침자음은, 정재(6) - 편인(9) 명운 배합입니다. 정재(6)가 편인(9)을 극하고 있습니다. 편인(9)의 특성은, 실패, 좌절, 중도포기, 자식해, 건강해, 고독, 개척자, 서모, 변화, 혁신, 창의적인 발상등이 있는데, 나쁜 운입니다. 나쁜 운이 극을 당하여 흉변위길하니, 화기와 길상이 찾아와서 하는 일마다 잘 되고, 부귀가 따르며 길사가 많고 장수합니다.

초년운 천간명운은, 겁재(2) - 정재(6) 명운 배합입니다. 겁재(2)가 정재(6)를 직접 극하고 있습니다. 정재(6)의 특성은, 고정재물운, 근면, 성실, 저축, 절약, 총명, 다재다능, 보수적, 가정적, 명예 등이 있는데, 극을 당하여 대흉한 운이 되었습니다. 두 명운 배합의 특성은, 재물복이 없습니다. 조실부모합니다. 평생 복록이 없고 온갖 질병에 시달립니다. 고독합니다. 남편복이 없습니다.

초년운 지지명운은, 편재(5) - 편인(9) 명운 배합입니다. 편재(5)가 편인(9)을 직접 극하고 있습니다. 편인(9)은 나쁜 운인데 극을 당하여 흉변위길하니, 대길한 운으로 변하였습니다. 두명운 배합의 특성은, 길상과 화기가 찾아와서 부귀가 따르고, 목적한 바를 이루고, 행복합니다. 선고후락하여 말년이 태평합니다. 장수합니다.

이처럼 초년운은 겁재(2)가 재물운(편재, 정재)을 극하여 재산을 탕진하였으나, 다행히도 재물운(편재, 정재)이 편인(9)을 극하여 흉변위길하니, 살아날 길이 생겼던 것입니다.

〈중년운〉

중년운 첫자음은, 식신(3) - 정관(8) 명운 배합입니다.

식신(3)이 정관(8)을 극하고 있습니다. 정관(8)의 특성은, 권위, 명예, 문관, 관리, 관청, 책임감, 지도자, 통솔자, 정실남편 등이 있는데, 극을 당하여 불행한 운이 되었습니다. 두 명운 배합의 특성은, 부부간에 불화가 많고 이별수입니다. 직장복이 없습니다. 평생 애로가 많고 고독합니다.

중년운 받침자음은 편재(5) - 정인(10) 명운 배합입니다.

편재(5)는 아버지요. 정인(10)은 어머니이므로, 두 사람의 만남은 정상적인 부부의 만남이므로 길하다고 봅니다. 부모님 덕이 많습니다.

중년운 천간명운은, 식신(3) - 편재(5) 명운 배합입니다.

두 명운은 서로 상생하여 대길합니다. 식신(3)의 특성은, 식록, 영양의 신, 건강, 장수, 자식, 낙천성, 정신적, 심리적, 감성적, 예술적, 종교적 재능이 뛰어나고 말을 잘 합니다. 편재(5)의 특성은 위에서 설명한 바와 같이 좋은 운입니다. 두 명운 배합의 특성은, 자식복이 많습니다. 건강, 장수 합니다. 재물복이 많습니다. 일생 안락하고 행복합니다.

중년운 지지명운은, 정관(8) - 정인(10) 명운 배합입니다.

정관(8)의 특성은, 위에서 설명한 바와 같이 관운으로서 문관이며 정실남편입니다. 정인(10)의 특성은, 복록, 지혜, 지식, 학문, 수명, 장수, 어머니, 모성애, 유순함 등이 있습니다. 관운과 지혜의 운이 만나서 대길한 운이 되었습니다. 두 명운 배합의 특성은, 지, 덕을 겸비한 지도자 운입니다. 권위 명예가 따릅니다. 지혜 지식 이론에 밝습니다. 모성애가 강합니다. 리더하려는 경향이 강합니다.

이처럼 중년운은 다 좋으나, 식신(3)이 정관(8)을 극하여 정실남편운이 사라져 버린 것이 가장 큰 흠입니다. 그래서 정실남편과 이별을 하게된 것입니다.

〈말년운〉

말년운 첫자음은, 상관(4) - 편관(7) 명운 배합입니다.

상관(4)이 편관(7)을 극하고 있습니다. 편관(7)의 특성은, 권세, 완강, 투쟁, 쟁취, 의협심, 승부욕, 추진력, 권력, 권위, 권력욕, 명예, 무관, 직장, 살기, 귀기, 흠있는 남자, 끼있는 남자, 남자 애인 등이 있는데, 극을 당하여 대흉한 운이 되었습니다. 두 명운 배합의 특성은, 극부 극자하는 과부운입니다. 고독합니다. 재앙이 많습니다.

망신살이 있습니다. 온갖 질병이 있고 단명합니다. 생활전선에 뛰어 듭니다.

말년운 받침자음은, 정인(10) - 식신(3) 명운 배합입니다.

복록과 식록이 만난 것이고, 어머니와 자식이 만난 것이므로 대길한 운이 되었습니다. 두 명운 배합의 특성은, 오복을 가지는 대길한 운입니다. 건강 장수하며 행복합니다. 다방면에서 성공하며 부귀가 따릅니다. 복록과 식록이 많습니다. 가운을 번창하게 합니다. 일평생 부귀 영화를 누립니다.

말년운 천간명운은, 상관(4) - 정인(10) 명운 배합입니다.

정인(10)이 상관(4)을 극하고 있으나, 받침자음에 정인(10)이 있어서 상관(4)을 제대로 억제하지 못하고, 상관(4)의 기운이 더 이상 뻗어나가지 못하도록 막고 있습니다. 그래서 말년운 초반기에는 상관(4)의 나쁜 운이 발현되어서 불행한 시절을 보내게 되었습니다.

상관(4)의 특성은, 비관, 증오, 분노, 염세주의, 망신, 실패, 자기학대, 피살, 자살, 관운을 해함, 자유분방, 변화, 혁신, 정신적,심리적, 감성적, 예술적, 종교적 재능이 뛰어남, 말을 잘 함 등이있는데, 10대 명운중 가장 흉한 명운입니다. 두 명운 배합의 특성은, 주위의 도움이 없고 신세를 한탄하는 불행한 운입니다. 자녀에게 불행한 일이 생깁니다. 남자운을 극하는 과부운입니다. 말년운 지지명운은, 편관(7) - 식신(3) 명운 배합입니다.

식신(3)이 편관(7)을 극하고 있으나, 식신(3)이 받침자음에 있어서 편관(7)의 기운을 완전히 억제하지 못하고, 더 이상 뻗지 않도록 막고 있습니다. 두 명운 배합의 특성은, 남편과 이별수가 생기던가 남편에게 나쁜 일이 생깁니다. 성공에 애로가 많습니다. 가정생활은 맞지 않고 사회생활이 좋습니다.

말년운을 보면, 편관(7)이 상관(4)과 식신(3)에게 둘려 쌓여 극을 당하고 있으니, 편관(7)의 기운이 완전히 사라져 버렸습니다. 따라서 님자와의 인연은 없다고 보아야 합니다.

다행히도 말년운 받침자음에 정인(10) - 식신(3) 명운 배합이 있어서, 말년운 말기에는 행복한 삶을 영위할 것입니다.

도금선생 : 초년운을 보면, 겁재(2)가 재물운을 극하여
재산을 탕진하였고, 중년운에는 식신(3)이 정관(8)을 극

하여 정실남편과 이별하였으며, 말년운에는 상관(4)과 식신(3)이 편관(7)을 극하여 그 어떤 남자와도 인연이 없도록 하였으니, 외롭게 혼자 살아가게 된 것입니다. 그러나, 재물운과 남자운을 극하는 것, 이 외에는 길하는 운이 많아서 지금까지 무사히 살아왔습니다.

방정숙 : 선생님, 그것 참 신기하네요. 어떻게 그런 것들이 이름속에 다 나타나 있지요. 결혼 후 재산 탕진한 것도 맞고요. 정실남편과 이혼한 것도 맞고요. 그리고 다른 남자와 인연이 없는 것도 맞습니다. 참, 신기하네요.

도금선생 : 이름은 자기 분신과도 같은 것이기 때문에, 이름 속에는 그 사람의 인생이 깃들어 있답니다. 그래서 대부분의 사람들이 자기 이름대로 살아가고 있습니다.

방정숙 : 사람들이 자기 이름대로 살아간다면, 내 이름을 지어준 작명가가 원망스럽네요. 어찌 저를 평생 외롭고 힘들게 살아 가도록 지었는지 참말로 원망스러워요. 제가 태어날 때, 집안이 부유하여 아버지께서 장안에서 이름 잘 짓기로 소문난 작명가에게 가서 이름을 지었답니다. 제 형제 모두 그 집에서 이름을 지었지요. 그런데 지금 이게 뭡니까? 평생 딸 하나와 외롭고 힘들게 살아가는 내 모습이 너무 처량합니다. 그 작명가가

한없이 원망스러워요.

도금선생 : 아마, 그 작명가 분께서도 최선을 다해서 작명하였으리라고 생각됩니다. 한자 획수를 보니, 길한 숫자이니 수리성명학을 적용한 것 같고, 또 사주명리학을 적용하여, 사주에 맞는 이름을 지었을 것이라고 생각됩니다. 문제는 여기에 있습니다.

첫째, 사람의 운명이 들어 있는 이름을, 한낱 한자 획수가 좌지우지할 만큼 한자 획수가 그리 중요한 것이냐는 것이고, 둘째, 사주명리학이란 역학은 중국의 송나라, 당나라 때에 발현한 학문인데, 1,000년 전의 학문입니다. 그 당시는 인구도 지금보다 10분의 1도 되지 않아서 통계적 가치가 낮으며, 교통도 너무나 열악하여 사람 왕래가 불편하여 정보가 정확히 전달이 되지 않았고, 관청의 문헌이나 자료가 신빙성이 낮다는 것입니다. 이런 여건에서 발현한 학문이 정말 신뢰할 수가 있는가입니다. 셋째, 사주란, 태어난 해, 태어난 월, 태어난 날짜, 태어난 시간을 의미하는데, 1,000년전의 사주와 현재의 사주는 차이가 있습니다. 왜냐하면, 지구의 자전과 공전이 계속 변화하고 있기 때문입니다.

지구의 자전과 공전이 변화하면 시간, 일, 월, 년이 변화합니다.지금 지구 자전은 조금씩 늦어지고 있습니다. 하루가 길어지고 있습니다. 지구의 공전도 태양의 활동에 따라 변화해 가고 있습니다. 그리고 1년 365일이라고 하는데, 실제는 1년 365.25일입니다. 1년에 0.25일이 더 많은데, 1,000년 동안 250일이 차이가 납니다. 그래서 1,000년전의 사주를 기준으로 한 사주팔자 이론은 모순이 있어서, 1,000년전의 사주명리학을 적용했다가는 종종 틀리는 경우가 허다합니다. 작명가 분들은 이런 점을 간과하는 것 같아요. 그저, 기본 원리에 맞게 적용하는 것에만 몰두하는 것 같아요.

방정숙 : 선생님 말씀이 맞아요, 내 이름풀이를 들어보니, 내가 내 이름대로 살아온 것 같아요. 이처럼 중요한 이름인데, 남의 이름을 길흉화복의 확신도 없이 지으면 않되지요.

도금선생 : 다음은 전 남편이신 이국영님에 대하여 알아보겠습니다.

방정숙 : 전 남편도 집안이 부유하여, 이름을 지을 때, 그 지역에서 가장 잘 짓는다고 소문난 작명가가 지어준 이름이랍니다. 조금 전에 얘기를 아니했는데, 전 남편은 그 많은 부모 재산을 한푼도 물려 받지 못하였답니

다. 둘째 형이 부모님 살아계실 때, 부모님과 같이 살면서 모든 재산과 부동산을 모두 자기 앞으로 이전 등기하여 빼돌렸는데, 나중에 재산 분할 소송을 제기했는데 패했답니다. 이처럼 지독히 복도 없는 사람이랍니다. 어서 그 사람 이름풀이를 듣고 싶어요.

도금선생 : 네, 알겠습니다.

도금식 성명 풀이서

시기	천간명운	성명	지지명운
초년운 25~30세	정관(8)	이	상관(4)
중년운 55~60세	정인(10) 정인(10)	국	정재(6) 정재(6)
말년운 60세이후	정재(6) 정재(6)	영	겁재(2) 겁재(2)

〈참고〉 1. 초년운, 중년운, 말년운의 시기는, 사람들의 수명에 따라 다르므로, 위의 시기는 참고용입니다.

2. 천간명운 : 태어날 때, 가지고 온 운입니다.

3. 지지명운 : 살아가면서 생기는 운입니다.

이국영님에 대하여 성명을 풀어보겠습니다.

〈천간명운과 지지명운〉

지지명운이 천간명운을 극하고 있습니다. 이럴경우, 좋은 운을 극하면 불행해지지만, 나쁜 운을 극하면 나쁜 운이 좋은 운으로 변하여 흉변위길하니, 대성하고 행복해 집니다.

좋은 운인 정관(8), 정인(10), 정재(6)가 극을 당하니, 대흉한 운이 되었습니다.

〈초년운〉

초년운은 정관(8) - 상관(4) 명운 배합입니다. 상관(4)이 정관(8)을 극하고 있습니다. 정관(8)의 특성은, 관운으로서, 권위, 명예, 법규, 규정, 규칙, 관청, 직장, 지도자, 관리자, 딸 등이 있는데, 극을 당하니, 권위나 명예스러운 일은 할 수가 없고, 직장운도 없습니다.

〈중년운〉

중년운은, 첫자음과 받침자음이 같아서 명운도 같습니다. 정인(10) - 정재(6) 명운 배합이 2개나 있습니다. 정재(6)가 정인(10)을 극하고 있습니다. 정인(10)의 특성은, 복록, 지혜, 지식, 수명, 장수, 어머니, 모성애, 유순함 등이 있는데, 극을 당하니 온갖 복록과 지혜의 운이 사라져 버렸습니다. 매사에 복록이 없으니, 대흉한 배합입니다.

〈말년운〉

말년운도 첫자음과 받침자음이 같은 명운입니다. 정재(6) - 겁재
(2) 명운 배합이 2개나 있습니다. 겁재(2)가 정재(6)를 극하고 있습
니다. 정재(6)의 특성은, 고정재물, 본처, 근면, 성실, 저축, 총명, 다
재다능 등이 있는데, 극을 당하니, 재물운과 본처운이 없어져 버렸
습니다.

〈첨언〉

관운이 극을 당해, 권위나 명예가 있는 것은 할 수가 없으며, 직
장운도 없고, 복록도 극을 당해 매사가 힘들고 고통스럽고, 재물복
과 여자복도 극을 당해, 빈곤하고 외롭게 살아가는 운명입니다.

중년운과 말년운의 연결 운세도 엉망입니다. 도대체 누가 이렇게
대흉하게 이름을 지어주었던 말입니까? 관운, 복록, 재물, 여자운을
극하면 어떻게 살아가란 말입니까?

방정숙 : 선생님! 어찌 이렇게 잘 맞추십니까? 정말 신기
하네요.

도금선생 : 이국영님도 한자획수의 합이 좋은 수이랍니

다. 그리고 사주팔자에 맞게 이름을 지었을 것입니다.
그러나 결과는 너무나 비참하여 마치 패인처럼 인생을
살아 갔습니다.

관운이 극을 당하고 있는데도 상관을 그대로 두어 불행
을 막지도 않았고, 복록과 지혜의 운이 극을 당하여 매
사가 불성하여 아무리 발버둥쳐도 되는 일 없으며, 재
물과 여자운이 극을 당하여 가난과 고독한 삶을 살아온
것입니다.

방정숙 : 참, 슬픈 작명입니다. 그 양반이나 저나 이름
명운대로 살아왔는데, 한번뿐인 인생을 처참하게 바꾸
어 버리다니, 그 작명가가 정말로 원망스럽습니다.

도금선생 : 평생 외롭고 힘들게 살아오신 방정숙님께 조
금이나마 위안이 될까 싶어서 새 이름을 하나 지어드릴
께요, 조금만 기다리세요.

방정숙 : 아이고, 고마우셔라.

도금선생 : 자, 새 이름을 지어 보았습니다. 새 이름은 방
나희입니다. 중년운에 강한 정실남편운을 넣어서, 남편
과 함께 무병식재하고 생애가 안락하고, 경사가 많고,
복록도 많도록 지었으며 남편은 출세하여 명예와 부를
누리도록 지었습니다.

방정숙 : 새 이름이 방나희라, 예쁜 이름이네요. 고맙습니다. 늙어서 무슨 소용이 있겠냐마는 기분은 좋네요. 10년만 젊었어도개명하고 싶은데, 이제 80세가 넘었으니 아무 소용이 없네요. 이름풀이 잘 들었습니다. 그동안 답답했던 마음이 풀리는 것 같습니다. 다음에 또 올게요. 다음에는 가족들을 데리고 올려고 합니다. 그 때도 잘 봐 주세요.

도금선생 : 네, 할머니, 가족과 함께, 건강하고 행복하게 사세요.

〈방정숙 할머님이 가신 후, 나는 두 분의 고단했던 그 동안의 삶에 대해, 신께서 보상도 좀 해 주시고, 앞으로 남은 여생은 평안하고 행복하게 살게 해 달라고 신께 기도하였다.〉

04.

대통령 하야 사건과 중요 인물의 명운

하는 일이 잘 안되거나 안 풀릴 때, 건강이 나쁠 때,
이름의 영향일 수가 있다.

〈1주일이 지난 어느날, 똑! 똑! 노크 소리가 들리면서 방문객이
찾아왔다〉

7499님 : 안녕하세요? 선생님! 저 알아보시겠어요?

도금선생 : 아!, 네, 차량번호 뒷자리 7499님이 아니세
요? 반갑습니다. 여기 앉으세요. 차라도 한 잔 하시겠습
니까? 커피 괜찮으세요?

7499님 : 네, 고맙습니다. 여기 뭐하는 곳이에요?

도금선생 : 네, 여기는 신생아 이름도 작명하고, 개명하
고 싶은 분의 이름도 새로 지어주고, 이름풀이를 해서
그 사람의 인생도 이야기해 주고, 남녀 궁합도 봐 주고,
일년 신수도 알아봐 주고, 기타 가족 문제도 의논해보
는 곳이지요.

　7499님은 역학을 좀 공부하셨습니까? 차량번호 7499

를 다 가지고 계시네요.

7499님 : 아니에요, 그냥 관공서에서 발급한데로 부착하여 다니고 있답니다. 7499 숫자에 뭐 특별한 의미라도 있나요?

도금선생 : 네, 그러셨군요. 운명이란 책을 보면, 거기에 숫자에 대해 설명한 내용이 있는데, 책 저자분께서 직접 조합한 숫자중에서 7499가 있지요. 7499 숫자 1개씩 모두 합하면 29가 되지요. 29 숫자는 여름에 태어난 사람에게 매우 좋다고 합니다. 혹, 여름에 태어났습니까?

7499님 : 아니에요, 겨울에 태어났답니다.

도금선생 : 네, 겨울에 태어난 사람은 끝이 3인 숫자가 좋다고 하네요. 예를 들면, 3, 13, 23, 33, 43, 53 등 등, 그런데 7499 숫자에는 13이란 숫자가 숨어 있답니다. 4 + 9 = 13 이지요. 봄에 태어난 사람은 18이란 숫자가 좋고, 가을에 태어난 사람은 11이란 숫자가 좋은 수이지요. 7499 숫자에는 봄, 여름, 가을, 겨울에 좋은 숫자가 내포되어 있답니다. 즉, 7 + 4 = 11인데, 가을 출생에 좋고, 4 + 9 = 13은 겨울 출생에 좋고, 9 + 9 = 18은 봄 출생에 좋고, 7 + 4 + 9 + 9 = 29는 여름 출생에 좋지요. 그래서 제가 여름에 태어나서 7499 숫자를 전

화번호에 사용하고 있답니다. 우연히 나와 같은 번호를 가진 차주를 만나서 무척 반가웠답니다.

7499님 : 아! 그런 뜻이 있었군요. 듣고보니 저도 좋은 숫자 차번호를 가지고 다녀서 기분이 좋네요.

도금선생 : 책 저자께서 우리들보다 더 많이 연구하고, 더 많은 지식과 지혜를 가지고 계신 분이니, 믿고 사용하는 것도 나쁠 것이 없다고 생각이 되네요.

7499님 : 네, 그렇지요. 참 별난 인연이 다 있네요.

도금선생 : 그렇군요, 참 별난 인연입니다. 이렇게 만났으니, 자주 놀러 오세요.

7499님 : 네, 알겠습니다. 그렇게 할께요.

도금선생 : 이왕에 오셨으니, 좋은 인연이고 해서, 공짜로 이름풀이를 해 줄까요?

7499님 : 정말요!, 그런데 이름에 무슨 의미가 있나요? 그냥 부르는 것 아닌가요? 옛날 사람들도 이름을 대충 지어서 잘 살아왔던 것 아닌가요?

도금선생 : 그렇지가 않답니다. 이름은 자기 자신을 대신하여 남이 불러주는 것인데, 자신의 분신이라고 봐야 합니다. 분신이므로 사람들은 각자 자신의 이름대로 살아가고 있어요.

7499님 : 아니, 그것을 어떻게 증명하고 믿을 수가 있습니까? 만약 그렇다면, 전번에 일어난 대통령 탄핵으로 하야한 사건도 이름 속에 그런 운명이 들어있단 말입니까?

도금선생 : 아! 그렇게 궁금했던거군요. 그럼 하나씩 풀어보겠습니다. 그런 일이 일어난 과정을 보면, 핵심 인물 3분이 있습니다. 첫째 분은 신흥 종교 교주이시고, 네모그룹 회장이신 유병안 회장님입니다. 둘째 분은 탄핵당한 박근하 대통령님입니다.

셋째 분은 대통령님의 자질구레한 일들을 도와주고 있었던 최진실님입니다. 과정을 보면, 네월호 침몰 사고로 300명이상이 사망했는데, 사망자중에는 수학여행을 떠난 고등학생이 대다수였고, 어린 학생의 죽음은 전 국민에게 슬픔을 안겨주었으며, 이 슬픔은 선박회사에 대한 분노를 넘어, 정부에 대한 분노로 퍼져 나갔지요. 이런 와중에 최진실님의 부정한 업무처리가 언론에 크게 보도되면서, 정부에 대한 분노가 더욱 더 가중되니, 결국 국민 촛불운동으로 번지고, 결국 대통령의 부정한 일까지 조사하면서 탄핵당하여 하야하는 너무나 엄청난 일들이 벌어졌답니다.

그래서 이 세 분의 이름을 풀어봄으로서, 왜 그런 일들이 운명적으로 일어났는지 이해가 되실 것입니다.

자, 그럼 유병안 회장님부터 이름을 풀어보겠습니다.

도금식 성명 풀이서

시기	천간명운	성명	지지명운
초년운 25~30세	상관(4)	유	편인(9)
중년운 55~60세	정인(10) 상관(4)	병	편재(5) 편인(9)
말년운 60세이후	상관(4) 정재(6)	안	편인(9) 비견(1)

〈참고〉　1. 초년운, 중년운, 말년운의 시기는, 사람들의 수명에 따라 다르므로, 위의 시기는 참고용입니다.

2. 천간명운 : 태어날 때, 가지고 온 운입니다.

3. 지지명운 : 살아가면서 생기는 운입니다.

네모그룹 유병안 회장님의 성명을 풀어 보겠습니다.

〈천간명운과 지지명운〉

지지명운이 천간명운을 극하고 있는 배합입니다. 이럴 경우, 좋은 운을 극하면 불행해지지만, 나쁜 운을 극하면 나쁜 운이 좋은 운으로 변하여 흉변위길하니, 대성하고 행복해집니다.

〈초년운〉

초년운은 상관(4) - 편인(9) 명운 배합입니다. 편인(9)이 상관(4)을 극하고 있습니다. 상관(4)의 특성은, 변화, 혁신, 혁명, 비판, 증오, 염세적, 비판, 허무, 실패, 자살, 정신적, 심리적, 감성적, 예술적, 종교적 기질이 강한 특성이 있는데, 길사보다는 흉사가 많은 나쁜 운입니다. 이 나쁜 운이 극을 당하여, 나쁜 운이 좋은 운으로 변하여 흉변위길하니, 종교분야에서 탁월한 소질을 발휘하여 신흥 종교 교주가 될 수 있었습니다. 하지만, 상관(4)과 편인(9)은 2개 모두가 흉한 운이라서 어떤 형태로든 불행은 찾아옵니다.

〈중년운〉

중년운 첫자음은 정인(10) - 편재(5) 명운 배합입니다. 편재(5)가 정인(10)을 극하고 있으나, 편재(5)는 아버지요 정인(10)은 어머니이므로, 이상적인 부부의 만남이니까 길한 명운 배합으로 봅니다. 학문, 지혜, 종교 방면에서 성공하는 사람이 많으며, 재운도 좋습니다.

중년운 받침자음은 상관(4) - 편인(9) 명운 배합입니다. 편인(9)이 상관(4)을 극하고 있습니다. 초년운과 같아서 흉변위길하여 대길한 운으로 변하였습니다.

중년운 천간명운은, 정인(10) - 상관(4) 명운 배합입니다. 정인 (10)이 상관(4)을 극하고 있습니다. 상관(4)의 나쁜 운이 정인(10)의 운에 감화되어 좋은 운으로 변하니, 대길한 운으로 변하였습니다. 부귀, 복록, 명성, 명예, 장수하는 복을 누리게 됩니다.

중년운 지지명운은 편재(5) - 편인(9) 명운 배합입니다. 편재(5)가 편인(9)을 극하고 있습니다. 나쁜 운인 편인(9)이 극을 당하여, 나쁜 운이 좋은 운으로 변하여 흉변위길하니 대길한 운으로 변하였습니다. 태평하고, 대업을 달성하고, 부귀영달합니다.

이처럼 중년운은, 첫자음 명운 배합, 받침자음 명운 배합, 천간명운 배합, 지지명운 배합이 모두 길하여 대성하고 행복하게 되었습니다. 종교적으로도 신흥 종교 교주로 성공하였고, 경제적으로는 네모그룹 회장이 되었습니다.

〈초년운과 중년운의 연결 운세〉

초년운 천간명운에는 상관(4)이 있고, 중년운 천간명운 첫자음에는 정인(10)이 있는데, 이 두 명운이 만나서 상관(4) - 정인(10) 명운 배합이 되었습니다. 상관(4)은 편인(9)에게 극을 당하고 있었는데, 중년운에 와서 또 정인(10)에게 극을 당하니, 상관(4)의 나쁜 운이 전혀 힘을 펴지 못하게 되어 길한 운으로 변하였습니다.

초년운 지지명운에는 편인(9)이 있고, 중년운 지지명운 첫자음에 는 편재(5)가 있습니다. 편인(9) - 편재(5) 명운 배합인데, 편재(5)가 편인(9)을 극하고 있어서, 편인(9)의 나쁜 운이 힘을 펴지 못하고 있 어서 불행이 사라졌습니다. 이처럼 중년운이 초년운의 나쁜 기운을 막아줌으로서 중년운에서 더욱 더 대성하고 행복할 수 있었습니다.

〈말년운〉

말년운 첫자음은, 상관(4) - 편인(9) 명운 배합입니다. 초년운과 같으며, 편인(9)이 상관(4)을 극하여, 상관(4)의 나쁜 운이 좋은 운 으로 변하여 흉변위길하니, 대길한 운으로 변하였습니다. 하지만, 두 명운은 모두 나쁜 운이므로 어떤 형태로든 불행이 닥칩니다.

말년운 받침자음은, 정재(6) - 비견(1) 명운 배합입니다. 비견(1) 이 정재(6)를 극하고 있습니다. 정재(6)의 특성은, 고정재물운, 본 처, 성실, 절약, 총명, 다재다능, 보수적 등이 있는데, 극을 당하니 매우 불행하며 위험이 닥칠 것을 예고하고 있었습니다.

말년운 천간명운은, 상관(4) - 정재(6) 명운 배합입니다. 상관(4) 이 정재(6)와 어울리면서 재물로 인하여 불행해질 것이라고 말하고 있습니다.

말년운 지지명운은, 편인(9) - 비견(1) 명운 배합입니다. 비견(1) 이 편인(9)을 만나서 편인(9)에게 동화되어 힘을 보태주니, 편인(9)

의 힘이 매우 강해졌습니다. 편인(9)은 실패, 좌절, 중도포기, 도식 단명, 자식해, 질병, 자살 등의 불행한 운인데, 그 힘이 강해졌으니 큰 불행이 닥칠 것을 예고하고 있었습니다.

〈중년운과 말년운의 연결 운세〉

중년운 천간명운 받침자음에 상관(4)이 있고, 말년운 천간명운 첫자음에도 상관(4)이 있습니다. 상관(4) - 상관(4) 명운 배합인데, 상관(4)이 2개나 있어서 그 기운이 매우 강합니다. 중년운 첫자음에 있는 정인(10)이 상관(4)을 극하여도, 상관(4)의 힘이 너무 강하여 완전히 제압할 수가 없었습니다. 그리하여 상관(4)의 불행한 기운이 말년운에 나타났었습니다.

지지명운도 보면, 중년운 받침자음에 편인(9)이 있고, 말년운 첫자음에도 편인(9)이 있습니다. 편인(9) - 편인(9) 명운 배합으로서 편인(9)이 2개이니, 편인(9)의 기운이 강하게 되었습니다. 중년운 첫자음에 있는 편재(5)가 편인(9)을 극하고 있었으나, 워낙 편인(9)의 기운이 강하여 완전히 제압하지 못하고 있습니다. 말년운에 편인(9)의 불행한 운이 나타났던 것입니다.

〈첨언〉

초년운과 중년운은 나쁜 운을 극하여, 나쁜 운이 좋은 운으로 변하여 흉변위길하여 대성하고 행복하게 되었으나, 말년운에 와서 불행한 운인 상관(4)과 편인(9)을 통제하지 못하고 도리어 불행한 운이 더욱 강화되어 큰 불행이 닥칠 것을 말하고 있었습니다.

그 불행이 네모호 침몰로 나타났으며, 사고 규모가 너무 커서, 그 무거운 책임감을 이기지 못해 스스로 자결하게 되었습니다.

유병안 회장님의 인생이 고스란히 성명에 나타나 있었습니다.

나쁜 운을 극하여, 흉변위길하니, 대성하고 행복하게 살았던 대표적인 인물이신데, 나쁜 운을 완벽하게 제압하지 못하면, 대흉하여, 큰 불행이 닥친다는 것을 잘 보여준 사례입니다.

유병안 회장님이 돌아가신 해의 명운도 풀어보겠습니다.

도금식 성명 풀이서
유병안 회장님이 돌아가신 해의 명운

시기	천간명운	성명	지지명운
초운	편재(5)	유	상관(4)
중운	편인(9)	병	정관(8)
	편재(5)		상관(4)
말운	편재(5)	안	상관(4)
	식신(3)		겁재(2)

유병안 회장님이 돌아가신 해의 명운을 알아보겠습니다.

지지명운을 을 보면, 초운에 상관(4)이 있습니다. 상관(4)은 10대 명운중 가장 불행이 큰 명운입니다. 비관, 비판, 염세주의, 증오, 자살, 실패 등의 특성이 있습니다. 이 상관(4)이 중운 첫자음에 있는 정관(8)을 직접적으로 극하고 있습니다. 정관(8)은 권위, 명예, 관청, 관리, 통솔, 법규, 지도자, 통솔자, 등을 의미하는데, 권위있는 자리에 있는 남자가 명예나 권위가 극을 당하여 사라진다는 것은, 죽음과도 같은 불행입니다. 중운 받침자음에도 상관(4)이 있어, 정관(8)을 극하고 있으니, 정관(8)의 운은 완전히 죽어버렸습니다.

그리고 말운도 보면, 상관(4) - 겁재(2) 명운 배합입니다. 관운을 극하고 재물을 극하는 두 나쁜 운이 만나니, 만사지흉한 대흉한 명운 배합입니다. 죽음과 같은 큰 불행이 닥칠 것을 암시하고 있었습니다.

평생운의 말년운도 불행을 나타내고 있고, 사고 당해년도 대흉한 운을 나타내고 있었습니다. 결국 명운대로 살다간 것입니다.

7499님 : 그것 참, 신기하네요. 어떻게 성명에 본인의 운명이 들어있단 말입니까?

도금선생 : 성명은 자기 자신을 대신하여 남이 불러 주거나, 문서에 기록되니. 그 사람의 운명이 들어있다고

보아야 합니다.

7499님 : 유병안 회장님이 무서운 기세로 신흥 종교를 일으키시고, 또 사업도 크게 번창하였는데, 순식간에 무너져 버렸어요, 어떻게 그럴수가 있을까요?

도금선생 : 불행의 기운은 행운의 기운보다 더 강하답니다.

천사보다 악마의 기운이 더 강하다고 볼 수 있지요. 유병안 회장님은 초년운과 중년운을 보면, 나쁜 운을 극하여 흉변위길하는 운으로 변화시켜 대성하고 행복을 쟁취하였습니다. 성공한 사람들 중에서 이처럼 나쁜 운을 극하여 흉변위길하여 대성한 사람들이 많습니다. 그러나, 흉변위길에는 본래 흉한 기운이 강하게 들어 있습니다. 이 흉한 운에게 조금이라도 빈 틈을 주게 되면, 흉한 기운은 그동안 억눌린 힘이 폭발하여 더욱 불행해집니다.

유병안 회장님은 말년운에 흉한 기운을 제대로 극하거나 억제하지 못하여 흉한 기운이 용솟음처럼 분출하니, 순식간에 대흉하여 자결하였고, 폐가망신하였으며, 사업과 신흥 종교도 패망하였던 것입니다.

7499님 : 나쁜 운을 극하는 작명법을 함부로 사용하면

안될 것 같네요.

도금선생 : 맞아요, 나쁜 운을 극하도록 하는 것은 어쩔 수 없이 그런 해에 태어났거나, 운세를 조화롭게 해야 할 때에만 사용하는 것이 좋아요.

다음에 알아보는 분도 흉변위길하여 출세하였지만, 흉변위길의 원리를 깨우치지 못하고, 자만하여 운세를 흔들어 놓음으로 대흉한 운으로 변하여, 인생을 망친 것입니다. 대통령님의 측근 최진실님에 대하여 알아보겠습니다.

도금식 성명 풀이서

시기	천간명운	성명	지지명운
초년운 25~30세	편관(7)	최	비견(1)
중년운 55~60세	편재(5) 비견(1)	민	편인(9) 편재(5)
말년운 60세이후	비견(1)	나	편재(5)

1. 초년운, 중년운, 말년운의 시기는, 사람들의 수명에 따라
다르므로, 위의 시기는 참고용입니다.
2. 천간명운 : 태어날 때, 가지고 온 운입니다.
3. 지지명운 : 살아가면서 생기는 운입니다.

최민나씨는 최진실님의 어릴적 성명입니다. 부모님이 최민나로 이름을 지어주었는데, 20대에 최진실로 개명을 했지요. 최민나씨의 이름을 풀어보겠습니다.

〈천간명운과 지지명운〉

천간명운이 지지명운을 극하고 있습니다. 이럴 경우, 좋은 운을 극하면 불행해 지지만, 나쁜 운을 극하면 나쁜 운이 좋은 운으로 변하여 대성하고 행복해집니다.

편관(7)이 비견(1)을 극하는 것은 여자에게는 풍파가 많고, 편재(5)가 편인(9)을 극하는 것은 매우 길하고, 비견(1)이 편재(5)를 극하는 것은 대흉한 운세입니다.

〈초년운〉

초년운은, 편관(7) - 비견(1) 명운 배합입니다. 편관(7)이 비견(1)을 극하고 있습니다. 비견(1)은 편관에게 동화되어 힘을 보태주니 편관(7)의 힘이 더욱 강해졌습니다. 편관(7)은 살기를 의미하는데

비견(1)이 힘을 보태주니 살권이 더욱 강해져서 여자에게는 풍파가 많습니다. 편관(7)은 여자에게는 남자를 의미하는데, 애인, 끼있는 남자, 흠있는 남자를 의미합니다. 이런 남자의 기운이 매우 강하여 결국 20대에 이혼을 하였습니다. 후처가 되기 쉬운 운입니다. 이렇게 살권이 강한 여자는 사회생활을 하면 성공할 수가 있습니다. 이혼 후 개명을 하였으니, 중년운과 말년운은 의미가 없으나, 중년운을 보면 첫자음이 편재(5) - 편인(9) 명운 배합인데 편재(5)가 편인(9)을 극하여 흉변위길하여 대길한 운으로 변하였습니다. 하지만, 중년운 받침자음에는 비견(1) - 편재(5) 명운 배합입니다. 비견(1)이 편재(5)를 극하고 있습니다. 또한 중년운 첫자음에 있는 편재(5) - 편인(9) 명운 배합도 극함으로서, 좋은 운세가 힘을 펴지 못하고 주저 앉아 버립니다. 말년운도 비견(1) - 편재(5) 명운 배합이라서 대흉한 운입니다.

다행히도 20대에 개명을 하여 불행을 겪지 않게 되었습니다.

도금식 성명 풀이서

시기	천간명운	성명	지지명운
초년운 25~30세	편관(7)	**최**	비견(1)

시기	천간명운	성명	지지명운
중년운	정관(8)	진	겁재(2)
55~60세	겁재(2)		정재(6)
말년운	정관(8)	실	겁재(2)
60세이후	겁재(2)		정재(6)

〈참고〉 1. 초년운, 중년운, 말년운의 시기는, 사람들의 수명에 따라
다르므로, 위의 시기는 참고용입니다.

2. 천간명운 : 태어날 때, 가지고 온 운입니다.

3. 지지명운 : 살아가면서 생기는 운입니다.

최진실님은 최민나씨가 이름을 개명하여 새로운 삶을 시작한 분입니다. 이 분의 이름은 듣기에는 매우 순하고 진실되게 보이지만 명운을 자세히 들여다 보면, 강력하고 무서운 이름입니다.

천간명운을 보면, 주요 명운이 편관(7), 정관(8), 정관(8)이고, 이 편관(7), 정관(8)이 비견(1)과 겁재(2)를 극하여 흉변위길하여 대길한 운으로 변하였는데, 권력, 권위, 명예, 정치 분야에 탁월한 운과 능력을 소유한 분입니다.

〈천간명운과 지지명운〉

천간명운이 지지명운을 극하고 있습니다. 이럴 경우, 좋은 운을

극하면 불행해지지만, 나쁜 운을 극하면 나쁜 운이 좋은 운으로 변하여 흉변위길하니, 대성하고 행복해집니다.

〈초년운〉

초년운은, 편관(7) - 비견(1) 명운 배합입니다. 편관(7)이 비견(1)을 극하고 있으나, 비견(1)은 재물운(편재, 정재)을 극하지만 다른 명운은 그 명운에 동화되어 힘을 보태주는 운이라서, 편관(7)에 동화되어 힘을 보태주니, 편관(7)의 기운이 더욱 강해져서 강력한 살권이 되었습니다. 권세나 권력, 권위, 명예, 정치에 야망이 강합니다.

〈중년운〉

중년운 첫자음은, 정관(8) - 겁재(2) 명운 배합입니다. 정관(8)이 겁재(2)을 극하고 있는데, 겁재(2)의 특성은 재산을 탕진하고, 패가망신하며, 가정을 파괴하고, 투기와 허욕이 많고, 대외적인 활동에 관심이 많고, 사교적입니다. 길사는 적고 흉사가 많은 나쁜 운입니다. 겁재(2)가 극을 당하여 나쁜 운이 사라지고 좋은 운으로 변하고 또 정관(8)에게 힘을 보태주니, 대길한 운으로 변하였습니다. 정관(8) - 겁재(2) 명운 배합은 기운이 강력하여 함부로 사용하면 않되며, 조금이라도 정도를 벗어나면 대흉한 운으로 변합니다. 위정자의 운이며, 정치에 매우 관심이 많고, 권력을 잡으려 합니다.

중년운 받침자음은, 겁재(2) - 정재(6) 명운 배합입니다. 겁재(2)가 정재(6)을 극하는 대흉한 명운 배합이나, 정관(8)이 겁재(2)을 극하고 있어서 겁재(2)의 나쁜 특성인 재물탕진이 사라져서 오히려 재물운이 좋아졌습니다.

중년운 천간명운은, 정관(8) - 겁재(2) 명운 배합입니다. 중년운 첫자음 명운 배합과 같습니다. 강력한 위정자의 운입니다.

중년운 지지명운은, 겁재(2) - 정재(6) 명운 배합입니다. 겁재(2)가 정관(8)에게 극을 당하니, 재물탕진의 나쁜 운이 사라지고 오히려 재물운이 힘을 얻어서 부귀도 누릴 수 있었습니다.

〈말년운〉

말년운은 중년운과 같습니다. 중년운과 말년운이 같으니, 정관(8) 겁재(2) 명운 배합의 기운이 얼마나 강력한 지 아실 것 입니다.

〈첨언〉

최진실님은 자기 성명대로 강력한 위정자의 운을 가지고 정치세계에 머물면서 박근하 대통령님 측근에서 늘 함께하며 음으로 양으로 대통령님을 도와주었던 것입니다.

그런데, 박근하 대통령님께서 대통령이 되고나서 얼마 후, 정확히 네월호 침몰사건과 유병안 회장님이 자결한 그 해에 이름을 또 개명을 하였습니다. 개명을 왜 했는지 그 이유는 정확히 알 수 없으나, 한번 개명한 것이 크게 성공하여 자신감이 넘쳐서 분별없이 개명한 것일 수도 있고, 운명의 신께서, 모두가 주어진 운명대로 살게 할려고 강제로 개명을 한 것일 수도 있습니다. 이 두번째 개명이 결국 대통령님과 많은 사람들, 나아가 많은 국민에게 엄청난 비바람이 몰아쳐 올 것이라는 것을 누가 알았겠습니까?

도금식 성명 풀이서

시기	천간명운	성명	지지명운
초년운 25~30세	편관(7)	**최**	비견(1)
중년운 55~60세	정관(8)	**서**	겁재(2)
말년운 60세이후	편인(9) 비견(1)	**연**	식신(3) 편재(5)

〈참고〉 1. 초년운, 중년운, 말년운의 시기는, 사람들의 수명에 따라
　　　　　다르므로, 위의 시기는 참고용입니다.
　　　　2. 천간명운 : 태어날 때, 가지고 온 운입니다.
　　　　3. 지지명운 : 살아가면서 생기는 운입니다.

최진실님은 어떤 이유인지 모르겠으나, 네월호 침몰 사건과 유병안 회장님이 돌아가신 해에 최서연으로 개명을 하였습니다.

첫번째 개명한 것은, 나쁜 운을 극하게 함으로서 나쁜 운이 좋은 운으로 변하여 흉변위길하니, 대길한 운으로 변하여 잘 살아왔는데, 이번 개명은 좋은 운을 극하게 함으로서 대흉한 운이 되어, 큰 불행을 맞게 되었습니다.

최서연님의 이름을 풀어보겠습니다.

〈천간명운과 지지명운〉

천간명운이 지지명운을 극하고 있습니다. 이럴 경우, 좋은 운을 극하면 불행해지고, 나쁜 운을 극하면 대성하고 행복해집니다.

〈초년운〉

초년운은 최진실님의 초년운과 같습니다.

〈중년운〉

중년운도 최진실님의 중년운과 거의 같습니다.

〈말년운〉

말년운 첫자음은, 편인(9) - 식신(3) 명운 배합입니다. 편인(9)이 식신(3)을 극하고 있습니다. 식신(3)의 특성은 식록, 영양의 신, 건강, 장수, 자식, 낙천성, 등이 있는데, 극을 당하니, 식록도 없어지고, 온갖 질병에 시달리고, 자식에게 해가 생기고, 비관적인 일만 생기게 됩니다.

말년운 받침자음은, 비견(1) - 편재(5) 명운 배합입니다. 비견(1)이 편재(5)를 극하고 있습니다. 편재(5)가 극을 당하니, 재산이 탕진되고, 활동성이 없어져 감옥에 갈 운이 되었습니다. 말년운은 대흉한 명운 배합입니다.

〈첨언〉

새로 개명한 최서연님의 말년운이 대흉한 운인데, 개명을 하면 바로 개명한 이름의 위력이 나타나지 않고, 과도기를 거쳐, 개명 후, 약 2년 후부터 개명 명운의 효과가 나타납니다.

세월호 침몰 사고후, 유족과 야당, 시민단체 그리고 일부 국민이 정부의 관리 부실을 문제삼고 대정부투쟁운동을 지속적으로 벌려왔고, 개명후 2년쯤 되자, 최서연님과 같이 일하고 있던 직원분이 언론에 최서연님의 비리를 폭로한 사건이 발생하게 됩니다.

언론과 야당, 시민단체는 최서연님을 비선실세로 몰아 넣고, 온갖 부정부패를 갖다 붙여 구속하게 됩니다. 그리고 투쟁의 불꽃은 촛불집회라는 민중 운동으로까지 번져, 대통령 비리까지 캐내며 대통령을 재판에 서게 합니다. 결국 헌법재판소에서 유죄 판결을 받아 대통령직에서 물러나 하야하게 됩니다.

도금식 성명 풀이서

시기	천간명운	성명	지지명운
초년운	겁재(2)	박	정관(8)
25~30세	정인(10)		정재(6)
중년운	편인(9)	근	편재(5)
55~60세	편관(7)		식신(3)
말년운	정재(6)	하	겁재(2)
60세이후			

〈참고〉　1. 초년운, 중년운, 말년운의 시기는, 사람들의 수명에 따라
　　　　　　다르므로, 위의 시기는 참고용입니다.
　　　　2. 천간명운 : 태어날 때, 가지고 온 운입니다.
　　　　3. 지지명운 : 살아가면서 생기는 운입니다.

이번에는 박근하 대통령님의 이름을 풀어 보겠습니다.

〈천간명운과 지지명운〉

박근하 대통령님의 천간명운과 지지명운은 최서연님과는 반대로

지지명운이 천간명운을 극하고 있습니다. 이럴 경우에도 좋은 운을 극하면 불행해지지만, 나쁜 운을 극하면 나쁜 운이 좋은 운으로 변하여 흉변위길하니, 대성하고 행복해 집니다.

〈초년운〉

초년운 첫자음은, 겁재(2) - 정관(8) 명운 배합입니다.

정관(8)이 겁재(2)를 극하고 있습니다. 겁재(2)의 특성은 재산탕진, 가정파괴, 패가망신, 투기, 허욕, 대외관계 치중, 사교성 등이 있는데, 흉한 운입니다. 겁재(2)가 정관(8)에게 극을 당하니, 겁재(2)는 고매해져서 대길한 운으로 변하였습니다. 특히 정관(8)에게 힘을 보태주니, 뛰어난 위정자, 정치지도자의 운을 가지고 태어났습니다.

초년운 받침자음은, 정인(10) - 정재(6) 명운 배합입니다. 정재(6)가 정인(10)을 극하고 있습니다. 정인(10)의 특성은 온갖 복록, 지혜, 지식, 수명, 장수, 어머니, 유순함 등이 있는데, 극을 당하니, 어머니와의 인연이 짧아졌습니다. 그러나 첫자음에 있는 겁재(2)가 정인(10)에게 동화되어 힘을 보태주니, 극을 당한 와중에도 정인(10)의 운세가 살아날 수 있었습니다.

초년운 천간명운은, 겁재(2) - 정인(10) 명운 배합입니다. 두 명운이 서로 상생하고 상합하여 길합니다. 복록이 많고, 존경을 받으며,

장수하고 집안을 중흥시키며 행복합니다.

초년운 지지명운은, 정관(8) - 정재(6) 명운 배합입니다. 관운과 재물운이 만나니, 매사가 순조롭고, 주위의 도움도 많고, 성공발전합니다.

이처럼 초년운은 매우 길한 운입니다.

〈중년운〉

중년운 첫자음은, 편인(9) - 편재(5) 명운 배합입니다.

편재(5)가 편인(9)을 극하고 있습니다. 편인(9)의 특성은 실패, 좌절, 중도포기, 도식, 건강해, 단명, 자식해, 번쩍이는 지혜, 난세의 영웅, 개척자 등이 있는데, 흉한 운입니다. 흉한 운이 극을 당하니, 나쁜 운이 좋은 운으로 변하여 흉변위길하여 대성하고 행복해 졌습니다. 중년에 정치계에 뛰어 들어, 무너져가는 당을 일으켜 세워 제 1당으로 만들고, 대통령까지 되었던 것이, 편인(9) - 편재(5) 명운 배합의 길운이 힘을 발휘하여 된 것이라고 봅니다.

중년운 받침자음은, 편관(7) - 식신(3) 명운 배합입니다.

식신(3)이 편관(7)을 극하고 있습니다. 편관(7)의 특성은 권세, 권위, 명예, 추진력, 살기, 무인, 야성 등이 있는데, 편관(7)이 극을 당하니, 권력에 금이 가고 있었던 것입니다. 중년운 말기에 권력에 문제가 발생하고 있었던 것입니다. 이것이 바로 네월호 침몰 사건이었고, 최진실님의 개명 사건이 아니었나 생각됩니다.

〈말년운〉

말년운은, 정재(6) - 겁재(2) 명운 배합입니다.

겁재(2)가 정재(6)를 극하고 있습니다. 정재(6)의 특성은, 고정재물, 근면, 성실, 총명, 보수적, 명예 등이 있는데, 극을 당하니, 대흉한 운세가 되었습니다. 겁재(2)는 자매를 나타내는데, 자매에 의해서, 재물로 인하여 큰 불행이 닥칠 것을 예고하고 있었습니다.

말년운에 들어서자마자 바로 큰 불행이 닥쳤는데, 재산도 몰수당하고, 법정 구속되고, 대통령직에서 물러나게 되었던 것입니다.

〈첨언〉

만약 최진실님이 최서연으로 개명을 하지 않았다면 어떻게 되었을까요?

제 사견으로는 최진실님의 강력한 정관(8) 명운의 힘으로 박근하 대통령님의 말년운에 있는 겁재(2) 명운을 극하여 무사히 대통령 임기를 다 마치고 물러났을 것입니다.

박근하 대통령님과 최서연님은 수십년간 이어져 온 인연으로 친자매와 다름이 없으며, 특히 박근하 대통령님은 부모님도 돌아가시고, 결혼도 하지 않아 남편과 자식도 없으며, 친 형제 자매도 왕래가 뜸하여, 이런 분들의 영향력은 거의 없었는데, 최서연님은 측근에서 음으로 양으로 도움을 주니, 최서연님의 명운이 박근하 대통령님의 운명에 영향을 끼치게 됩니다. 그런데, 신은 각자의 운명을 벗어나서 다른 삶을 살도록 놓아두지 않는 것 같습니다.

박근하 대통령님의 운명대로 살도록 주변인들의 운명을 교묘히 바꾸어 버리는 것 같습니다.

박근하 대통령님이 하야한 해의 운도 한번 알아보겠습니다.

도금식 성명 풀어서
박근하 대통령님이 하야한 해의 명운

시기	천간명운	성명	지지명운
초운	편관(7)	박	식신(3)
초운	편인(9)	박	편재(5)
중운	정인(10)	근	정재(6)
중운	겁재(2)	근	정관(8)
말운	식신(3)	하	편인(9)

박근하 대통령님이 하야한 해의 명운을 풀어보겠습니다.

〈천간명운과 지지명운〉

지지명운이 천간명운을 극하고 있습니다. 이럴 경우, 좋은 운을 극하면 불행해지고, 나쁜 운을 극하면 나쁜 운이 좋은 운으로 변하여 흉변위길하니, 대성하고 행복해 집니다.

성명에서 첫자음과 받침자음은 그 중요도가 차이가 많이 납니다. 정확하게 구분할 수는 없으나, 7 : 3 정도의 중요도라고 봅니다. 천간명운에 첫자음이 모두 좋은 운을 가지고 있어 극을 당하고 있으니, 대흉한 한 해가 되었습니다.

〈초운〉

초운 첫자음은, 편관(7) - 식신(3) 명운 배합입니다. 식신(3)이 편관(7)을 극하고 있습니다. 편관(7)의 특성인 권력, 권세, 명예, 권위, 통솔 등이 극을 당하여 사라져 버렸습니다.

〈중운〉

중운 첫자음은, 정인(10) - 정재(6) 명운 배합입니다. 정재(6)가 정인(10)을 극하고 있습니다. 정인(10)의 특성인 복록, 지혜, 건강, 수명 유순함 등이 극을 당하여 심한 고통을 당하고 있습니다.

〈말운〉

말운은, 식신(3) - 편인(9) 명운 배합입니다. 편인(9)이 식신(3)을 극하고 있습니다. 식신(3)의 특성인 식록, 건강, 낙천성 등이 극을 당하여 심한 고통을 당하고 있습니다. 이처럼 그 해는 최악의 운이 대통령님께 나타난 해라서, 명운대로 살아간 것입니다.

7499님 : 듣고 보니, 참으로 신기하네요, 저는 이름으로 사람의 인생을 풀어보는 것이 처음이에요.

도금선생 : 아, 그래요, 참, 우리 서로 아직 통 성명을 아니 했네요, 저는 박도금이라고 합니다. 친하게 지냈으면 좋겠어요.

7499님 : 저는 계수향이라고 해요, 저도 선생님과 친하게 지냈으면 좋겠어요.

도금선생 : 계소향씨라, 이름이 예쁘네요, 앞으로는 소향씨라고 불러 주어야 겠어요.

계소향 : 네, 그렇게 하세요, 아, 그리고 혹, 부부의 이별이나 이혼 문제도 이름으로 풀 수가 있나요? 아직도 선생님이 설명하신 이름풀이가 믿음이 가지 않아요.

도금선생 : 하! 하!, 처음에는 많은 사람들이 잘 믿지를 않는 답니다. 그러나 자기 자신의 인생을 풀어보고, 맞

으면 그 때서야 믿기를 시작하지요. 부부의 이별이나 이혼에 대해서 많이 궁금해하는 것 같군요. 그러면 우리가 잘 아는 재벌 총수 부부를 몇 분 알아 보도록 해 보지요. 남자에게 있어서 여자운은 편재(5)와 정재(6)인데, 재물운이라고도 하지요. 편재(5)는 애첩, 흠있는 여자를 의미하고, 정재(6)는 본처를 의미합니다. 여기서 꼭 애첩, 본처를 구분할 필요는 없어요.

성명에 편재(5)가 있어 잘 사는 부부라면, 애인같은 본처라고 해석하면 될 것이고, 정재(6)가 있어 이혼 후 다시 재혼하면, 흠있는 본처라고 해석하면 되니까요. 요즘은 첩이라는 것이 없잖아요.

여자에게 있어서 남자운은 편관(7)과 정관(8)을 남자운으로 봅니다. 관운이라고도 하는데, 편관(7)은 애인, 흠있는 남자, 끼있는 남자이고, 정관(8)은 정실 남편으로 보고 있습니다. 여기서도 너무 편관(7), 정관(8)으로 구분하지말고, 다 남자운으로 보되, 편관(7)은 좀 더 야성적인 남자이고, 정관(8)은 좀 더 정적인 남자라고 보면 좋겠습니다.

자, 먼저 스카이 그룹 회장님 부부에 대하여 알아 보겠습니다.

05.

부부간의 이별

이름 속에는 희로애락 길흉화복이 들어 있다.

도금식 성명 풀이서

시기	천간명운	성명	지지명운
초년운 25~30세	비견(1)	최	상관(4)
중년운 55~60세	편재(5)	태	정관(8)
말년운 60세이후	상관(4) 정재(6)	훈	편재(5) 편관(7)

〈참고〉　1. 초년운, 중년운, 말년운의 시기는, 사람들의 수명에 따라
　　　　　　 다르므로, 위의 시기는 참고용입니다.

　　　　　2. 천간명운 : 태어날 때, 가지고 온 운입니다.

　　　　　3. 지지명운 : 살아가면서 생기는 운입니다.

스카이 그룹 최태훈 회장님의 명운을 풀어 보겠습니다.

〈천간명운과 지지명운〉

천간명운과 지지명운은 서로 상생상합하여 무난한 배합입니다.

단, 초년운의 명운 배합은 비견(1)이 상관(4)에게 동화되어 힘을 보태주니, 상관(4)의 기운이 강해져서, 나쁜 운인 상관(4)의 영향을 많이 받아 불우한 세월을 보냈을 것입니다.

〈초년운〉

초년운은, 비견(1) - 상관(4) 명운 배합입니다. 비견(1)이 상관(4)에게 동화되어 힘을 보태주니, 상관(4)의 기운이 더욱 강해졌습니다.

상관(4)의 특성은 비관, 염세주의, 비난, 증오, 실패, 자살 등의 나쁜 운이 있으나, 새로운 것에 대한 도전, 변화, 정신적, 심리적, 감성적, 예술적, 종교적인 좋은 점도 많습니다. 상관(4)을 억제하고 극을 해주면 대성하고 행복해지지만, 독단적으로 놓아두면 흉사가 많습니다. 그래서 초년운에는 불우하게 보냈을 것입니다.

〈중년운〉

중년운은, 편재(5) - 정관(8) 명운 배합입니다.

재물운과 관운이 만난 것이니, 대길한 운입니다. 만인의 지도자 운입니다. 또한, 편재(5)가 있으니, 여자운도 좋습니다. 하지만, 중년운 초반에는 어려운 환경과 불행의 시기를 보냈을 것 입니다.

〈초년운과 중년운의 연결 운세〉

초년운 천간명운은, 비견(1)이고 중년운 천간명운은 편재(5)입니다. 비견(1) - 편재(5) 명운 배합인데, 비견(1)이 편재(5)를 극하고 있습니다. 편재(5)의 특성인 유동재물, 여자운, 아버지, 역마성, 활동성, 사교성 등이 억압당하여 중년 초반에는 불행한 일들이 많았을 것입니다.

여기서 주목할 것은, 비견(1)이 편재(5)을 극한다는 것은 첫째부인인 노소향님과 사이가 좋지 않다는 것도 의미하므로, 장차 미래에 이별을 예고하고 있었습니다.

초년운 지지명운은 상관(4)이고, 중년운 지지명운은 정관(8)입니다. 상관(4) - 정관(8) 명운 배합인데, 상관(4)이 정관(8)을 극하고 있습니다. 정관(8)의 특성은 통솔자, 지도자, 관리자 등이 있는데, 극을 당하니, 경영권에 문제가 발생하여 경영권 탈취 시도가 있었으며, 관운이 극을 당하니, 감옥에도 갔을 것입니다.

이처럼 초년운이 중년운을 극하고 있었지만, 난관을 극복할 수 있었던 깃은, 편재(5) - 정관(8) 명운 배합의 운세가 워낙 강하고, 부인 노소향님의 초년운과 중년운이 난관을 극복하는 강한 운을 가졌기 때문입니다.

〈말년운〉

말년운 첫자음은, 상관(4) - 편재(5) 명운 배합입니다.

상관(4) - 편재(5) 명운 배합은 처에 불만이 많고 이별수가 있는 명운 배합입니다.

상관(4)은 중년운에 있는 편재(5)와도 연결되어 있고, 받침자음에 있는 정재(6)와도 연결되어 있습니다. 상관(4)이 편재(5)와 정재(6)와 연결되면, 여자와 이별수가 있는 배합이므로, 말년운에 와서 상관(4)의 명운이 모두 여자운과 연결되어 있으므로 본처와 이혼을 하게 되었던 것입니다.

성명의 천간명운을 보면, 비견(1) - 편재(5) - 상관(4) - 정재(6)로 구성되어 있습니다. 비견(1)이 편재(5)를 극하여 여자운이 없고, 편재(5)는 상관(4)을 만나서 여자운이 불안하고, 또 상관(4)은 정재(6)를 만나서 본처운이 불안하니 결국 이혼하게 되었습니다.

그리고, 말년운 지지명운 첫자음에는 또 편재(5)가 있으니, 새로운 여자를 만나는 운이므로, 결국 새 여성분과 만나 아기까지 생기니, 어쩔 수 없이 본처와는 헤어지게 되었습니다.

사업운은, 지지명운 중년운 정관(8)이 말년운 첫자음 편재(5)와 만나서 대길한 운이 되어 사업이 잘 될 것이며, 지지명운 말년운 첫자음 편재(5)가 받침자음에 있는 편관(7)을 만나 강력한 재운이 발현되니, 성공이 순조롭고 대업을 달성할 것입니다.

또한 말년운 천간명운이, 상관(4) - 정재(6) 명운 배합으로서, 어려움을 극복하고 부귀를 이루는 운세이므로 좋고, 말년운 받침자음은 정재(6) - 편관(7) 명운 배합인데, 이 명운 배합도 사업이 잘 되는 운세라서 사업운은 무척 좋습니다.

계소향 : 설명을 듣고 보니, 참으로 신기하네요. 어떻게 이름에 그 사람의 인생이 담겨져 있는지 도저히 납득이 안 갑니다. 그럼, 부인인 노소향님의 이름도 빨리 풀어 주세요.

도금선생 : 네, 이름은 소리이고, 소리에는 희로애락과 길흉화복이 내포되어 있습니다. 기쁘고, 노하고, 사랑하고, 즐기는 소리가 각각 다르고, 길할 때 내는 소리가 있고, 불행할 때 내는 소리가 있고, 재난을 당할 때 내는 소리가 있고, 복이 들어올 때 내는 소리가 각각 다르게 있습니다. 또한 소리에는 파장이 있어서, 이 파장이 공기를 진동시켜, 우주 공간에 퍼져 나가게 하며, 만물이 느끼게 하니, 좋은 이름은 좋은 운으로, 나쁜 이름은 나쁜 운으로 느끼게 하여, 이름대로 사람은 살아가게 된 것입니다.

다음은 부인의 성명에 대해서 알아 보겠습니다.

도금식 성명 풀이서

시기	천간명운	성명	지지명운
초년운 25~30세	편재(5)	노	식신(3)
중년운 55~60세	비견(1)	소	편인(9)
말년운	상관(4)	향	겁재(2)
60세이후	상관(4)		겁재(2)

〈참고〉　1. 초년운, 중년운, 말년운의 시기는, 사람들의 수명에 따라
　　　　　다르므로, 위의 시기는 참고용입니다.

2. 천간명운 : 태어날 때, 가지고 온 운입니다.

3. 지지명운 : 살아가면서 생기는 운입니다.

최태훈 회장님의 부인이신 노소향님에 대하여 알아보겠습니다.

〈천간명운과 지지명운〉

천간명운과 지지명운은 서로 상생 상합하여 좋으나, 말년운은 나쁜 운이 서로 상생 상합하니, 매우 불길함을 보여주고 있습니다.

〈초년운〉

초년운은, 편재(5) - 식신(3) 명운 배합입니다. 편재(5)는 아버지요 식신(3)은 자식을 의미하는데, 아버지와의 인연이 깊고, 아버지 덕을 많이 보며, 자식운도 좋아서 아들 딸 3명이나 두었습니다.

재물운, 건강운, 자식운을 누리는 대길한 운입니다. 주위의 도움이 많고, 하는 일마다 잘 되고, 자신감이 가득합니다. 성격도 매우 낙천적입니다. 남편인 최태훈 회장님의 초년운이 불길한 것을, 부인의 초년운이 이렇게 좋아서, 불행을 커버하고 잘 보낼 수가 있었습니다.

〈중년운〉

중년운은, 비견(1) - 편인(9) 명운 배합입니다. 이 명운 배합의 특성은, 난세에 명성을 떨치는 귀중한 운세입니다. 때를 잘 만나면 세상을 진동시키는 영웅운입니다. 비견(1)이 편인(9)에게 동화되어 힘을 보태주니, 편인(9)의 기운이 더욱 강해져서 지혜와 사고력이 깊습니다. 무엇인가 창조하려는 개척자의 운입니다. 이런 좋은 운이, 남편이 중년기에 찾아온 위기를 잘 극복하게 해 주었고, 새로운 사업에 도전하는 원동력이 되어, 그룹을 도약시키게 되었습니다.

〈초년운과 중년운의 연결 운세〉

초년운 천간명운에는 편재(5)가 있고, 중년운 천간명운에는 비견

(1)이 있습니다. 편재(5) - 비견(1) 명운 배합인데, 비견(1)이 편재
(5)를 극하고 있습니다. 비견(1)이 극을 하니, 편재(5)의 운세가 중
년운에 와서 막혀버려 더 이상 힘을 펴지 못하고 있습니다.

초년운 지지명운에는 식신(3)이 있고, 중년운 지지명운에는 편인
(9)이 있습니다. 식신(3) - 편인(9) 명운 배합인데, 편인(9)이 식신
(3)을 극하고 있습니다. 편인(9)이 극을 하니, 식신(3)의 운세가 중
년운에 와서 막혀버려 더 이상 힘을 펴지 못하고 있습니다.

초년운과 중년운은 상극하여 조화롭지 못한 삶을 살아가게 됩니
다. 이 때부터 부부간의 불화가 싹트지 않았나 보여집니다.

초년운과 중년운을 보면, 남자운을 의미하는 관운이 하나도 없습
니다. 말년운도 남자운이 없습니다. 편관(7)은 애인, 끼있는 남자,
흠있는 남자를 의미하고, 정관(8)은 정실남편을 의미하는데, 성명
전체에 관운이 하나도 없으니, 남자와는 인연이 깊지 않은 것을 보
여주고 있습니다. 도리어, 남자운을 극하는 식신(3)이 초년운에 있
고, 또 남자운을 극하는 상관(4)이 말년운에 2개나 있으니, 남자와
의 깊은 정은 없었다고 보여집니다.

〈말년운〉

말년운은 첫자음과 받침자음이 같습니다. 같은 명운이 나란히 있
으면, 그 명운의 운세가 매우 강합니다. 천간명운에는 상관(4)이 2

개가 있고, 지지명운에는 겁재(2)가 2개가 있습니다.

상관(4)의 특성은 비관, 실패, 염세주의, 비난, 증오, 반항, 허무, 불안, 피곤, 망신, 자살, 남자운을 극함, 감성적, 정신적, 심리적, 예술적, 종교적 기질이 우수함, 변화, 혁신, 보수에 반감 등이 있는 나쁜 운입니다.

겁재(2)의 특성은 재산탕진, 가정파괴, 패가망신, 허욕, 투기, 사교성, 대외활동에 매우 적극적, 야망 등이 있는 나쁜 운입니다.

상관(4)과 겁재(2)가 만나니, 만사지흉한 운이 되었습니다.

상관(4)과 겁재(2)가 만나면, 만심만정이라 하여 대흉한 운이 됩니다.

남편의 말년운과 본인의 말년운이 모두 부부의 이별을 말하니, 이혼할 수 밖에 없었습니다. 이혼도 문제가 되지만, 말년운에서 상관(4) - 겁재(2) 명운 배합이 1개가 있어도 대흉한데, 2개나 있으니, 그 불행함이 너무 큽니다. 하루라도 빨리 개명하면 좋을 것 같은데, 제 마음만 안타깝군요.

계소향 : 아니, 어떻게 이름 속에 남녀 문제가 고스란히 담겨져 있단 말입니까? 정말 놀랍네요. 이번에는 샛별 그룹 회장님 부부의 이별에 대해서 이름풀이를 좀 해주세요.

도금선생 : 네, 샛별그룹 회장님 부부는 젊을 때 만나서, 서로 사랑하여 일찍 결혼을 했지요. 나이 차가 좀 있고, 사모님도 20대 초반에 결혼을 했지요. 그만큼 두 분이 무척 서로를 사랑하였답니다. 자제 분이 2명이나 있지요. 그럼 두 분이 왜 헤어졌는가를 이름을 풀어보면서 알아 봅시다.

도금식 성명 풀이서

시기	천간명운	성명	지지명운
초년운 25~30세	식신(3)	이	편재(5)
중년운 55~60세	정인(10)	재	겁재(2)
말년운	겁재(2)	영	상관(4)
60세이후	겁재(2)		상관(4)

〈참고〉　1. 초년운, 중년운, 말년운의 시기는, 사람들의 수명에 따라 다르므로, 위의 시기는 참고용입니다.
　　　　2. 천간명운 : 태어날 때, 가지고 온 운입니다.
　　　　3. 지지명운 : 살아가면서 생기는 운입니다.

샛별그룹 이재영 회장님의 이름을 풀어 보겠습니다.

〈천간명운과 지지명운〉

천간명운과 지지명운은 서로 상생 상합하니 좋습니다. 다만, 말년운에는 나쁜 운이 서로 상생 상합하여 불행을 예고하고 있습니다.

〈초년운〉

초년운은, 식신(3) - 편재(5) 명운 배합입니다.

식신(3)의 특성은 식록, 육체 영양의 신, 건강, 장수, 자손, 낙천성, 미식가, 정신적, 감성적, 심리적, 예술적, 종교적 기질이 뛰어남, 풍류를 즐김 등이 있는데, 흉사는 적고 길사가 많은 좋은 운입니다. 편재(5)는 유동재물, 아버지, 여자(애첩), 선량함, 분주하고 바쁨, 역마성, 이성에 친절함, 인정, 의리 등이 있는데, 좋은 운입니다.

이 좋은 운이 서로 만나니, 대길하여 많은 사람들로부터 도움이 많고, 하는 일마다 순조로우며 대성하여 의기왕성합니다.

재물복도 있고, 여자복도 있고, 아버지복도 있고, 건강, 장수복도 있으니 부러울 것 없는 대길운입니다. 그리하여 결혼을 하게 되었고, 자식을 둘이나 낳았습니다.

〈중년운〉

중년운은, 정인(10) - 겁재(2) 명운 배합입니다.

정인(10)의 특성은 복록, 학문, 지혜, 이론, 수명, 장수, 어머니, 모성애, 유순함 등이 있는데, 좋은 운입니다. 겁재(2)의 특성은 재산 탕진, 가정파괴, 패가망신, 투기, 허욕, 욕망, 권력지향, 사교성, 대인관계 원만 등이 있는데, 나쁜 운입니다. 하지만 비견(1)과 겁재(2)는 재물운을 극하지만, 다른 명운을 만나면, 그 명운에 동화되어 힘을 보태주는 성향이 있으므로, 정인(10)을 만나서 정인(10)에게 힘을 보태주니, 정인(10)의 좋은 운이 더욱 왕성해져서 대길한 운이 되었습니다. 따라서 정인(10) - 겁재(2) 명운 배합은, 날로 복록이 많아지고, 건강, 장수하며, 집안을 중흥시키는 대길한 운이 특성입니다.

〈초년운과 중년운의 연결 운세〉

초년운 천간명운에는 식신(3)이 있고, 중년운 천간명운에는 정인(10)이 있습니다. 식신(3) - 정인(10) 명운 배합입니다. 이 명운 배합은 오복을 누리는 대길한 운이나, 정인(10)이 위에 있고, 식신(3)이 아래에 있어서 정인(10)이 식신(3)을 통제할 때에는 오복을 누리나, 식신(3)이 위에 있고, 정인(10)이 아래에 있으면, 복이 반감됩니다. 그러나 자식과 어머니가 같이 있는 것이므로 좋은 운입니다.

초년운 지지명운에는 편재(5)가 있고, 중년운 지지명운에는 겁재(2)가 있습니다. 편재(5) - 겁재(2) 명운 배합인데, 겁재(2)가 편재(5)를 극하고 있습니다. 편재(5)의 좋은 운이 중년운에 와서 극을 당하여 힘을 펴지 못하고 있습니다. 여자운도 중년운에 와서 극을 당하여 불행해질 것을 말하고 있습니다. 결국 중년운 때, 부인과 이혼을 하게 되었습니다.

성명에 보면, 여자운을 의미하는 편재(5)나 정재(6)가 초년운에 하나 밖에 없는데, 편재(5)가 극을 당하다 보니, 이혼 후에도 재혼도 성사되기가 어렵게 되었습니다. 그래서 아직도 혼자서 외롭게 지내고 있는 것입니다.

〈말년운〉

말년운은 첫자음과 받침자음이 같아서 명운도 같은 명운이 2개나 있습니다. 명운의 기운이 매우 강하다는 것을 의미합니다.

첫자음도 겁재(2) - 상관(4) 명운 배합이요, 받침자음도 겁재(2) - 상관(4) 명운 배합입니다.

재물을 겁탈하는 명운과 관운을 죽이는 명운이 만났으니, 만사지흉입니다. 그리고 중년운 지지명운에 있는 겁재(2)가 말년운 지지명운에 있는 상관(4)이 만나서 또 겁재(2) - 상관(4) 명운 배합이 되었습니다. 겁재(2) - 상관(4) 명운 배합이 3개나 있습니다. 매우 불길하다는 것을 예고하고 있습니다.

국내 굴지의 재벌가로서, 이름을 지을 때, 분명 당대 최고 작명 권위자에게 의뢰하여 지었을텐데, 어찌하여 이렇게 불행한 이름을 지었는지 참으로 안타깝습니다. 만약 이 불행이 개인적인 불행이라면, 그나마 개인적인 불행으로 끝나겠지만, 사업상 불행이라면 국가 경제에도 심대한 악영향이 끼칠 것 같아서 심히 우려됩니다

성명에는 관운을 의미하는 편관(7)이나 정관(8)이 하나도 없습니다. 관운은 관청, 법률, 통솔자 등을 의미하는데, 관운이 하나도 없고 도리어 관운을 극하는 식신(3)이나 상관(4)이 많으니, 감옥에 갈 일이 많고, 지배, 통솔에도 자꾸 문제가 발생하는 것입니다.

계소향 : 아니, 중년에 부인과 이혼할 운명이라는 것이 이름에 분명하게 나타나 있네요.

도금선생 : 네, 이름에 여자운을 극하는 운인 겁재(2)가 중년운에 강하게 자리잡고 있지요. 그리고 중년운에 어머니 운인 정인(10)도 강하게 자리잡고 있는데, 부부간의 문제에 어머니 운도 영향을 미쳤다고 봐야할 거예요. 고부간의 갈등이라 할까…부부간의 이혼은 어느 한 사람의 운으로 보면 아니되고, 두 사람 다 이별의 운을 가지고 있는 것이 대부분입니다.

그럼, 이번에는 부인의 이름을 풀어볼까요?

계소향 : 네, 선생님, 신기하고 재미도 있고, 유익하네요,

빨리 풀어 주세요.

도금식 성명 풀이서

시기	천간명운	성명	지지명운
초년운 25~30세	**편인(9)** 편재(5)	**임**	**정인(10)** 정재(6)
중년운 55~60세	**정관(8)**	**세**	**편관(7)**
말년운 60세이후	**비견(1)** 편인(9)	**랑**	**겁재(2)** 정인(10)

〈참고〉 1. 초년운, 중년운, 말년운의 시기는, 사람들의 수명에 따라
다르므로, 위의 시기는 참고용입니다.

2. 천간명운 : 태어날 때, 가지고 온 운입니다.

3. 지지명운 : 살아가면서 생기는 운입니다.

이재영 회장님의 부인이신 임세랑님의 이름을 풀어 보겠습니다.

〈천간명운과 지지명운〉

천간명운과 지지명운은 같은 부류에 속하는 명운인데, 음, 양이

서로 다릅니다. 서로 극을 하지는 않으나, 때로는 혼란스러울 때도 있습니다. 항상 실사구시적 사고로, 이익이 되고 합리적이라고 판단되는 쪽으로 살아간다면 무난한 삶을 살 수가 있습니다.

이런 명운을 가진 사람은 명운의 힘이 매우 강하게 나타납니다.

예를 든다면, 편재(5)는 유동재물을 의미하고, 정재(6)는 고정재물(비축재)을 의미하는데, 둘 다 합치면 모든 재물을 의미하므로, 재물운이 아주 강하다는 것을 의미합니다.

이런 운을 가지고 태어난 사람은 이름을 매우 신중하게 지어야 합니다. 왜냐하면, 비견(1)을 선택하면 나쁜 운인 겁재(2)가 따라오고, 식신(3)을 선택하면 나쁜 운인 상관(4)이 따라오고, 정인(10)을 선택하면 나쁜 운인 편인(9)이 따라오고, 정관(8)을 선택하면 살기가 있는 편관(7)이 따라오므로, 따라오는 나쁜 운을 어떻게 억제하고, 극하여 흉변위길하는가가 중요하기 때문입니다.

〈초년운〉

초년운 첫자음은, 편인(9) - 정인(10) 명운 배합입니다.

번쩍이는 지혜와 복록, 어머니, 모성애 등의 특성이 강합니다.

재물운도 좋으며 큰 애로는 없어나, 남편복이 부족합니다.

초년운 받침자음은, 편재(5) - 정재(6) 명운 배합입니다.

재물복이 넘쳐 흐르나, 첫자음에 있는 편인(9)과 정인(10)을 극하니, 복록과 모성애가 뻗지 못하고 막혀 버렸습니다. 자식이 있어 어머니로서 모성애가 강하게 발현되었으나, 운이 막혀 버리니, 자식을 둘이나 낳고도 자식과 이별을 하게 되었습니다.

〈중년운〉

중년운은, 정관(8) - 편관(7) 명운 배합입니다. 관운으로 구성되어 있습니다. 관운은 권위, 명예, 지휘, 통솔, 벼슬아치, 관리, 관청, 직장 등을 뜻하지만, 여자에게는 남자를 의미하기도 합니다.

정관(8)과 편관(7)이 같이 있는 것을 관살혼잡이라 하여, 여자에게는 남자운이 복잡해서 남자운이 별로 없다는 뜻입니다. 즉, 정관(8)은 정실남편을 뜻하고, 편관(7)은 애인, 끼있는 남자, 흠있는 남자를 뜻하는데, 정실남편과 애인이 같이 있으니, 정실남편이 화가 나서 헤어지자고 할 것이며, 본인도 애인이 있으니, 정실남편을 가볍게 여기고, 항상 헤어지기를 원하고 있는 것입니다.

결국, 중년운 초에 남편과 이혼을 하게 된 것입니다. 이혼 후, 편관(7)이 강하게 있어서 새로운 남자 친구(연인)가 생겨 살아가고 있는 것입니다. 관살혼잡할 때는 후처로 가면 행복해 집니다.

중년운에 정관(8)과 편관(7)이 강하게 있으면, 여자는 남자 역할을 하는 사람이 많습니다. 사회에 나가서 사회 활동을 하며 가정을 이끌어가야 하는 운입니다.

〈말년운〉

말년운 첫자음은, 비견(1) - 겁재(2) 명운 배합입니다. 이 명운 배합의 특성은, 부부 이별수가 있습니다. 후처로 가면 좋습니다.

사회적으로 명성을 얻습니다. 자녀의 덕이 있습니다. 불길한 운이나, 다른 명운에 따라 길흉이 달라집니다.

말년운 받침자음은, 편인(9) - 정인(0) 명운 배합입니다. 초년운 첫자음과 같습니다. 초년운에서는 편재(5)와 정재(6)가 편인(9)과 정인(10)의 기운을 막고 있어서 힘을 펴지 못했으나, 말년운에서는 비견(1)이 편인(9)에게 동화되어 힘을 보태주니, 편인(9)의 기운이 더욱 왕성해져서 난세의 영웅운, 개척자의 운이 되었습니다.

또, 겁재(2)가 정인(10)을 만나서 정인(10)에게 동화되어 힘을 보태주니, 복록이 더욱 왕성해지고, 장수하며, 지혜가 넘쳐납니다..

어머니 운도 되살아나서 자식과의 만남도 이루어질 것입니다.

〈새로운 연인과의관계〉

남녀의 궁합은 남자의 중년운과 여자의 중년운이 잘 어울려야 좋은 궁합이라고 봅니다. 임세랑님의 중년운은 정관(8)과 편관(7)입니다. 새로운 연인의 중년운을 보고 본인과 잘 어울리는가를 살펴볼 필요가 있습니다. 두번 다시는 이별의 아픔을 겪지 않아야하기 때문입니다. 대부분 성공한 연예인의 명운을 보면, 중년운에 식신

(3)과 상관(4) 명운이 많습니다. 식신(3)과 상관(4) 명운의 특성은, 정신적, 감성적, 심리적, 예술적, 종교적, 기질이 탁월합니다. 그리고, 규정, 규칙, 법률, 권위, 명예 등의 틀에 박힌 것을 싫어하며, 자유와 변화, 혁신, 유희를 좋아합니다. 구속도 싫어합니다. 정관(8)과 편관(7)과는 정 반대되는 특성을 가졌습니다. 만약에 연인

의 중년운에 식신(3)과 상관(4) 명운이 있다면, 인연이 깊지 않을 것 입니다.

위에서 설명한 바와 같이, 이재영 회장님과 이별한 것이 이재영 회장님이나 그 집안 사람의 문제가 아닙니다. 본인의 명운에 강한 이별의 운이 내재하고 있었던 것입니다. 그러니, 누구를 원망해서는 아니 됩니다. 본인의 운명을 알고 나면, 남의 탓을 하지 않는 법 입니다.

계소향 : 선생님, 두 분이 다시 재 결합할 기회는 없나요? 자식도 둘이나 있는데, 자식들도 어머니가 보고 싶을텐데, 두 분이 다시 화합하여 같이 살아 갔으면 좋겠어요.

도금선생 : 방법이야 있지요. 우선 두 분이 행복하게 같이 살아가는 운으로 이름을 개명한 후, 서로 화해하고 부모님의 허락을 득하여 재결합하면 가능하겠지요. 두 분의 용기가 필요합니다.

계소향 : 네, 그렇게 하면 되겠네요. 그런데 그런 것은 사생활이라서 누가 조언해 줄 수가 없겠어요. 같은 여자의 심정으로서, 사모님의 모성애와 외로움이 제 마음에도 느껴져서 눈물이 날 것 같아요.

도금선생 : 노력하면 다 잘될 것 같지만, 아무리 노력해도 굳어진 명운이 있는 이상, 명운대로 살아가기 때문에, 노력해도 않되는 것이 많은 것이 인생이랍니다.

계소향 : 네, 맞아요, 살다 보니, 노력이 전부가 아니라는 것을 깨우치고 있답니다.

도금선생 : 이번에는 H그룹 정몽훈 회장님 부부의 이별에 대하여 알아보겠습니다.

계소향 : 정몽훈 회장님이라면 20년전에 돌아가신 그분을 말하는 것입니까?

도금선생 : 네, 맞아요, 참으로 안타깝게 돌아가셨지요. 한창 일하고 행복을 마음껏 누릴 50대에 돌아가셨으니, 개인적으로나 가정적으로나 그룹차원에서나 국가차원에서도 비통한 슬픔이었답니다.

계소향 : 이름으로 그런 사별을 알 수가 있단 말입니까?

도금선생 : 네, 제가 회장님 부부의 이름을 풀어보겠습니다.

도금식 성명 풀이서

시기	천간명운	성명	지지명운
초년운	편인(9)	정	상관(4)
25~30세	비견(1)		정재(6)
중년운	정관(8)	몽	비견(1)
55~60세	겁재(2)		편재(5)
말년운	겁재(2)	훈	편재(5)
60세이후	상관(4)		편관(7)

〈참고〉 1. 초년운, 중년운, 말년운의 시기는, 사람들의 수명에 따라
다르므로, 위의 시기는 참고용입니다.

2. 천간명운 : 태어날 때, 가지고 온 운입니다.

3. 지지명운 : 살아가면서 생기는 운입니다.

H그룹 정몽훈 회장님의 성명을 풀어 보겠습니다.

〈천간명운과 지지명운〉

천간명운이 지지명운을 극하고 있습니다. 이럴 경우, 좋은 운을
극하면 불행해지지만, 나쁜 운을 극하면 나쁜 운이 좋은 운으로 변

하여 흉변위길하니, 대성하고 행복해 집니다.

지지명운에 있는 재물운과 여자운이 모두 극을 당하니, 매우 흉합니다.

〈초년운〉

초년운 첫자음은, 편인(9) - 상관(4) 명운 배합입니다. 편인(9)이 상관(4)을 극하니, 상관(4)의 나쁜 운이 좋은 운으로 변하여 흉변위길하여 대길한 운으로 변하였습니다. 하지만, 편인(9)도 본래 나쁜 운이라서 어떤 형태로든 불행은 온다고 할 수 있습니다.

초년운 받침자음은, 비견(1) - 정재(6) 명운 배합입니다. 비견(1)이 정재(6)를 극하고 있습니다. 정재(6)의 특성인 본처운과 재물운이 극을 받아서 하는 일마다 실패하고 좌절되며, 부인과도 풍파가 많아 이별수가 있었습니다.

재물운과 여자운이 불행한데도 불구하고, 초년운 천간명운이 편인(9) - 비견(1) 명운 배합이라서 무엇인가 자꾸 개척하고 이룰려고 하고 있습니다. 지지명운도 보면, 상관(4) - 정재(6) 명운 배합이라서 꾸준히 인내하고 노력하면 결국 부귀를 누릴 수 있을 것 같아서 계속 노력하였습니다만, 정재(6)가 극을 당하니, 만사가 불성이되어 좌절을 겪게 됩니다.

〈중년운〉

중년운 첫자음은, 정관(8) - 비견(1) 명운 배합입니다. 정관(8)이 비견(1)을 극하고 있으나, 비견(1)은 재물운(편재, 정재)을 극하지만, 다른 명운은 그 명운에 동화되어 힘을 보태주니, 정관(8)에게 힘을 보태주어 정관(8)의 운세가 더욱 왕성해 졌습니다. 정관(8)의 특성인 권위, 명예, 관리, 통솔, 지도자 등의 힘이 강해져서 그룹의 총수가 되고픈 욕망도 덩달아 강해졌습니다.

중년운 받침자음은, 겁재(2) - 편재(5) 명운 배합입니다. 겁재(2)가 편재(5)를 극하고 있습니다. 편재(5)의 특성인 재물운과 여자운이 극을 당하여 심하게 고통받고 있습니다.

중년운 천간명운은, 정관(8) - 겁재(2) 명운 배합입니다. 정관(8)이 겁재(2)를 극하여, 겁재(2)의 나쁜 운이 고매한 운으로 변하여 대길한 운으로 변하였습니다. 하지만, 정관(8) - 겁재(2) 명운 배합은 위정자의 운입니다. 정치인이나 지도자의 운에 걸맞는 것인데, 재물을 운영하는 사업 운에는 맞지가 않을 수도 있습니다.

중년운 지지명운은 비견(1) - 편재(5) 명운 배합입니다. 비견(1)이 편재(5)를 극하고 있습니다. 편재(5)의 특성인 재물운과 여자운이 극을 당하여 심하게 고통받고 있습니다. 편재(5)는 지지명운 첫자음에도 극을 당하고, 천간명운 받침자음에도 극을 당하여 완전히 운세가 사라져 버렸습니다.

〈초년운과 중년운의 연결 운세〉

초년운 천간명운 받침자음에 있는 비견(1)과 중년운 천간명운 첫 자음에 있는 정관(8)이 만나서 비견(1) - 정관(8) 명운 배합이 되었습니다. 중년운 첫자음도 정관(8) - 비견(1) 명운 배합인데, 이번에도 또 비견(1) - 정관(8) 명운 배합이라서, 정관(8)의 운세가 너무 강합니다. 권위, 명예, 권세, 관리, 통솔, 지도자의 욕망이 차고 넘칩니다. 하지만, 재물운이 성명 전체에서 극을 당하니, 도무지 사업을 발전시킬 수가 없으며, 사업을 망치는 길로 자꾸 걸어가므로서 그 고통은 상상을 초월할 만큼 컸을 것입니다.

초년운 지지명운 받침자음에는 정재(6)가 있고, 중년운 첫자음에는 비견(1)이 있어서 서로 만나니, 정재(6) - 비견(1) 명운 배합이 되었습니다. 비견(1)이 정재(6)을 극하고 있어서 정재(6)의 기운이 더 이상 뻗어나가지 못하고 주저앉고 말았습니다. 정재(6)는 초년운 천간명운 받침자음에 있는 비견(1)에도 극을 당하고, 중년운 지지명운 첫자음에 있는 비견(1)에도 극을 당하여 꼼짝없이 운세가 주저앉고 말았습니다.

비견(1)이 한편으로는 정관(8)을 도와서 힘을 보태주고 있었으나, 다른 한편으로는 재물운과 여자운(편재, 정재)을 극하니, 서로 반대되어 맞지 않아, 회장님은 잘 풀리지 않는 사업들을 보면서 큰고통을 겪을 것이라고 짐작됩니다.

말년운 첫자음은, 겁재(2) - 편재(5) 명운 배합입니다. 겁재(2)가 편재(5)을 극하고 있습니다. 중년운 받침자음과 같은 명운 배합입니다. 편재(5)가 극을 당하니, 재물운과 여자운이 사라져서 극심한 고통을 당하고 있습니다.

말년운 받침자음은, 상관(4) - 편관(7) 명운 배합입니다. 상관(4)이 편관(7)을 극하고 있으니, 편관(7)의 특성인 권세, 추진력, 명예, 관리, 통솔력 등이 억압당하여 삶의 의욕이 사라져 버렸습니다.

말년운 천간명운은, 겁재(2) - 상관(4) 명운 배합입니다. 재산탕진과 관운을 극하는 운이 만났으니, 만사지흉이 되어 대흉한 운이 되었습니다.

말년운 지지명운은, 편재(5) - 편관(7) 명운 배합입니다. 두 명운 배합은 대길한 운이나, 편재(5)와 편관(7)이 모두 극을 당하니, 도리어 흉한 배합이 되었습니다.

〈첨언〉

전체적으로 보면, 편재(5)와 정재(6)가 극을 당하여, 재물운과 여자운이 없었습니다. 그리고 비견(1)이 극을 당하니, 자존의 운도 사라져서 관운(관청, 국가)이 자신에게 큰 고통을 입히고 있었습니다. 기업이란 재물을 운영하는 곳인데, 재물운이 전혀 없는 분을 그룹 회장직에 앉혀 놓은 것은 선대 회장님의 잘못된 판단이었습니다. 아들 운명을 알아보지도 않고 물려 주시니, 본인의 운명과 맞지 않은 일을 꾸려가신다고 얼마나 많이 심적 고통과 정신적 고통을 겪고 살아가셨겠습니까? 결국 그 고통을 감내하지 못하고 어느 늦 여름날 사옥에서 뛰어내려 자살하셨으니, 안타깝고 매우 슬픈 일이었습니다. 여자운도 없어서 차라리 독신으로 살아가는 길을 선택했다면 행복하지 않았나 생각해 봅니다.

도금식 성명 풀이서
정몽훈 회장님이 돌아가신 해의 명운

시기	천간명운	성명	지지명운
초운	**정인(10)**	**정**	**상관(4)**
	정관(8)		겁재(2)
중운	**비견(1)**	**몽**	**편재(5)**
	편관(7)		비견(1)
말운	**편관(7)**	**훈**	**비견(1)**
	편재(5)		편인(9)

정몽훈 회장님이 돌아가신 해의 명운을 알아 보겠습니다.

〈천간명운과 지지명운〉

천간명운이 지지명운을 극하고 있습니다. 이럴 경우, 좋은 운을 극하면 불행해 지지만, 나쁜 운을 극하면 나쁜 운이 좋은 운으로 변하여 흉변위길하니, 대성하고 행복해 집니다.

〈초운〉

초운 첫자음은, 정인(10) - 상관(4) 명운 배합입니다. 정인(10)이 상관(4)을 극하니, 상관(4)의 나쁜 운이 좋은 운으로 변하여 대길한 운이 되었습니다.

초운 받침자음은, 정관(8) - 겁재(2) 명운 배합입니다. 정관(8)이 겁재(2)를 극하니, 겁재(2)의 나쁜 운이 고매해져서 좋은 운으로 변하여 흉변위길하니, 대길한 운이 되었습니다. 이처럼 초운은 좋은 명운 배합이었습니다.

〈중운〉

중운 첫자음은, 비견(1) - 편재(5) 명운 배합입니다. 비견(1)이 편재(5)를 극하고 있습니다. 편재(5)의 특성인 재물운, 여자운이 극을 당하니, 대흉한 운이 되었습니다.

중운 받침자음은, 편관(7) - 비견(1) 명운 배합입니다. 편관(7)이 비견(1)을 극하고 있습니다. 비견(1)은 나 자신을 의미하며 자존의 운입니다. 관운에게 나 자신이 극을 당하니, 자존이 무너졌습니다

〈말운〉

말운 첫자음은, 편관(7) - 비견(1) 명운 배합입니다. 중운의 받침 자음 명운 배합과 같습니다. 편관(7)이 비견(1)을 극하여 나 자신의 자존이 무너져 버렸습니다.

〈첨언〉

여자운과 재물운을 의미하는 편재(5)가 비견(1)과 겁재(2)에게 둘려 싸여 극을 당하고 있으니, 여자운과 재물운이 완전히 사라져 버렸습니다. 평생운에서도 여자운과 재물운이 극을 당하여 불행하게 살아 왔는데, 돌아가신 해에는 그 극함이 너무 심하여 도저히 어찌할 도리가 없었습니다. 또 편관(7)이 비견(1)을 극하여 나의 자존이 완전히 사라져 버렸습니다.

이런 상황에서 회장님께서 선택할 방법은 죽음 뿐이었을 것입니다. 태어날 때, 처음부터 이름을 잘못 지어 주었던 것이 이런 비극을 가져온 것입니다.

계소향 : 선생님, 정몽훈 회장님처럼 성명에 좋은 운이 극을 당하고 있는 사람들이, 꼭 불행하게 살아가야 되나요? 행복하게 살 방법은 없겠습니까?

도금선생 : 방법이야 있지요. 세상사 희로애락과 길흉화복은 결국 인간이 만들어 가는 것이 아니겠습니까? 인간이 못 만드는 것도 많지만은, 죽음같은 것은 신의 영역이니, 신의 영역이나 우주자연의 섭리는 우리 인간이 어쩔 수 없으니까, 그런 것에 대해서는 너무 신경을 많이 쓰는 것은 시간 낭비라고 봐요. 사람 일평생도 고작 100년 미만인데, 각자 인생을 보람차게 살아가는 시간도 부족하니까요.

아!, 질문에 대한 답변이 다른 길로 셨네요. 그래요, 이름에 있는 명운이 불행하여 꼭 불행하게 살아갈 의무는 없습니다.

이름을 지은 것도 인간이요, 이름을 부르는 것도 인간이요, 이름에 대한 희로애락과 길흉화복을 자료와 통계에 의하여 찾아낸 것도 인간이랍니다.

우선, 이름을 바꾸기가 어려울 것입니다.

이름은 본인이 태어났을 때, 부모님이 선물로 지어준 것이기 때문에, 신체 일부와 같이 소중히 여기는 것이 우리나라의 민족 정서이지요. 특히, 유교 사상이 깊이 뿌리내린 우리나라는 더 하지요. 그래서 얼마까지만 하여도 개명하기가 무척 어려웠답니다.

정말, 특별한 개명 사유가 없는 한, 법원에서 허가를 내주지 않았답니다. 그래서 사람들은 편법으로 호를 사용하던가, 가명을 사용하여 생활하고 있었습니다. 그러나, 요즘은 법이 바뀌어서 개명하기가 매우 쉽습니다. 특별히 개명 거부 사유가 없는 한, 본인 요구대로 개명 허가를 해 주고 있답니다. 따라서 불행한 명운이라면, 하루라도 빨리 좋은 이름으로 개명을 하여 행복하게 사는 것이 제일 좋은 방법이지요. 나이가 들수록 명운이 점점 강하게 굳어가기 때문에 이름을 하루라도 빨리 바꾸어주는 것이 운명을 바꿀수 있는 좋은 방법입니다.

만약, 이름을 바꾸기 싫으면, 스스로 본인의 명운을 파악하여, 나쁜 명운에 대해서는 적극적으로 피하고, 피할 수 없다면 큰 불행을 작은 불행으로 떼워 나가고, 행복한 명운은 최대한 누릴 수 있도록 명운대로 적극적으로 살아가면 되겠지요. 피흉취길이라 하지요. 이런 방법은 수양이 필요하므로, 보통 사람이 실천하기란 매우 힘이 듭니다. 그래서 삶이 매우 고통스럽거나, 잘 풀리지 않을 때는 속세를 떠나 성직자의 길로 살아가는 방법도 훌륭한 방법이랍니다. 스님, 신부님, 목사님, 승려님, 수녀님같은 성직자 중에서 많은 분들이 고통스러운 속세를 떠나서 성직자의 길로 갔는데, 성직자의 삶 속에서 행복을 누리시는 분들이 참 많습니다.

성직자의 길도 하기 싫다는 분은, 어느 한 분야에 집중 매진하여 그 분야에만 관심을 가지고 열정을 쏟아 부으며 살아가는 방법도 좋은 삶의 길이랍니다. 예를 들면, 프로운동 선수, 프로바둑 선수, 예술분야, 기술분야, 문학분야, 사업분야 등등 많겠지요.

한 분야에만 집중한다면, 속세의 희로애락이나 길흉화복에는 관심이 없기 때문에 길흉이 문제가 되지 않지요.

계소향 : 아! 그런 방법이 있었군요. 정몽훈 회장님은 기업가로의 운명이 아니었는데, 본인께서 빨리 깨우치고, 목사님같은 성직자로 살아가면서 불쌍한 분들을 위해서 봉사, 희생하며 살아갔었더라면 참 좋았겠어요. 정몽훈 회장님의 명복을 빌어 봅니다.

정몽훈 회장님의 부인에 대해서도 이름을 풀어 주세요.

도금선생 : 네, 정몽훈 회장님의 부인이신 현정안님에 대해서 성명을 풀어 보겠습니다.

도금식 성명 풀이서

시기	천간명운	성명	지지명운
초년운	정관(8)	**현**	겁재(2)
25~30세	정인(10)		상관(4)
중년운	정재(6)	**정**	정인(10)
55~60세	정관(8)		겁재(2)
말년운	편관(7)	**안**	비견(1)
60세이후	편인(9)		식신(3)

〈참고〉　1. 초년운, 중년운, 말년운의 시기는, 사람들의 수명에 따라
　　　　　　다르므로, 위의 시기는 참고용입니다.
　　　　2. 천간명운 : 태어날 때, 가지고 온 운입니다.
　　　　3. 지지명운 : 살아가면서 생기는 운입니다.

정몽훈 회장님의 부인이신 현정안님의 이름을 풀어 보겠습니다.

〈천간명운과 지지명운〉

천간명운이 지지명운을 극하고 있습니다. 이럴 경우, 좋은 운을
극하면 불행해지고, 나쁜 운을 극하면 나쁜 운이 좋은 운으로 변하
여 흉변위길하니, 대성하고 행복해 집니다.

〈초년운〉

　초년운 첫자음은, 정관(8) - 겁재(2) 명운 배합입니다. 정관(8)이 겁재(2)를 극하고 있습니다. 겁재(2)는 재산탕진, 가정파괴, 패가망신, 투기, 허욕, 사교성 등의 특성이 있는 나쁜 운인데, 극을 당하여 고매해지니, 흉변위길하여 대길한 운이 되었습니다. 특히 위정자, 지도자의 품격이 강한 운입니다.

　초년운 받침자음은, 정인(10) - 상관(4) 명운 배합입니다. 정인(10)이 상관(4)을 극하고 있습니다. 상관(4)은 비관, 비판, 염세주의, 실패, 자살, 분노 등의 특성이 있는 나쁜 운인데, 극을 당하니, 나쁜 운이 좋은 운으로 변하여 흉변위길하니 대길한 운으로 변하였습니다.

　초년운 천간명운은, 정관(8) - 정인(0) 명운 배합입니다. 이 배합은 매우 강한 지도자 통솔자의 운인데, 남자에게는 대길한 운이지만, 여자에게는 불길한 운입니다. 하지만, 요즘 세상은 남녀 평등주의라서 여자도 통솔자, 지도자가 나타나는 세상이니, 야망이 있는 여자에게는 대길한 운이 될 수 있습니다.

　초년운 지지명운은, 겁재(2) - 상관(4) 명운 배합입니다. 재산탕진과 관운을 극하는 운이 만나서 대흉한 운이었으나, 정관(8)이 겁재(2)를 극하고, 정인(10)이 상관(4)을 극하니, 나쁜 운의 기운이 사그러 들어 좋은 운이 되었습니다.

〈중년운〉

중년운 첫자음은, 정재(6) - 정인(10) 명운 배합입니다. 정재(6)가 정인(10)을 극하고 있습니다. 정인(10)의 특성은, 복록, 지혜, 수명 장수, 어머니, 모성애, 유순함 등이 있는데, 극을 당하니, 온갖 복록과 지혜가 사라져 버렸습니다. 성명에서 가장 중요한 명운은, 중년운의 첫자음 명운인데, 중년운 첫자음이 이렇게 나쁜 배합이니, 장차 큰 불행이 닥칠 것을 예고하고 있습니다.

중년운 받침자음은, 정관(8) - 겁재(2) 명운 배합입니다. 정관(8)이 겁재(2)를 극하고 있습니다. 겁재(2)가 극을 당하니, 겁재(2)의 특성인 재산탕진, 가정파괴, 패가망신, 투기, 허욕 등의 나쁜 운이 사라지고 좋은 운으로 변하여 대길한 운이 되었습니다.

〈초년운과 중년운의 연결 운세〉

초년운 천간명운 받침자음에는 정인(10)이 있고, 중년운 천간명운 첫자음에는 정재(6)가 있습니다. 정인(10) - 정재(6) 명운 배합인데, 정재(6)가 정인(10)을 극하고 있습니다. 정인(10)의 좋은 운이 중년운에 와서 막혀 버려서 더 이상 힘을 펴지 못하고 있습니다.

온갖 복록이 극을 당하여 불행을 예고하고 있습니다. 그러나 다행히도 초년운 천간명운 첫자음 정관(8)이 중년운 천간명운 첫자음

정재(6)와 만나서 정관(8) - 정재(6) 명운 배합이 되었고, 또 중년운 천간명운 받침자음에 정관(8)이 있어서 또 정재(6) - 정관(8) 명운 배합이 되니, 관운과 재물운이 만나서, 부귀와 명예, 명성을 얻을 수 있었습니다.

관운은 여자에게는 남자운도 의미합니다. 여자는 성명에 관운이 하나만 있는 것이 좋으며, 여러 개가 있으면, 남자 문제가 복잡해지고, 남자와의 이별수가 있는 것입니다. 초년운에도 정관(8)이 있고, 중년운에도 정관(8)이 있습니다. 남편과의 이별수가 있음을 암시하고 있으며, 남자 역할을 해야한다는 것을 이야기하고 있습니다.

〈말년운〉

말년운 첫자음은, 편관(7) - 비견(1) 명운 배합입니다. 편관(7)이 비견(1)을 극하고 있습니다. 비견(1)은 나를 의미하며 자존을 말합니다. 편관(7)이 나를 극하니, 나의 자존이 무너져 내렸습니다. 대신 비견(1)은 편관(7)에게 동화되어 힘을 보태주니, 편관(7)의 힘이 강해져서 강한 살기가 되었고, 흠있는 남자운이 왕성하게 되었습니다.

말년운 받침자음은 편인(9) - 식신(3) 명운 배합입니다. 편인(9)이 식신(3)을 극하고 있습니다. 식신의 특성인 식록, 건강, 장수, 자식, 낙천성 등이 극을 당하여 고통을 겪고 있습니다. 다행히도 지지명운 첫자음에 있는 비견(1)이 식신(3)을 만나서 힘을 보태주니, 식신(3)의 기운이 살아남을 수 있었습니다.

〈중년운과 말년운의 연결 운세〉

중년운 천간명운 받침자음에는 정관(8)이 있고, 말년운 천간명운 첫자음에는 편관(7)이 있습니다. 두 명운이 만나서 정관(8) - 편관(7) 명운 배합이 되었습니다. 정관(8)과 편관(7)이 만나는 것을 관살혼잡이라 하며, 여자에게는 남자운이 복잡하고 좋지 않다는 것을 의미합니다. 즉, 정실남편(정관)과 애인, 흠있는 남자(편관)가 같이 있으니, 정실남편이 무척 화가 나서, 헤어지자고 할 것이고, 여자는 애인이 있으니, 어서 정실남편과 이별하기를 원합니다.

중년운 말기에 와서 정실남편과 이별할 것이라는 것을 말하고 있습니다. 결국 50대에 남편인 정몽훈 회장님과 사별을 한 것입니다.

전체적으로 볼 때, 관운(직장운)과 재물운과 통솔운은 길하나, 정실남편운은 불행하고, 복록이 극을 당하여 큰 불행이 닥친다는 것을 보여주고 있습니다.

정몽훈 회장님이 돌아가신 해의 현정안님의 명운을 알아보도록 하겠습니다.

도금식 성명 풀이서

정몽훈 회장님이 돌아가신 해의 현정안님의 명운

시기	천간명운	성명	지지명운
초운	정관(8)	현	겁재(2)
	정재(6)		정인(10)
중운	정인(10)	정	상관(4)
	정관(8)		겁재(2)
말운	편관(7)	안	비견(1)
	편재(5)		편인(9)

정몽훈 회장님이 돌아가신 해의 부인 명운을 알아 보겠습니다.

〈천간명운과 지지명운〉

천간명운이 지지명운을 극하고 있습니다. 이럴 경우, 좋은 운을 극하면 불행해지고, 나쁜 운을 극하면 나쁜 운이 좋은 운으로 변하여 흉변위길하니, 대성하고 행복해 집니다.

〈초운〉

초운 첫자음은, 정관(8) - 겁재(2) 명운 배합입니다. 정관(8)이 겁재(2)를 극하고 있으니, 겁재(2)의 나쁜 운이 좋은 운으로 변하여 대길한 운이 되었습니다.

초운 받침자음은, 정재(6) - 정인(10) 명운 배합입니다. 정재(6)가 정인(10)을 극하고 있습니다. 정인(10)의 좋은 운인 온갖 복록이 극을 당하여 사라져 버리니, 장차 불행이 닥칠 것을 말하고 있습니다.

〈중운〉

중운 첫자음은, 정인(10) - 상관(4) 명운 배합입니다. 정인(10)이 상관(4)을 극하고 있습니다. 상관(4)이 극을 당하여 나쁜 운이 사라지고 좋은 운으로 변하여 대길한 운이 되어야 하나, 정인(10)이 정재(6)에게 극을 당하여 힘을 쓸 수가 없어서, 상관(4)의 기운을 제압할 수가 없으므로 상관(4)의 불행이 그대로 나타나게 됩니다.

중운 받침자음은 정관(8) - 겁재(2) 명운 배합입니다. 정관(8)이 겁재(2)를 극하여, 겁재(2)의 나쁜 운이 좋은 운으로 변하여 대길한 운으로 변하였습니다.

〈초운과 중운의 연결 운세〉

초운 천간명운 받침자음에는 정재(6)가 있고, 중운 천간명운 첫자음에는 정인(10)이 있습니다. 정재(6) - 정인(10) 명운 배합인데, 정재(6)가 정인(10)을 극하고 있습니다. 정인(10)이 극을 당하니, 정인의 특성인 복록이 사라져 버려 불행이 닥칠 것을 말하고 있습니다. 또 극을 당하니, 정인(10)의 기운이 약해져서 중운 지지명운 첫자음에 있는 상관(4)명운을 제압하지 못하여, 상관(4)의 나쁜 운의 특성인, 비관, 비판, 분노, 염세주의, 자살, 실패 등의 불행이 출현하게 됩니다.

결국 그 해 여름날 정몽훈 회장님은 높은 빌딩에서 투신 자살하게 되었습니다. 부인의 이름에도 큰 불행이 닥칠 것이라고 말하고 있었습니다.

〈말운〉

말운 첫자음은, 편관(7) - 비견(1) 명운 배합입니다. 편관(7)이 비견(1)을 극하고 있습니다. 비견(1)이 극을 당해 자존은 무너져 내렸으나, 편관(7)에게 동화되어 힘을 보태주니, 편관(7)의 기운이 왕성해 졌습니다. 흠있는 남자운이 강하게 있음을 의미합니다.

말운 받침자음은, 편재(5) - 편인(9) 명운 배합입니다. 편재(5)가 편인(9)을 극하고 있습니다. 편인(9)이 극을 당하니, 편인(9)의 나쁜 운이 좋은 운으로 변하여 흉변위길하는 대길한 운이 되었습니다.

〈중운과 말운의 연결 운세〉

중운 천간명운 받침자음에는 정관(8)이 있고, 말운 천간명운 첫자음에는 편관(7)이 있습니다. 두 명운이 만나서 정관(8) - 편관(7)

명운 배합이 되었습니다. 관살혼잡이 되어버린 것입니다.

평생운에도 똑 같은 자리에 관살혼잡이 있어서 남자운이 극히 불운하였는데, 그 해에도 똑 같은 자리에 관살혼잡이 있어서 남자운이 불길하다는 것을 말해주고 있습니다. 정실남편이 부인의 남자애인과 같이 있는 꼴이 보기 싫어 헤어지기를 원하고 있습니다. 결국 그 해에 남편과 사별을 하게 되었습니다.

계소향 : 선생님, 어떻게 그 해에 이름을 풀어서 사람이 죽는다는 것을 알 수가 있나요? 참, 신기하고 무서워요.

도금선생 : 매 해 이름을 풀어보면, 대흉한 해가 있답니다. 그 해에는 어떤 형태로든 대흉한 일이 일어나는데, 특히, 권위, 명예를 의미하는 관운이 심하게 극을 당하던가, 복록의 신이 심하게 극을 당하던가, 식신이나 재물운이 심하게 극을 당하면, 큰 불행이 닥치고, 심하면 죽을 수도 있답니다. 이 때, 평생운과 비교해 보아야겠지요.

지금까지 세 분 부부의 이별에 대하여 알아 보았는데, 부부의 이별도 명운에 나타나 있다는 것을 이해하셨습니까?

계소향 : 네, 선생님, 성명학이라는 것이 정말 무섭네요.

어떻게 그렇게 잘 맞추는지 신기합니다.

도금선생 : 자, 그럼 계소향님의 한자 이름과 태어난 년도와 달을 말해 봐요.

계소향 : 네, 저의 한자 이름과 태어난 년도와 달과 일자를 여기 종이에 적어 보았습니다. 정확한 시간은 모르겠네요.

도금선생 : 정확한 시간과 일자는 몰라도 괜찮아요. 태어난 해와 달만 알면 됩니다. 그럼 조금만 기다리세요. 계소향님의 이름풀이를 좀 하고 올게요.

계소향 : 네, 차 한잔하고 기다릴게요.

도금선생 : 자, 계소향님의 이름을 풀어 보았습니다.

06.

그녀의 명운

이름을 짓는 사람의 운이 그대로
새 이름에 스며드는 경우가 허다하다.
나쁜 운을 가진 사람은 이름을 짓지 마라

도금식 성명 풀이서

시기	천간명운	성명	지지명운
초년운 25~30세	식신(3)	계	상관(4)
중년운 55~60세	정관(8)	소	편관(7)
말년운	정인(10)	향	편인(9)
60세이후	정인(10)		편인(9)

〈참고〉 1. 초년운, 중년운, 말년운의 시기는, 사람들의 수명에 따라
다르므로, 위의 시기는 참고용입니다.

2. 천간명운 : 태어날 때, 가지고 온 운입니다.

3. 지지명운 : 살아가면서 생기는 운입니다.

계소향님의 이름을 풀어 보았습니다.

〈천간명운과 지지명운〉

천간명운과 지지명운은 같은 부류에 속하는 명운인데, 음, 양이 서로 다릅니다. 서로 극을 하지는 않으나, 음, 양이 다르므로 간혹 혼란스러울 때도 있으나, 항상 실사구시적 사고로 이익이 되고, 합리적인 방향으로 살아 간다면, 무난한 삶을 살아갈 수가 있습니다. 이런 명운을 가진 사람은 명운의 힘이 매우 강하게 나타납니다. 예를 든다면, 편재(5)는 유동재물운을 의미하고, 정재(6)는 고정재물운을 의미하는데, 같이 따라 다니니까 모든 재물운을 다 가지게 되니, 재물운이 매우 강하는 것을 보여주고 있습니다.

이런 운을 가지고 태어난 사람은 이름을 신중하게 지어야 합니다.

왜냐하면, 비견(1)를 선택하면 나쁜 운인 겁재(2)가 따라오고, 식신(3)을 선택하면 나쁜 운인 상관(4)이 따라오고, 정관(8)을 선택하면 살기가 많은 편관(7)이 따라오고, 정인(10)을 선택하면 나쁜운인 편인(9)이 따라오는데, 따라오는 나쁜 운을 어떻게 억제하고, 극하여 흉변위길하는가가 중요하기 때문입니다.

〈초년운〉

초년운은, 식신(3) - 상관(4) 명운 배합입니다.

식신(3)의 특성은, 식록, 건강, 장수, 영양의 신, 자식, 낙천적, 유희, 정신적, 심리적, 감성적, 예술적, 종교적인 방면에 탁월한 소질이 있습니다. 길사가 많고 흉사는 적습니다. 한 성질하며, 까타롭습니다. 상관(4)의 특성은, 자살, 자식, 비관적, 정신적, 심리적, 감성적, 예술적, 종교적인 방면에 탁월한 소질이 있습니다. 염세적이며, 비판적이고, 분노, 증오를 잘 표출하며, 흉사가 많고 길사가 적습니다. 한 성질하며, 까타롭습니다. 두 명운 다 규칙, 규정을 싫어하고 보수적인 것보다 새롭고 혁신적이며, 변화를 좋아합니다. 관운을 극하며 구속을 싫어 합니다.

식신(3) - 상관(4) 명운 배합의 특성은, 관운을 극하고 있으므로 부부간에 애로가 많습니다. 예술, 종교, 학문, 화웨, 연구 방면에 대성합니다. 의심이 많아서 쉽게 결정하지 못하고 담력도 부족합니다. 자식복이 많고, 건강, 장수합니다. 자식은 있을 것입니다. 아마 딸이 있을 것입니다.

〈중년운〉

중년운은, 정관(8) - 편관(7) 명운 배합입니다. 관운은 여자에게는 남자를 의미하는데, 정관(8)은 정실남편을 의미하고, 편관(7)은 애인, 끼있는 남자, 흠있는 남자를 의미합니다. 정관(8)과 편관(7)이 같이 있는 것을 관살혼잡이라고 하는데, 남편과 애인이 같이있으니, 남자 문제가 복잡해지며, 남자 운이 좋지않다는 것을 말합니다. 중년운에 관살혼잡하니, 정실남편과 헤어질 운이며, 흠있는 남자와 살면 좋은데, 흠있는 남자도 초년운에서 극을 하니, 흠있는 남자운도 없다고 보여집니다. 중년운에 남자운을 뜻하는 관운이 강하면, 여자는 남자역할을 하며 살아가는 경우가 많습니다. 사회에 나가서 돈을 벌어서 가정을 책임져야 합니다.

〈초년운과 중년운의 연결 운세〉

초년운 천간명운은 식신(3)이고, 중년운 천간명운은 정관(8)입니다. 식신(3) - 정관(8) 명운 배합인데, 식신(3)이 정관(8)을 극하고 있습니다. 정관(8)은 정실남편을 의미하는데, 극을 당하니, 남편과 이별을 하게 됩니다. 그렇지 않아도 중년운이 관살혼잡하여 정실남편과 헤어지게 되어 있는데, 초년운에서 정실남편 운을 극하여, 중년운에 들어서자마자 정실남편과 헤어졌을 것입니다.

초년운 지지명운은 상관(4)이고, 중년운 지지명운은 편관(7)입니다. 상관(4) - 편관(7) 명운 배합인데, 상관(4)이 편관(7)을 극하고 있습니다. 흠있는 남자운도 없는 것입니다. 원래 관살혼잡하면, 후처로 가면, 매사가 잘 되고 행복해 지는데, 초년운에서 흠있는 남자운도 극을 하니, 안타까운 일입니다.

중년운의 정관(8) - 편관(7) 명운 배합이 관살혼잡하여 남자운이 좋지 않는데, 초년운에 식신(3)과 상관(4)이 있어서 직접적으로 중년운에 있는 정관(8)과 편관(7)을 극하니, 남자운이 전혀 없는 명운 배합으로 구성되어 버렸습니다. 계소향님이 왜 부부간의 이별에 대하여 명운 풀이를 듣고싶어 했는가를 알 것 같습니다.

계소향님은 남자운이 전혀 없는 명운 배합이므로, 혼자 살 결심을 하지 않았다면, 빨리 개명을 하여, 좋은 남자를 만나서 행복하게 살아 갔으면 좋겠습니다.

〈말년운〉

말년운은 첫자음과 받침자음의 명운이 같습니다. 따라서 명운의 운세가 강합니다. 첫자음도 정인(10) - 편인(9) 명운 배합이고, 받침자음도 정인(10) - 편인(9) 명운 배합입니다.

정인(10) - 편인(9) 명운 배합의 특성은, 두 명운 모두 두뇌를 사용하는 명운이라서, 이론에 밝으며, 신경이 예민합니다. 남녀 불문 아들이 귀합니다. 두 명운 모두 어머니를 뜻하기 때문입니다.

성명에 인성(편인, 정인)이 3개 이상 있으면, 두뇌와 머리만 쓰려고 하고, 행동하기를 싫어 합니다. 그러다 보니, 편협적이고, 고지식합니다. 재물운은 좋으나 남편복은 적습니다.

말년운 천간명운은, 정인(10) - 정인(10) 명운 배합입니다. 이 배합의 특성은, 두뇌만 사용하려 하고, 실천력과 행동이 부족하며 고

지식합니다. 남편덕이 없고, 이별수가 있습니다. 인덕도 없고, 수단도 없습니다. 말이 많습니다.

말년운 지지명운은, 편인(9) - 편인(9) 명운 배합입니다. 이 배합의 특성도 부부풍파가 많으며 이별수가 있습니다. 매사에 위험이 많고, 고통이 따릅니다.

말년운은 인성(편인, 정인)이 4개나 있습니다. 인성이 많으면 오히려 불행해 집니다. 따라서 말년운은 좋지 않은 명운 배합입니다.

〈중년운과 말년운의 연결 운세〉

중년운 천간명운은 정관(8)이고, 말년운 천간명운은 정인(10)입니다. 정관(8) - 정인(10) 명운 배합인데, 이 명운 배합은 지도자, 통솔자에 걸맞는 강한 기운의 명운입니다. 남자에게는 대길한 운이나, 여자에게는 흉한 운입니다. 만약 여걸이 되어 남을 호령하는 위치에 있다면 대길할 수 있으나, 그렇지 않으면 흉하다고 봐야합니다. 자신을 학대하고 세상을 비관하며, 풍파가 많고 온갖 병치레도 많이 합니다. 성질도 까다로워 평화롭지가 않습니다.

중년운 지지명운은 편관(7)이고, 말년운 지지명운은 편인(9)입니다. 편관(7) - 편인(9) 명운 배합입니다. 편관(7)은 살기, 야성, 바퀴, 추진력, 제압, 무인 등을 나타내는 강한 성질의 명운입니다. 편인(9)은 변화, 혁신, 번개, 천둥, 불안, 위험, 고난, 실패 등을 나타내는 불행한 운입니다. 둘 다 강한 성질의 명운인데, 기가 강하여 상하 명운이 도와주면 대성하지만, 그렇지 못하면, 대흉합니다. 항상 위험이 따르고, 온갖 질병에 시달리고, 단명할 수가 있습니다. 특히 교통사고를 조심하여야 합니다.

이처럼 중년운과 말년운의 연결 운세가 조화롭지 못하여, 복록이 적은 명운 배합입니다.

도금선생 : 계소향님의 이름을 풀어 놓고 고민을 많이 했습니다. 좋은 운과 좋은 말만하고, 나쁜 운과 나쁜 말을 하지 않는 것이 좋지 않을까 한참 고민을 했습니다. 그렇게 하면, 처음에는 듣기 좋아서 기분이 좋겠지마는, 지금 살아가고 있는 현실이 행복한 삶이 아니고, 어렵고 힘들고 외롭고 고통스럽고 지쳐있을텐데, 제가 한 말이 거짓말이 되고, 저를 신뢰할 수 없어서, 앞으로 제가 하는 모든 것을 믿지 않으려고 하면, 계소향님의 운명을 영영 바꿀 수 없다는 느낌이 들었습니다. 사실대로 이야기하고, 계소향님이 운명을 바꾸기를 원한다면 도와주어야겠다는 결심을 하게 되었습니다. 그래서 사실대로 이야기한 것입니다.

계소향 : 네, 선생님, 사실대로 이야기해 주셔서 감사합

니다. 정말 놀랍습니다. 제가 30대 초에 남편과 이혼을 하였습니다.

지금은 딸 하나와 같이 살고 있습니다. 가족이 먹고 살 기 위해 생활전선에 뛰어들어 밤늦게까지 일하며 힘들 게 살아가고 있답니다.

도금선생 : 네, 여자의 몸으로 사회생활을 한다고 얼마 나 힘이 들었겠습니까? 이런 말이 있습니다.

"운명을 아는 자는 하늘을 원망치 않으며, 자기를 아는 자는 남을 원망하지 않는다"

이제 어느 정도 계소향님의 인생에 대하여 알게 되었으 니, 남을 원망하지 마세요.

특히, 헤어진 남편을 원망하지 마세요. 부부 이별은 어 느 한 쪽의 운대로 쉽게 헤어지는 것이 아닙니다. 분명, 전 남편에게도 여자의 운을 극하는 명운이 있거나, 여 자운이 많아서, 여자 관계가 복잡하여 헤어졌을 것입니 다. 그러니, 계소향님의 명운 때문에 이별했다고도 생 각하지 마세요.

계소향 : 네, 알겠습니다. 그런데 선생님, 조금 전 이름풀 이에서 제가 딸이 있다는 것을 어떻게 알아챘습니까?

도금선생 : 아! 초년운에 보면, 자식운이 강하게 있습니다.

식신(3)은 양의 기운이니, 아들을 낳는 운이고, 상관(4)은 음의 기운이니, 딸을 낳는 운입니다. 아들 딸 많이 낳아 살아갈 운인데, 남자운이 막혀, 일찍 헤어지니, 자식은 많지 않을 것이고, 말년운을 보면, 정인(10) - 편인(9) 명운 배합인데, 이 배합이 2개나 있어서 기운이 매우 강합니다. 정인(10) - 편인(9) 명운 배합의 특성은 남자나 여자나 모두 아들이 귀하고 딸이 많은 게 특징입니다. 그래서 딸을 낳았고, 현대 사회의 추세가 자식을 많이 낳지 않는 추세이고, 이혼을 일찍 하셨으니, 딸이 하나라는 것을 알 수가 있지요.

계소향 : 네, 이름에 그런 것도 다 알 수가 있네요. 제 이름은 부모님이 지어준 이름이 아니고, 부모님이 다니는 교회의 목사님께서 지어준 이름이랍니다. 보통 일반인들이 생각하기에는 목사님과 같은 성직자는 하나님을 대신하여 축복을 내리는 능력이 있다고 믿고, 자식 작명도 목사님께 부탁하는 경우가 많아요.

그런데, 사람들이 이름대로 인생을 살아 간다면, 지금 제 이름은 목사님께서 지어 주셨는데, 이게 뭡니까? 여자의 몸으로 사회생활에 지쳐가고, 혼자 자식 키운다고 온갖 어려움을 다 책임지고, 도대체 여유와 즐거움과 행복을 느낄 수가 없어요. 목사님이 원망스러워요.

도금선생 : 계소향님! 목사님을 원망하지 마세요. 목사님도 나름대로 최선을 다해서 이름을 지었을 것입니다. 아마, 하니님께 계소향님의 삶에 축복을 내려 달라고 기도하며 이름을 지었을 것입니다. 우리가 성직자에 대해 기대하는 것에 문제가 있다고 봅니다. 성직자는 종교에 대한 깊은 신앙심과 지식이 남 다를 뿐이지, 인간사 세세한 것까지 다 알고, 가르침을 주고, 복을 주고, 희망을 주고, 기쁨과 즐거움을 주는 그런 존재가 아니랍니다. 세상살이에 대하여 모든 것을 성직자에게 의지하여 도와 달라고 하면 아니되는 것입니다. 성직자는 그런 능력이 없답니다.

인간들의 세상살이는 인간들이 스스로 해결해 나가며 살아가는 것입니다.

계소향 : 네, 선생님, 제가 좀 흥분했네요. 아마, 목사님도 저의 삶에 축복을 기원하였을 것입니다. 선생님! 저는 앞으로 어떻게 살아가면 좋을까요?

도금선생 : 계소향님의 이름풀이도 들어 보았으니, 이름대로 계속 살아갈 것인가, 아니면, 새로운 이름으로 개명하여, 새로운 운명으로 살아갈 것인가를 고민하여야

합니다. 만약, 자기의 운명을 몰랐다면, 고민할 필요도 없겠지만은, 이제 자기의 운명을 안 이상, 심사숙고한 후 결정하여야 합니다. 이름을 바꿀 의향이 있으십니까?

계소향 : 바로 결정하기가 어렵네요. 부모님과도 상의도 해 보고 제 딸과도 의논해 보아야 할 것 같아요.

도금선생 : 네, 그렇게 하세요. 본인의 이름풀이를 들어 보니, 기분이 어떻습니까?

계소향 : 운이 안 좋다고 하니, 기분이 썩 좋지는 않지만, 돌이켜보면, 제가 이름대로 살아온 것을 느낄 수가 있었습니다. 그래서 마음은 후련합니다.

도금선생 : 그래요, 마음이 후련하면 되었습니다. 원인을 알면 문제를 해결하는 방법도 알 수 있으니, 너무 걱정하지 마세요.

계소향 : 참, 선생님, 제 딸이 말을 잘 듣지 않아요. 고등학생이라서 한참 사춘기인데, 잘못될까 봐 걱정이 많답니다. 제 딸 이름도 좀 풀어 주세요. 그리고 제 남동생 하나가 있는데, 남동생도 도대체 뭐 하나 제대로 풀리지가 않는 답니다. 제 남동생 이름도 좀 풀어 주세요.

도금선생 : 하! 하! 하! 계소향님 부탁이니 들어 주어야지요.

그러나, 이 두 사람 이외의 사람은 아니됩니다. 아마, 주변 사람들에게 제 이야기를 하면, 많은 사람들이 자기 이름을 풀어 달라고 부탁할 것입니다. 주변 사람들의 부탁을 들어 주면, 또 다른 사람들이 부탁하고, 끝이 없답니다.

한 사람의 이름풀이를 할 때, 저는 초 긴장상태에서 모든 자료와 역학, 내공, 예지력을 발휘하여 풀어주고 있답니다. 그래서 시간이 많이 걸리고 노력도 많이 해야 해요. 제 능력으로는 그 많은 사람들의 부탁을 다 들어 줄 수가 없답니다.

비용을 지불하고, 진정으로 이름에 애착을 가지고, 운명을 바꿀 각오가 되어 있는 사람에 한해서 이름풀이를 해 주고 있지요. 사람들은 공짜로 얻은 것에는 가볍게 여기는 경향이 있어요.

자기의 인생에 대하여 이야기하고, 해결책을 제시해 주어도, 본인 스스로 뼈저리게 갈망을 하지않는 이상, 공짜로 이야기해 준다면 호기심으로 듣지마는, 실제 실천을 하지 않는 것이 태반이지요.

그래서, 아무한테나 이름과 인생에 대하여 이야기해 줄 필요가 없답니다. 또 자기 인생을 안다고 해도 개선하고 실천을 하지 않으면, 나중에 후회를 하니, 차라리 모르고 한 평생 살아가는 것이 속 편하고 나은 삶이될 거예요.

오늘 시간이 많이 지나 갔네요. 따님과 남동생분의 이름풀이는 다음에 오실 때 해 드릴께요. 다음 오실 때, 두 분의 한자 이름과 태어난 년도와 달도 같이 알아보고 오세요.

계소향 : 네, 감사합니다. 오늘 너무 고마웠습니다. 재미있고, 신기하고 무척 놀라왔습니다. 그럼, 다음에 뵐께요. 안녕히 계세요.

도금선생 : 네, 잘 가십시요.

〈계소향님이 가고나서 나는, 어떻게 하면 계소향님이 행복하게 살아갈 수 있을까를 곰곰히 생각해 보았다. 꽉 막힌 운을 어떻게 풀어줄 것인가, 남자운을 살릴 방안은?, 재물운이 하나도 없는데 재물운은 어떻게 하나?, 복록은 또 어떻게 하나? 등 등 여러 가지 방안을 강구하다보니 하루가 지나갔다〉

07.
용기있는 여학생의 방문과 명운

이름보다 더 소중한 것은 없다.

〈다음날 아침, 사무실을 청소하고 나서, 차 한잔하며 여유를 즐기고 있는데, 노크를 하고 어린 소녀가 찾아왔다〉

도금선생 : 어서 오세요!

여학생 : 선생님, 안녕하세요? 저는 중학생인데, 선생님께 제 이름에 대해서 물어봐도 되나요?

도금선생 : 네, 되고 말고요, 잘 왔어요, 오늘 학교에 안 갔군요.

여학생 : 아니에요, 오늘 저희 학교 개교 기념일이라서 임시 휴일이랍니다. 그래서 쉬는 날이라서 찾아뵈요.

도금선생 : 아, 그렇군요. 그래, 무엇이 궁금합니까?

여학생 : 제 성명은 정혜성이고요, 중학교 2학년입니다. 제가 처한 집안 형편이 좀 어려운데, 제 미래도 어렵게 살지 않을까, 걱정이 되어서 찾아왔습니다. 이름을 통해서 제 미래를 알 수 있을까요?

도금선생 : 아직 어린 나이인데, 이름 속에 운명이란 것이 있다는 것을 어떻게 알았습니까?

정혜성 : 네, 책에서도 사람은 이름이 중요하다는 것을 이야기하고 있고, 가끔 텔레비전에도 그런 이야기를 하고 있었어요. 마침 선생님 가게와 저희 집이 가까워서 유심히 보고 있었어요.

도금선생 : 아, 그래요, 잘 왔어요. 불우한 환경 속에서 자란 사람은, 커서도 불우하게 살아갈 확률이 매우 높답니다. 왜냐하면, 부모님이 자식을 낳았을 때, 부모님이 처한 환경이 불우하여, 부모님께서 보고, 느끼고, 듣고, 생각하는 것들이 대부분 운이 좋지 않은 상태인데, 그런 상태에서 부모님 생각대로 이름을 지었으니, 당연히 자식 이름이 불우하게 살아갈 명운들로 가득차기 때문이지요. 가끔, 좋은 운을 가진 이름을 지을 경우도 있지만, 대부분은 나쁘게 짓는다고 보아야 해요. 그래서 부모님이 자기가 살아가고 있는 환경이 좋지 않을 때는, 전문 작명가에게 의뢰하여 자식 이름을 지어주는 것이 현명한 방법이에요. 그런데, 작명 비용을 아낄려고 본인이 대충 이름을 짓는데, 참으로 어리석은 짓이랍니다.

작명 비용도 얼마하지 않지만, 이름의 중요성을 모르기 때문에 자기 마음대로 이름을 짓는 것이에요. 이름에는 그 사람의 인생이 깃들어 있답니다. 대부분의 사람들이 자기 이름대로 살아가고 있지요. 정혜성 학생은 참으로 현명한 학생이에요. 어떻게 이런 곳에 찾아올 용기가 있었으며, 자기 앞날에 대하여 걱정하고, 운명을 개선할 생각을 했을까 생각하니, 참 기특해요.

젊은이들이 자기가 살아가고 있는 현재가 불우한 환경이다 라고 느낄 때는, 부모님탓과 부모님 원망만 하지 말고, 한번쯤은 어떻게하면 운명을 바꿀 수 없을까 고민하고, 방법을 알아보고, 적극적으로 그 방법을 실천해 보는 것도 인생을 행복하게 살아가는 방법이거든요. 이름을 바꾸는 것도 운명을 바꾸는 방법중의 하나랍니다. 그래서 여기 찾아온 정혜성 학생은 매우 현명한 사람이랍니다. 그래, 정혜성 학생은 지금 처한 환경이 어떻습니까?

정혜성 : 네, 저의 어머니는 제가 2살 때, 아버지와 이혼하여 떠나셨고, 아버지는 그 충격으로 몇 년 후에 집을 나가셨어요. 지금은 할아버지와 같이 살고 있답니다.

도금선생 : 참, 안 되었네요, 부모님 정을 한창 받고 자랄 나이에 부모님이 곁에 없으니, 얼마나 외롭고 쓸쓸하고 슬펐겠습니까? 그래, 할아버지께서는 정혜성 학생에게 잘 대해 줍니까?

정혜성 : 네, 할아버지께서는 제가 불쌍하다고, 제가 원하는 것은 무엇이든지 다 해 줄려고 노력하세요. 나이도 많고 힘이 약하신데, 저에게 잘 해 줄려고 애쓰시는 것을 보면 눈물이 나요.

도금선생 : 그래요, 다행이네요. 자, 이제는 정혜성 학생의 이름을 풀어 볼까요. 성명 한자는 무엇이고, 언제 태어났는지 여기 적어 보세요.

정혜성 : 네, 선생님. 여기 있습니다. 몇시에 태어났는지는 모르겠어요.

도금선생 : 아, 그 정도면 다 알 수가 있으니, 괜찮습니다. 조금 기다리세요.

정혜성 : 네,

도금선생 : 자, 이름풀이가 다 되었습니다.

도금식 성명 풀이서

시기	천간명운	성명	지지명운
초년운	정인(10)	**정**	정재(6)
25~30세	겁재(2)		정관(8)
중년운	비견(1)	**혜**	편관(7)
55~60세			
말년운	정인(10)	**성**	정재(6)
60세이후	겁재(2)		정관(8)

〈참고〉　1. 초년운, 중년운, 말년운의 시기는, 사람들의 수명에 따라 다르므로, 위의 시기는 참고용입니다.

2. 천간명운 : 태어날 때, 가지고 온 운입니다.

3. 지지명운 : 살아가면서 생기는 운입니다.

정혜성 학생의 성명을 풀어 보았습니다.

〈천간명운과 지지명운〉

천간명운이란 성명풀이서의 왼쪽에 있는 명운으로서, 태어날 때 가지고 온 운입니다. 지지명운이란 성명풀이서의 오른쪽에 있는 명운으로서, 살아가면서 생기는 운입니다.

천간명운과 지지명운이 서로 조화롭고, 상생 상합하면 좋으나,

그렇지 않고, 서로 극을 하게 되었을 때, 좋은 운이 극을 당하면 불행해지고, 나쁜 운이 극을 당하면 나쁜 운이 좋은 운으로 변하여 흉변위길하니, 대성하고 행복해 집니다.

정혜성 학생은 오른쪽에 있는 지지명운이 왼쪽에 있는 천간명운을 극하고 있습니다. 명운이 극하는 형태는 다음과 같아요.

비견(1)은 편재(5)를 극하고, 겁재(2)는 정재(6)를 극하는데, 비견(1)은 정재(6)도 극하고 있으며, 겁재(2)도 편재(5)를 극하고 있어요. 즉, 비견(1)과 겁재(2)는 재물운(편재, 정재)을 극하고 있답니다. 비견(1)과 겁재(2)는 재물운(편재, 정재)을 극하지만, 다른 명운에게는 그 명운에 동화되어 힘을 보태주는 역할도 한답니다.

식신(3)은 편관(7)을 극하고, 상관(4)은 정관(8)을 극하는데, 식신(3)은 정관(8)도 극하고 있으며, 상관(4)도 편관(7)을 극하고 있어요, 즉, 식신(3)과 상관(4)은 관운(편관, 정관)을 극하고 있답니다.

편재(5)는 편인(9)을 극하고, 정재(6)는 정인(10)을 극하는데, 정재(6)는 편인(9)도 극하고 있답니다. 여기서, 편재(5)는 정인(10)을 극하지 않아요. 왜냐하면, 편재(5)는 아버지요, 정인(10)은 어머니이므로 정상적인 부부의 만남이므로 길한 운으로 보기 때문이지요.

편관(7)은 비견(1)을 극하고, 정관(8)은 겁재(2)를 극하는데, 편관(7)은 겁재(2)도 극하고 있으며, 정관(8)도 비견(1)을 극하고 있답니다.

편인(9)은 식신(3)을 극하고, 정인(10)은 상관(4)을 극하는데, 편인(9)은 상관(4)도 극하고 있지만, 정인(10)은 식신(3)을 극하지 않는답니다.

여기서 대표적으로 나쁜 운은, 겁재(2), 상관(4), 편인(9) 명운이며, 경우에 따라 나쁜 운이 발휘되는 명운은, 정재(6), 편인(7) 명운이랍니다.

〈초년운〉

초년운 첫자음은, 정인(10) - 정재(6) 명운 배합입니다.

정재(6)가 정인(10)을 극하고 있습니다. 정인(10)의 특성은 복록, 어머니, 모성애, 지혜, 지식, 학문, 수명, 장수 등이 있습니다.

정인(10)이 극을 당하니, 어머니운과 복록의 운이 사라져 버렸습니다. 그래서 어머니와 어릴 때 헤어졌던 것입니다. 어머니와 인연이 없다는 것이 바로 초년운인 성에서 나타나고 있어요.

정재(6)가 정인(10)을 극하는 현상은 말년운 첫자음에도 나타나 있습니다. 어머니운과 온갖 복록이 평생 없다는 것을 의미합니다.

성명에는 아버지를 의미하는 편재(5)가 없습니다. 아버지와도 인연이 별로 없다는 것을 보여주고 있습니다. 아버지가 일찍 집을 나가버린 것도 다 아버지와 인연이 없기 때문입니다.

초년운 받침자음은, 겁재(2) - 정관(8) 명운 배합입니다.

정관(8)이 겁재(2)를 극하고 있습니다. 겁재(2)의 특성은, 재물탕진, 가정파괴, 패가망신, 허욕, 투기, 야망, 가정에 무관심, 대외활동에 많은 관심 등이 있는데, 나쁜 운입니다. 이 나쁜 운이 극을 당하니, 나쁜 운이 사라지고 좋은 운으로 변하여 흉변위길하니, 대길한 운으로 변하였습니다. 정치적인 일, 리드하는 일 등에 적합한 운입니다. 정관(8) 명운의 특성은, 권위, 명예, 관리, 관청, 직장, 지도자, 통솔자, 보수성, 등이 있는데, 여자에게는 남자운도 의미합니다, 특히 정실남편을 의미합니다. 편관(7)과 정관(8)을 관운이라고 하며, 편관(7)은 야성적인 관운, 정관(8)은 정적인 관운이며, 편관(7)은 남자 애인, 끼있는 남자, 흠있는 남자를 의미하고, 정관(8)은 정실남편을 의미합니다. 정혜성 학생에게는 정실남편운이 있다는 것을 말합니다. 하지만, 여자에게 관운은 하나만 있는 것이 좋습니다. 성명에 관운이 많다는 것은, 남자 문제가 복잡하다는 것을 의미하며, 관운이 많으면, 남자 역할을 하여야하는 팔자입니다. 고생한다는 것이지요.

초년운에도 관운인 정관(8)이 있고, 중년운에도 관운인 편관(7)이 있고, 말년운에도 관운인 정관(8)이 있습니다. 남자 문제가 복잡하고 불행해진다는 것을 말하고 있습니다.

혹, 남편이 두분이 될 수도 있다는 의미이니, 조심하여야 합니다.

첫자음과 받침자음 중에서 첫자음의 중요성이 더 높습니다.

따라서 첫자음의 불행한 운이 더 강하게 나타날 것입니다. 지금 중학생이니, 첫자음의 정인(10) - 정재(6) 명운 배합의 운으로 살아가고 있는 중입니다.

초년운 천간명운은, 정인(10) - 겁재(2) 명운 배합입니다.

정인(10) - 겁재(2) 명운 배합의 특성은, 두 명운이 서로 상생하여 복록이 많고, 장수하며, 모성애가 강하여 가족관계가 끈끈하고, 가도를 발전시키며, 학예에도 뛰어난 재능이 있는 대길한 운입니다. 다만, 정인(10)이 정재(6)에게 극을 당하고 있어서 복이 반감되었습니다.

초년운 지지명운은, 정재(6) - 정관(8) 명운 배합입니다.

정재(6)는 고정 재물운이고, 정관(8)은 정실남편, 관청, 직장, 권위, 명예 운이니, 좋은 두 명운이 만나서 대길한 운이 되었습니다.

매사가 잘 되며, 결혼후 생활이 윤택해 집니다. 재복도 많아서 잘 살 수 있습니다.

하지만, 남자운을 뜻하는 관운은, 성명에 1개만 있는 것이 좋은데, 초년운 지지명운 받침자음에는 정관(8)이 있고, 중년운 지지명운에는 편관(7)이 있어서, 정관(8) - 편관(7) 명운 배합이 되었습니다. 이처럼 정관(8)과 편관(7)이 나란히 있는 것을 관살혼잡하다고 합니다. 즉, 정실남편과 남자 애인이 같이 있다는 뜻인데, 정실남편이 이 사실을 알고 화가 나서 떠날 것이고, 본인도 남자애인이 있어서 정실남편이 마음에 들지 않아 헤어지기를 원하는 현상입니다. 남자운이 복잡하고 불행하다는 뜻입니다.

또 말년운에도 지지명운 받침자음에 정관(8)이 있습니다. 남자문제가 상당히 복잡하다는 것을 말하고 있습니다.

〈중년운〉

중년운은, 비견(1) - 편관(7) 명운 배합입니다.

편관(7)이 비견(1)을 극하고 있습니다. 비견(1)은 자기 자신, 자존, 친구, 친척 등을 의미하는데, 극을 당하니, 자존의 운이 사라지고 편관(7)에게 동화되어 힘을 보태주어, 편관(7)의 기운이 더욱 더 왕성하게 되었습니다. 편관(7)의 특성은, 권세, 완강, 무력, 살기, 권위, 명예, 지도자, 흠있는 남자 등이 있습니다. 이 명운은 10대 명운 중에서 기가 가장 강한 운으로서, 하나만 있어도 기가 강한데, 비견(1)이 힘을 보태주어 더 왕성해 졌으니, 그 살기가 넘쳐흐릅니다. 편인(7)은 상 하 명운에 따라 대길하거나, 대흉하는 명운입니다. 초년운을 보면, 정재(6)가 정인(10)을 극하여 대흉한데, 말년운에도 정재(6)가 정인(10)을 극하여 대흉한 운이 있습니다.

따라서 중년운에 있는 편관(7)의 살기는, 초년운과 말년운의 대흉한 운에 따라 나쁜 운으로 변하여 큰 불행이 닥칠 것을 예고하고 있습니다.

성명에 여자가 관운(편관, 정관)이 많을 때는, 남자운이 좋지 않고 남자 역할을 하여야 합니다. 사회 활동을 하며, 돈을 벌어와야 하는 것이지요. 특히 중년운에 관운이 강하게 있을 때는 더욱 더 그렇습니다. 고생하며 풍파가 많다는 뜻입니다.

〈말년운〉

말년운은 초년운과 같습니다.

말년운 첫자음은, 정인(10) - 정재(6) 명운 배합입니다.

정재(6)가 정인(10)을 극하고 있습니다. 복록과 어머니, 수명, 지혜의 운인 정인(10)이 극을 당하니, 만사가 잘 풀리지 않고, 고통스럽습니다. 말년운도 이렇게 풀리지 않습니다.

중년운 때, 초년운과 말년운을 바라보며 중년운의 강한 살기가 뿜어져 나오는데, 초년운과 말년운이 대흉하여 중년운의 살기가 어떤 일을 벌릴 지, 심히 염려됩니다. 자기를 해하든가, 남을 해하든가 할 것입니다.

도금선생 : 정혜성 학생, 이해가 됩니까?

정혜성 : 네, 선생님, 처음 듣는 단어가 많아서 모두 알아 듣기는 어려웠으나, 전체적으로는 이해가 되어요.

초년운과 말년운이 같은데, 좋은 운인 정인(10)이 극을 당하여, 온갖 복록과 어머니, 모성애, 유순함, 수명, 장수, 지혜, 지식, 총명함이 사라져 버리고, 중년운에는 강한 살기가 있어서 좋은 운을 만나면 대성하고, 나쁜운을 만나면 대흉한데, 초년운과 중년운이 대흉하여 결국 대흉하다는 뜻이 아니겠습니까?

도금선생 : 아니!, 정혜성 학생이 참으로 똑똑해요. 다 알아 들었네요. 그래요. 지금까지 살아온 삶의 내용이 바로 이름 속에 있지요. 그러니, 불행이 모두 부모님 탓이라고 원망하지 말고, 자기 이름대로 살아가니까 자기 탓이라 여기고, 불행을 스스로 개선하도록 본인이 노력하면 되는 것이에요. 이름은 자기 것이니까요.

정혜성 : 선생님, 이름도 바꿀 수가 있습니까?

도금선생 : 네, 이름을 바꿀 수가 있답니다. 불행한 이름은 빨리 바꾸어야지요. 이름을 바꾸는 것을 개명이라고 해요. 개명을 결심했다면, 기존 이름의 명운이 더 굳어지기 전에 하루라도 빨리 개명하는 것이 좋아요.

정혜성 : 네, 선생님, 개명하고 싶어요. 행복하게 살고 싶어요. 그런데 선생님, 궁금한게 있습니다.

도금선생 : 무엇이 궁금합니까?

정혜성 : 제 이름이 매우 불행하다고 하셨는데, 나쁜 짓

을 했던 범죄자들의 이름풀이를 듣고 싶어요. 그들과 제 이름이 어떤가를 비교하여 판단을 할려고 해요. 부탁해도 괜찮겠습니까?

도금선생 : 하! 하! 정혜성 학생은 참으로 현명해요. 흉악범들의 이름을 풀어줄테니, 그들의 이름이 어떻하길래 그처럼 흉악한 범죄를 저질렀는지 한번 비교해 보세요.

정혜성 : 고맙습니다,

도금선생 : 흉악범들의 만행이 끔찍한데, 어린 학생에게 그런 이야기를 들려 주어도 괜찮을까 걱정이 됩니다만.

정혜성 : 괜찮아요. 요즘 게임이고, 영화고 오락들이 온통 흉악한 내용 천지인걸요. 그렇게 살면 나쁜 일이라는 것을 먼저 아는 것이 차라리 살아가는데 도움이 될 것 같아요.

도금선생 : 그래요? 그럼, 조금 기다리세요.

08.

흉악한 범죄자의 명운

먼저 너 자신의 이름에 있는 명운을 알라.

도금식 성명 풀이서

시기	천간명운	성명	지지명운
초년운 25~30세	정관(8)	이	정인(10)
중년운 55~60세	상관(4) 정관(8)	춘	정재(6) 정인(10)
말년운 60세이후	식신(3)	조	편재(5)

〈참고〉   1. 초년운, 중년운, 말년운의 시기는, 사람들의 수명에 따라 다르므로, 위의 시기는 참고용입니다.

        2. 천간명운 : 태어날 때, 가지고 온 운입니다.

        3. 지지명운 : 살아가면서 생기는 운입니다.

   연쇄 살인자로서 15명을 무참히 살인한 사람의 이름을 풀어 보겠습니다. 성명은 이춘조입니다.

〈천간명운과 지지명운〉

천간명운과 지지명운은 서로 상생하여 좋습니다.

천간명운과 지지명운이 서로 상생상합하여 좋아도, 인생흐름상 첫자음과 받침자음, 초년운과 중년운, 말년운의 연결 운세가 나쁘면, 불행해 집니다.

〈초년운〉

초년운은, 정관(8) - 정인(10) 명운 배합입니다.

정관(8)의 특성은, 권위, 명예, 권력, 관청, 직장, 관리, 보수적 경향등이 있습니다. 정인(10)의 특성은 지혜, 지식, 어머니, 모성애, 유순함, 복록, 수명, 장수 등이 있습니다. 두 좋은 운이 만나니, 주위의 도움이 많고, 하는 일마다 순조롭고 대성합니다.

정관(8) - 정인(10) 명운 배합의 특성은, 매우 강합니다. 지도자, 통솔자의 운에 걸맞는 운세로서 남자에게는 대길하나, 여자에게는 흉합니다. 대성할 운을 가지고 태어났으나, 이 운이 제내로 풀리지 않으면, 도리어 역효과가 나서 대흉합니다.

초년운이 좋아서 별 탈없이 잘 지냈습니다.

〈중년운〉

중년운 첫자음은, 상관(4) - 정재(6) 명운 배합입니다.

상관(4)의 특성은, 비관, 비판, 흉폭, 염세주의, 변화, 혁신, 감성적, 정신적, 예술적, 종교적인 기질이 강한 특성이 있습니다만, 길사는 적고 흉사가 많은 나쁜 운입니다.

정재(6)의 특성은, 고정재물, 처, 근면, 성실, 총명함 등이 있습니다.

두 명운이 만나서 처음에는 고생하나 마침내는 성공하는 흉한 중에 대길한 운입니다.

중년운 받침자음은, 정관(8) - 정인(10) 명운 배합으로서 초년운과 같으며 좋은 운입니다. 이처럼 천간명운과 지지명운의 배합은 좋습니다. 하지만 첫자음과 받침자음의 연결 명운은 대흉한 배합입니다.

중년운 천간명운은, 상관(4) - 정관(8) 명운 배합입니다.

상관(4)이 정관(8)을 극하고 있습니다. 정관(8)이 극을 당하여, 정관(8)의 특성인 권위, 명예, 관청, 직장운이 사라져 버렸습니다.

중년운 지지명운은, 정재(6) - 정인(10) 명운 배합입니다.

정재(6)가 정인(10)을 극하고 있습니다. 정인(10)이 극을 당하여, 정인(10)의 특성인 온갖 복록, 지혜, 지식, 어머니, 유순함, 수명, 장수 등의 운이 사라져 버렸습니다. 정혜성 학생의 성명에 있는 정재(6)가 정인(10)을 극하는 운과 같습니다.

관운이 극을 당하고, 온갖 복록과 지혜의 운이 극을 당하니, 무엇 하나 제대로 되는 일이 없습니다. 살인을 통해 답답함을 해결하고 있었던 것입니다.

〈초년운과 중년운의 연결 운세〉

초년운 천간명운은 정관(8)이고, 중년운 천간명운 첫자음은 상관
(4)입니다.

정관(8) - 상관(4) 명운 배합인데, 상관(4)이 정관(8)을 극하고 있
으니, 정관(8)이 중년운에 와서 더 이상 뻗어 나가지 못하고 꽉 막
혀 버렸습니다

초년운 지지명운은 정인(10)이고, 중년운 지지명운 첫자음은 정
재(6)입니다. 정인(10) - 정재(6) 명운 배합인데, 정재(6)가 정인
(10)을 극하고 있으니, 정인(10)이 중년운에 와서 더 이상 뻗어 나
가지 못하고 꽉 막혀 버렸습니다.

중년운에 와서 초년운의 그 좋은 운이 극을 당하여 모두 꽉 막혀
버리니, 군대 제대하여 25세부터 살인을 시작하였습니다.

천간명운의 흐름을 보면, 정관(8) - 상관(4) - 정관(8) - 식신(3)으
로 구성되어 있습니다. 정관(8)이 상관(4)에게 극을 당하고, 상관(4)
은 또 정관(8)을 극하고, 정관(8)은 또 식신(3)에게 극을 당합니다.
도무지 정관(8)이 힘을 펴지 못하는 배합입니다. 관운이 이처럼 극
을 당하니, 관청(감옥)에게 잡혀가서 옥살이를 할 수 밖에 없습니다.

지지명운의 흐름을 보면, 정인(10) - 정재(6) - 정인(10) - 편재

(5)로 구성되어 있습니다. 정인(10)이 정재(6)에게 극을 당하고, 정재(6)는 또 정인(10)을 극하고, 정인(10)은 또 편재(5)에게 극을 당합니다. 다행히도 편재(5)는 아버지요, 정인(10)은 어머니이므로, 이들 두 명운의 만남은 정상적인 부부의 만남이기 때문에 길한 운으로 봅니다. 그래서 감옥에서 아직 살아서 지내고 있습니다.

〈말년운〉

말년운은, 식신(3) - 편재(5) 명운 배합입니다.

식신(3)의 특성은, 식록, 건강, 장수, 낙천적, 길사가 많고 흉사가 적은 좋은 운입니다. 편재(5)의 특성은, 유동재물, 선량, 인정, 친절, 봉사 등이 있는데 좋은 운입니다. 두 좋은 운이 만나서 대길하니, 이 명운 덕으로 그렇게 사람을 많이 죽였는데도 사형당하지 않고 무기징역으로 감옥에 있으면서, 잘 먹고 잘 살아가고 있습니다.

이름에 있는 명운대로, 초년운에 있는 정관(8) - 정인(10) 명운 배합의 특성답게 범죄자가 되어도 대흉악한 범죄자가 되어 이름을 대흉하게 크게 떨쳐 버렸습니다.

도금선생 : 정혜성 학생은 이 흉악범의 이름풀이를 듣고 나서 어떤 느낌을 받았나요?

정혜성 : 선생님, 참으로 놀라웠습니다. 어떻게 이름에

흉악범이 될 것이라는 것이 나타나 있을까 정말 놀랐습
니다.

도금선생 : 이름에 좋은 운이 극을 당하면 불행해지는
데, 극의 정도가 매우 심하면 흉폭하게 되지요. 정혜성
학생은 좌우가 극을 하여 불행하지만, 상하가 극을 해
도 불행해 진답니다.

정혜성 학생도 초년운과 말년운의 첫자음에서 좋은 운
인 정인(10)이 극을 당하여 그 정도가 심하다고 보여지
지요. 이춘조씨도 정인(10)이 심하게 극을 당하고 있었
답니다.

정혜성 : 네, 선생님, 이제야 제 이름의 잘못된 배합을
알 것 같아요.

도금선생 : 이번에는 21명을 죽인 살인자의 이름을 풀
어 봅시다.

정혜성 : 네, 선생님.

도금선생 : 살인자들의 이야기를 하니 무섭지 않나요?

정혜성 : 아니에요, 무섭기는요, 같은 인간인데, 운이라
는 그 무엇인가에 이끌려 저지르는 것 같아서 그 운이
무서워요.

도금선생 : 하! 하! 정혜성 학생은 나를 놀라게 하는군

요. 맞습니다. 사람은 미워할 수 없는데, 그 운이 무서운

것입니다.

도금식 성명 풀이서

시기	천간명운	성명	지지명운
초년운 25~30세	겁재(2)	유	상관(4)
중년운 55~60세	겁재(2) 겁재(2)	영	상관(4) 상관(4)
말년운 60세이후	편인(9) 식신(3)	솔	비견(1) 편재(5)

〈참고〉　1. 초년운, 중년운, 말년운의 시기는, 사람들의 수명에 따라
　　　　　 다르므로, 위의 시기는 참고용입니다.
　　　　 2. 천간명운 : 태어날 때, 가지고 온 운입니다.
　　　　 3. 지지명운 : 살아가면서 생기는 운입니다.

21명이나 살인을 저지른 사람의 이름을 풀어 보겠습니다.

천간명운과 지지명운은 서로 상생상합하여 좋으나, 초년운과 중
년운은 나쁜 운이 서로 상생 상합하여 나쁜 기운이 더 왕성해져서
대흉하게 되었습니다. 명운이 서로 상생 상합한다 하여 다 좋은 것

이 아니고, 좋은 운끼리 서로 상생 상합하여야 좋은 것입니다.

〈초년운〉

초년운은, 겁재(2) - 상관(4) 명운 배합입니다.

겁재(2)의 특성은, 재산탕진, 가정파괴, 패가망신, 여자운을 극함, 가정에 소홀하고 대외활동에 관심 많음, 투기, 허욕, 야망, 사교성 등이 있으며, 나쁜 운입니다.

상관(4)의 특성은, 비관, 비판, 흉폭, 분노, 관운을 극함, 변화, 혁신, 정신적, 심리적, 감성적, 예술적, 종교적인 면에 탁월함, 등이 있는데, 길사는 적고 흉사가 많은 나쁜 운입니다.

이 두 나쁜 운이 만나니, 대흉하여 온갖 병이 생기고, 형벌이나 횡액이 발생하고, 풍파가 많고 일생 고통이 심합니다. 만약, 상하 명운이 도와준다면, 예능이나 학문, 종교계통에서 대성할 수도 있습니다. 초년운은 매우 불행한 운이라서 불우하게 지냈습니다.

〈중년운〉

중년운 첫자음과 받침자음 모두 겁재(2) - 상관(4) 명운 배합입니다. 초년운과 같습니다.

초년운과 중년운이 모두 대흉한 운으로서 같은 운이니, 만사지흉이 되어서 모든 일이 불행합니다. 그래서 유영솔은 도무지 풀리지 않는 운 앞에서 무력함을 느끼고, 사회와 집안을 원망하며 그 답답함을 살인을 통하여 마음을 위로하였습니다.

누가 이렇게 이름을 지었는지 저도 그 분에게 분노를 느낍니다.

〈말년운〉

말년운 첫자음은, 편인(9) - 비견(1) 명운 배합입니다. 이 배합은 난세의 영웅운으로서 개척하고, 혁신하고 난관을 돌파하는 좋은 운입니다.

말년운 받침자음은, 식신(3) - 편재(5) 명운 배합입니다. 식록과 재물운이 만나니 대길한 운입니다. 하지만 첫자음과 받침자음의 만남은 대흉한 배합입니다.

말년운 천간명운은, 편인(9) - 식신(3) 명운 배합입니다. 편인(9)이 식신(3)을 극하고 있습니다. 식신(3)이 극을 당하여 온갖 질병에 시달리고, 먹을 것도 제대로 못 먹고, 단명합니다.

말년운 지지명운은, 비견(1) - 편재(5) 명운 배합입니다. 비견(1)이 편재(5)를 극하고 있습니다. 편재(5)가 극을 당하여 여자복이 없고, 재물복도 없으며, 나돌아 다니지도 못합니다.

이처럼, 초년운, 중년운, 말년운이 모두 대흉한 명운 배합으로 구성되어 있습니다.

정혜성 : 선생님, 흉악범들이 다 좋은 운이 크게 극을 당하고 있네요.

도금선생 : 그렇지요, 범죄자의 이름 대부분이 좋은 운이 극을 당하고 있지요. 안타까운 일이에요.

정혜성 : 선생님, 흉악범들이 이름을 바꾸면 저런 나쁜 짓을 하지 않겠지요?

도금선생 : 그렇지요, 이름을 바꾸면 운명도 달라지지요. 하지만, 기존에 가지고 있는 운이 다 굳어지기 전에 빨리 바꾸어야 해요. 나이들어 늦게 바꾸면 효과가 잘 나타나지 않겠지요.

정혜성 : 왜 흉악범들은 이름을 바꾸지 않았을까요?

도금선생 : 하! 하! 정혜성 학생처럼 똑똑하지 못할 뿐만 아니라 성명의 중요성을 몰랐으며, 알았어도 용기가 없었을 것이고, 개명 비용도 아까워했을 것입니다.

자기가 살고 있는 현실이 불우하다 싶으면, 우선 자기 이름을 풀어 보아야 하는데, 정혜성 학생처럼 젊은이들이 인생을 깊이 생각하지 않으니, 어쩔 수가 없답니다.

자, 이번에는 불우한 가정에서 살아온 젊은이가 가족을 살인한 사람의 이름을 풀어 보겠습니다.

정혜성 : 네, 선생님, 들을수록 신기하고 무섭고 재미가 있어요.

도금식 성명 풀이서

시기	천간명운	성명	지지명운
초년운	겁재(2)	김	편인(9)
25~30세	상관(4)		비견(1)
중년운	편재(5)	성	상관(4)
55~60세	편관(7)		정재(6)
말년운	겁재(2)	곤	편인(9)
60세이후	정인(10)		편관(7)

〈참고〉 1. 초년운, 중년운, 말년운의 시기는, 사람들의 수명에 따라
　　　　　다르므로, 위의 시기는 참고용입니다.
　　　　2. 천간명운 : 태어날 때, 가지고 온 운입니다.
　　　　3. 지지명운 : 살아가면서 생기는 운입니다.

　가족을 살해한 김성곤씨의 이름을 풀어 보겠습니다.

　김성곤씨는 어릴 때 일찍 아버지가 돌아가셔서 외할머니 집에서 자랐습니다. 아버지가 없이 자라다보니 부정에 대한 그리움이 매우 컸다고 생각됩니다. 어머니는 이런 아들의 입장을 고려하여 아들이 어느 정도 클 때까지 기다렸다가 재혼을 하게 됩니다. 아마, 아들이 중, 고등학생 때 재혼했으리라 봅니다.

　어머니는 재혼 후, 딸과 아들 하나씩을 낳아서 오손 도손 행복하

게 살아갔습니다. 어머니는 김성곤씨가 애처로워, 아들이 원하는 것을 모두 해 줄려고 노력하였으나, 아들이 자주 거짓말을 하고 건전하게 살아가지 않는 것을 보고는 일체 경제적 지원을 끊어 버렸습니다. 김성곤씨도 결혼을 한 상태입니다. 결혼 후에도 안정된 직장도 없고 외국에서 건설현장에서 잡부로 일하고 있는 상태였는데, 타인에게는 거짓말로 일관하며 사기를 치니, 그에 대한 신뢰가 땅에 떨어져서 사면초가에 빠져 있었습니다.

〈천간명운과 지지명운〉

천간명운과 지지명운은 서로 상생상합하여 괜찮게 보이나, 나쁜 운이 서로 상생상합한 것이 많아서 대흉하게 되었습니다.

〈초년운〉

초년운 전체를 보면, 나쁜 운이 다 존재하고 있으며, 비견(1)이 나쁜 운에 동화되어 힘을 보태주니, 나쁜 운이 더욱 더 왕성해져서 초년운 전체가 불행의 덩어리입니다.

초년운 첫자음은, 겁재(2) - 편인(9) 명운 배합입니다.

겁재(2)의 특성은, 재산탕진, 가정파괴, 폐가망신, 투기, 허욕, 야망, 여자운을 극함, 등이 있는 나쁜 운입니다. 편인(9)의 특성은, 실패, 좌절, 중도포기, 도식(밥그릇을 엎어버림), 건강해, 자식해, 단명,

등이 있는 나쁜 운입니다. 이 두 나쁜 운이 만나니, 무엇이든 되는것이 없고, 파재, 조난, 병고가 속출하는 대흉한 운이 되었습니다.

초년운 받침자음은, 상관(4) - 비견(1) 명운 배합입니다. 비견(1)이 상관(4)에게 동화되어 힘을 보태주니, 상관(4)의 기운이 더욱 강해졌습니다. 상관(4)의 특성은, 비관, 비판, 분노, 염세주의, 실패, 자살, 관운을 극함 등이 있는데, 나쁜 운입니다. 나쁜 기운이 더욱 왕성해져서 대흉하게 되었습니다.

초년운 천간명운은, 겁재(2) - 상관(4) 명운 배합입니다. 재물을 탕진하고 관운을 극하는 두 명운이 만났으니, 만사지흉하여 삶 자체가 괴로움과 고통입니다.

초년운 지지명운은, 편인(9) - 비견(1) 명운 배합입니다.

비견(1)이 편인(9)에 동화되어 힘을 보태주니, 편인(9)의 기운이 더 강해져서 대흉하게 되었습니다.

이처럼, 초년운은 전체가 불행의 덩어리입니다. 초년운은 성명에서 성을 의미합니다. 성은 태어나기 전부터 주어진 것으로, 성을 바꾸기가 거의 불가능합니다. 집안 대대로 이어진 성이라서 어쩔수 없다고 가볍게 여기는 사람들이 많습니다.

김성곤씨는 성인 김이 온통 불운의 덩어리입니다. 성과 이름을 분리하여 따로 따로 이름을 짓다가는 큰 실수를 저지를 수가 있습니다. 항상 사람이 태어날 때, 성의 운을 먼저 보아야 합니다.

성의 명운에 맞추어서 이름을 지어야 합니다. 성의 명운이 나쁠 때는, 성의 바로 밑에 있는 중년운에서 성의 불행한 운을 억제하는 명운으로 이름을 지어야 합니다.

〈중년운〉

중년운 첫자음은 편재(5) - 상관(4) 명운 배합입니다.

두 명운은 서로 상생하지만, 반흉 반길한 명운 배합입니다.

편인(5)은 아버지요, 상관(4)은 불행한 운입니다. 아버지가 계부 이므로 부자 사이가 그리 원만치 못합니다. 계부로 인해 불행해 졌 다고 느낄 것입니다. 그리고 반흉 반길할 때는 상 하 명운 관계나 받침자음에 따라 대흉하거나 대길한 운으로 변하는데, 초년운이 불행 덩어리이다 보니, 대흉한 운으로 변하였습니다.

그리하여 김성곤씨는 중년운 초기인 33살 때, 가족을 모두 죽이 기로 마음을 먹었습니다. 먼저 집으로 들어가서 친모와 의붓 남동 생을 죽입니다. 그리고 계부는 따로 불러내어 또 죽입니다. 의붓여 동생도 있었는데, 다행히도 그 날에 타 지역에 있어서 화를 면했습 니다.

〈초년운과 중년운의 연결 운세〉

초년운 천간명운의 받침자음은 상관(4)이고, 중년운 천간명운의 첫자음은 편재(5)입니다. 상관(4) - 편재(5) 명운 배합인데, 중년운에서 설명한 바와 같이 대흉한 운으로 변하였습니다.

초년운 천간명운 첫자음은 겁재(2)이고, 중년운 천간명운 첫자음은 편재(5)입니다. 겁재(2) - 편재(5) 명운 배합인데, 겁재(2)가 편재(5)를 극하고 있는 대흉한 배합입니다.

초년운 지지명운 받침자음은 비견(1)이고, 중년운 지지명운 첫자음은 상관(4)입니다. 비견(1) - 상관(4) 명운 배합인데, 비견(1)이 상관(4)에게 동화되어 힘을 보태주니, 상관(4)의 기운이 더욱 강해져서 대흉한 운이 되었습니다.

초년운 지지명운 첫자음은 편인(9)이고, 중년운 지지명운 첫자음은 상관(4)입니다. 편인(9) - 상관(4) 명운 배합인데, 편인(9)이 상관(4)을 극하고 있습니다. 상관(4)의 나쁜 운을 억제하였으나, 두 명운이 모두 불행한 운이라서 어떤 형태로든 불행은 닥칩니다.

이처럼 초년운과 중년운의 연결 운세도 모두 불행하였습니다.

도저히 풀리지 않은 운인데, 친모가 경제적으로 더 이상 도움을 주지 않자, 가족을 죽이기로 한 것입니다.

〈말년운〉

말년운도, 겁재(2) - 편인(9) 명운 배합입니다. 초년운 첫 자음의 명운 배합과 같으며, 대흉한 운입니다.

김성곤은 잡혀서 무기징역을 선고 받고 지금 감옥에서 옥살이를 하고 있습니다.

아버지가 일찍 돌아가셔서 불우하게 자란 자식의 운명을 미리 알아 보고, 나쁜 운을 바꾸어 주었더라면, 이런 가족의 비극은 막을수 있었을텐데, 안타깝습니다.

모든 부모님은, 나쁜 운을 가지고 불우하게 자란 자식의 운명을 그대로 두었다가는, 그 불행의 대상이 부모 자신과 가족이 될 수 있다는 것을 명심하고, 미리 자식의 운명을 알아 보고, 나쁜 운이 있다면 좋은 운으로 바꾸어 주어야 합니다.

정혜성 : 선생님, 어찌 그런 끔찍한 만행을 저지를 수 있을까요?

도금선생 : 많은 사람들이 금수보다 못한 놈이라고 욕하고 있지만, 김성곤씨의 이름풀이에서도 설명하였다시피, 초년운은 전체가 불행 덩어리였고, 중년운도 대흉하다보니, 불행을 피해갈 수가 없었습니다. 친모와 의붓아버지 그리고 의붓형제들이 오손 도손 행복하게 사는 것을 보고는 무척이나 외로움을 느꼈을 것이고, 자기에게 이제 도움도 끊어 버리는 모친을 보고는 분함이 극에 차 올라 다 죽이고 싶은 마음이 들었을 것입니다.

정혜성 : 선생님의 설명을 듣고 나면, 새삼 이름 속에는 자기의 운명이 들어 있다는 것을 느껴요.

도금선생 : 이름 속에 운명이 들어 있다 하여 꼭 그 운명대로 살아야 한다는 운명론자가 되어서는 않되요. 운명이란 바꿀 수도 있는 것이고, 운명을 극복할 수도 있답니다.

다음은 여자만을 골라서 10명이나 살인을 저지른 사람의 이름을 풀어 보겠습니다.

도금식 성명 풀이서

시기	천간명운	성명	지지명운
초년운	정재(6)		편인(9)
25~30세	겁재(2)	강	편재(5)
중년운	겁재(2)		편재(5)
55~60세		호	
말년운	편인(9)		상관(4)
60세이후	식신(3)	준	정관(8)

〈참고〉 1. 초년운, 중년운, 말년운의 시기는, 사람들의 수명에 따라
다르므로, 위의 시기는 참고용입니다.
2. 천간명운 : 태어날 때, 가지고 온 운입니다.
3. 지지명운 : 살아가면서 생기는 운입니다.

3년동안 여자만을 골라서 10명이나 살인을 저지른 강호준씨의 이름을 풀어 보겠습니다. 왜 그는 여자만을 죽였을까요?

〈천간명운과 지지명운〉

천간명운이 지지명운을 극하고 있습니다. 이럴경우, 좋은 운을 극하면 불행해 지지만, 나쁜 운을 극하면 대성하고 행복해 집니다.

〈초년운〉

초년운 첫자음은, 정재(6) - 편인(9) 명운 배합입니다.

정재(6)가 편인(9)을 극하고 있습니다. 편인(9)이 극을 당하여, 편인(9)의 특징인 실패, 좌절, 중도포기, 도식, 건강해, 자식해, 단명 등의 나쁜 운이 사라지고 좋은 운으로 변하여 호시절을 보냈습니다. 정재(6)는 고정재물, 본처를 의미하니, 본처 운도 있어 20대 초에 결혼하여 아들 둘을 낳았습니다.

초년운 받침자음은, 겁재(2) - 편재(5) 명운 배합입니다.

겁재(2)가 편재(5)를 극하고 있습니다. 편재(5)가 극을 당하니, 편

재(5)의 특징인 유동재물, 여자운 등이 사라지고 불행이 닥치기 시작합니다.

초년운 천간명운은, 정재(6) - 겁재(2) 명운 배합입니다.

겁재(2)가 정재(6)을 극하고 있으니, 정재(6)의 좋은 운이 더 이상 뻗어나가지 못하고 막혀 버렸습니다. 본처 운이 다하여 본처와 이혼을 하게 됩니다.

초년운 지지명운은, 편인(9) - 편재(5) 명운 배합입니다.

편재(5)가 편인(9)을 극하고 있으니, 좋은 운으로 변한 편인(9)의 운이 더 이상 뻗어나가지 못하고 막혀 버렸습니다.

〈중년운〉

중년운은, 겁재(2) - 편재(5) 명운 배합입니다.

겁재(2)가 편재(5)를 극하고 있습니다. 편재(5)가 극을 당하니, 편재(5)의 특성인 재물운, 여자운이 없어져 버렸습니다.

정재(6)는 남자에게는 본처를 의미하고, 편재(5)는 애인, 후처, 첩을 의미합니다. 초년운에 정재(6)가 있어서 본처운이 좋아서 결혼을 하였으나, 겁재(2)가 정재(6)를 극하여 본처운이 사라져 버려서 본처와 이혼을 한 후, 편재(5)가 있어서 재혼을 하였으나, 편재(5)도 겁재(2)에게 극을 당하여 후처운이 사라져 버렸습니다.

중년운에 와서 또 편재(5)가 있어서 재혼을 하였으나, 겁재(2)가 편재(5)을 극하니, 또 이혼을 하였습니다. 결국 결혼을 4번이나 하였습니다. 보통 사람은 결혼을 두번해도 많은데, 4번씩이나 결혼을 하였으니, 여자에 대한 원한과 적개심이 매우 심하였을 것입니다. 결국 36세때부터 살인을 저지르기 시작하여, 3년동안 10명의 여자를 죽였습니다.

〈말년운〉

말년운 첫자음은, 편인(9) - 상관(4) 명운 배합입니다.

편인(9)이 상관(4)을 극하여, 상관(4)의 나쁜 운이 좋은 운으로 변하여 흉변위길하였으나, 두 명운 모두 나쁜 운이라서 어떤 형태로든 불행은 닥칩니다.

말년운 받침자음은, 식신(3) - 정관(8) 명운 배합입니다.

식신(3)이 정관(8)을 극하고 있습니다. 대흉한 배합입니다.

말년운 천간명운은, 편인(9) - 식신(3) 명운 배합입니다.

편인(9)이 식신(3)을 극하고 있습니다. 식신(3)이 극을 당하니, 식록, 건강, 장수, 낙천성 등의 좋은 운이 사라져 버렸습니다.

말년운 지지명운은, 상관(4) - 정관(8) 명운 배합입니다.

상관(4)이 정관(8)을 극하고 있습니다. 정관(8)이 극을 당하니, 관운이 사라져 버려 감옥살이를 할 운입니다.

말년운도 대흉한 운입니다. 결국 사형 선고를 받고 지금 감옥 생활을 하고 있습니다.

정혜성 : 선생님, 이 분이 여자만을 죽인 이유가 바로 초
년운과 중년운에 그대로 나타나 있네요.

도금선생 : 그렇답니다. 초년운과 중년운에 있는 겁재(2)
가 여자운을 뜻하는 정재(6)와 편재(5)를 극하고 있으
니, 여자를 만나서 같이 살았다 하면 헤어져 버려서 여
자에 대한 미움이 많이 쌓여있었을 것입니다.

정혜성 : 참말로 놀랍습니다. 살인의 이유도 다 이름 속
에 들어 있다는 것이 참으로 놀라울 따름입니다.

도금선생 : 자, 다음에는 젊은 나이에 사기를 쳐서 많은 사
람들을 불행하게 만든 사람의 이름을 풀어 보겠습니다.

도금식 성명 풀이서

시기	천간명운	성명	지지명운
초년운	정관(8)	전	식신(3)
25~30세	겁재(2)		편관(7)
중년운	편관(7)	청	상관(4)
55~60세	편인(9)		정재(6)

시기	천간명운	성명	지지명운
말년운 **60세이후**	정관(8)	**자**	식신(3)

〈참고〉 1. 초년운, 중년운, 말년운의 시기는, 사람들의 수명에 따라
　　　　　다르므로, 위의 시기는 참고용입니다.
　　　 2. 천간명운 : 태어날 때, 가지고 온 운입니다.
　　　 3. 지지명운 : 살아가면서 생기는 운입니다.

　학창시절부터 거짓말을 잘 하는 학생이 결국 사기 전과자가 되어
인생 대부분을 감옥에서 지내야 하는 사람의 이름을 풀어 봅니다
　성명은 전청자입니다. 사기전과 10범인데, 출소하여 또 사기를
쳐서 많은 사람들에게 피해를 주고 있습니다.

〈천간명운과 지지명운〉

　지지명운이 천간명운을 극하고 있습니다. 이럴경우, 좋은 운을
극하면, 불행해 지지만, 나쁜 운을 극하면 나쁜 운이 좋은 운으로
변하여 흉변위길하니, 대성하고 행복해 집니다.
　명운의 주력 운세는 극을 하는 쪽입니다.

〈초년운〉

　초년운 첫자음은, 정관(8) - 식신(3) 명운 배합입니다.

식신(3)이 정관(8)을 극하고 있습니다. 정관(8)의 특성은, 권위, 명예, 관리, 관청, 법률, 정실남편등이 있는데, 극을 당하니, 정실남편운이 없고, 관청이나 법률의 보호를 받지 못하니 감옥에 갈 운입니다. 식신(3)과 상관(4)의 특성은, 정신적, 심리적, 감성적, 예술적, 종교적인 기질이 탁월한데, 연예인이나 성직자중에서 식신(3)이나 상관(4)의 명운을 가진 사람이 많으며, 이들은 말을 잘 합니다. 그래서 전청자씨는 어릴 때부터 말을 참 잘 했으며, 거짓말도 잘 했습니다. 이런 좋은 운이 좋은 방향으로 발전되었으면, 연예인이나 종교인이 되어 훌륭한 인생을 살았을텐데, 관운을 극하는 운이라서, 사기를 쳐서 감옥에 가는 신세가 되었습니다.

20대 중반에 벌써 사기 전과 10범이 되었습니다.

초년운 받침자음은, 겁재(2) - 편관(7) 명운 배합입니다.

편관(7)이 겁재(2)를 극하고 있는데, 겁재(2)의 나쁜 운이 사라지고 좋은 운인 사교성이 발현되어 사기활동을 하는데, 더 큰 보탬이 되었습니다.

초년운 천간명운은, 정관(8) - 겁재(2) 명운 배합입니다.

정관(8)이 겁재(2)를 극하여, 겁재(2)의 나쁜 운은 사라지고, 좋은 운인 사교성이 발현되어 사기활동을 하는데 힘을 보태주고 있습니다.

초년운 지지명운은, 식신(3) - 편관(7) 명운 배합입니다.

식신(3)이 편관(7)을 극하고 있습니다. 편관(7)이 극을 당하니, 편관(7)의 특성인 권세, 권위, 명예, 남자운 등이 사라져 버리고, 사기로 인해 감옥에 갈 운이 되어 버렸습니다.

초년운이 이렇다 보니, 결혼, 이혼, 결혼, 이혼으로 점철된 생활과 계속된 사기 행각으로 사기전과 10범이 되었습니다. 이번에도 혼인 빙자, 투자금 사기로 구속되었으니, 사기전과 11범이 되겠지요. 지금 나이가 28세 여성입니다.

〈중년운〉

중년운 첫자음은, 편관(7) - 상관(4) 명운 배합입니다.

상관(4)이 편관(7)을 극하니, 극부 극자하는 과부운입니다. 망신, 단명, 온갖 질병으로 고생하는 대흉한 운입니다.

〈말년운〉

말년운은, 정관(8) - 식신(3) 명운 배합입니다.

식신(3)이 징관(8)을 극하고 있습니다. 이 또한 대흉한 운으로서 온갖 병고에 시달리고, 애로가 많고, 형액, 조난, 불구, 단명하는 불행한 운입니다.

성명 전체가 관운(편관, 정관)이 식신(3)과 상관(4)에게 극을 당하여, 평생 감옥살이를 할 대흉한 운으로 되어 있습니다.

성명에는 어머니를 뜻하는 정인(10)이 없고, 아버지를 뜻하는 편재(5)도 없습니다. 아버지는 사기를 쳐서 전청자씨가 어릴 때 집을 나가 버렸고, 어머니와도 크게 인연이 없이, 외롭게 홀로 세상을 살아왔던 것입니다. 여자 몸으로 잘 살아가기 위해서는 사기를 쳐서 크게 한 몫 잡는게 매력적이었겠지요. 하지만, 관운이 극을 당하니, 감옥에 갈 수 밖에 없었습니다.

도금선생 : 지금까지 흉악범 5명의 이름을 풀어 보았는데, 무섭지 않았나요?

정혜성 : 아니에요, 선생님, 이름풀이를 들으면, 그 흉악범에 대하여 한편으로는 연민을 느껴져요. 만약 명운이 좋았더라면 그런 나쁜 짓을 하지 않았을텐데, 명운이 나쁘니, 명운대로 살아간 것 뿐이잖아요, 사람이 나쁜 것이 아니라, 그 나쁜 명운이 미워져요.

도금선생 : 이걸 어쩌나, 사람을 미워하지 않고, 명운을 미워하다니, 아무리 어렵고 힘들고 고통스러운 불행이 닥치더라도, 남을 헤꼬지하고, 남을 죽이고, 남의 재산을 빼앗는 나쁜 짓은 하지 말아야 되겠지요. 큰 불행이 닥쳐도 그 불행을 수용하고, 그 불행 속에서 작은 행복이라도 추구하면서 살다보면, 좋은 날도 오지 않겠어요?

정혜성 : 제가 생각이 짧았던 거 같아요. 나의 불행을 남

의 불행으로 만드는 것은 잘못된 것이라고 생각해요.

도금선생 : 자, 이만하면, 흉악범에 대한 이야기가 충분합니까?

정혜성 : 네, 선생님, 감사했어요. 제 이름풀이 비용은 얼마에요?

도금선생 : 원래, 이름풀이 비용은 100,000원이지만, 정혜성 학생이 기특하고, 또 형편이 어려울텐데, 학생이고 하니, 반값만 받을께요. 공짜로 해 주고 싶지만, 여기 사무실 운영비도 줘야 한답니다. 50,000원만 주세요.

정혜성 : 선생님, 감사합니다. 여기 있습니다.

도금선생 : 여기 이름풀이 자료를 가지고 가서 할아버지께 보여 드리고, 할아버지와 의논하여 개명하고 싶으면, 할아버지와 함께 오세요

정혜성 : 네, 선생님, 안녕히 계세요.

도금선생 : 잘 가요.

〈정혜성 학생이 가고 난 후, 신께 기도를 드려 본다. 불쌍한 저 어린 여학생을 보호해 주시고, 개명하여 행복한 삶을 살게 해 달라고 간청해 본다.〉

09.

신생아 작명

귀한 자녀에게 재산과 논밭을 주느니,
차라리 좋은 이름을 주어라.

〈자료 정리를 하고 있는데, 노크를 하고 젊은 청년이 찾아 왔다〉

도금선생 : 어떤 일로 오셨습니까?

젊은이 : 네, 선생님, 안녕하세요? 3일 전에 저희 부부가
아기를 낳았습니다. 그래서 아기에게 이름을 지어줄려
고 찾아 왔습니다. 잘 좀 지어 주세요.

도금선생 : 네, 축하드립니다. 참 좋으시겠어요.

젊은이 : 네, 무척 기쁩니다.

도금선생 : 그래요, 그럼 젊은이의 성명은 무엇입니까?

젊은이 : 홍기문입니다.

도금선생 : 네, 성이 홍씨이군요. 아기는 딸입니까? 아들
입니까?

홍기문 : 딸입니다. 그런데, 선생님, 제 아버지께서 손녀
이름을 지어 주었는데, 그 이름이 홍은채입니다. 먼저

홍은채에 대해서 이름풀이를 부탁드립니다. 아버지도 이해하시고 양해를 구했습니다. 이름풀이를 먼저 해보고 결정하겠다고요.

도금선생 : 아!, 그렇군요, 부친께서는 성명학에 조예가 깊습니까?

홍기문 : 아닙니다. 그저 개인적으로 이것 저것 알아보고 지은것 같아요. 그래서 우선 전문가이신 선생님께 이름풀이를 해 보겠다고 했어요.

도금선생 : 잘 하셨습니다. 성명은 그 사람의 행복, 불행을 좌우할 수가 있답니다. 성명 그 자체가 자기를 대신하는 것이니까요.

그럼, 홍은채에 대하여 성명을 풀어 보겠습니다.

도금식 성명 풀이서

시기	천간명운	성명	지지명운
초년운	**정인(10)**	**홍**	**상관(4)**
25~30세	정인(10)		상관(4)
중년운	**정인(10)**	**은**	**상관(4)**
55~60세	겁재(2)		정재(6)

시기	천간명운	성명	지지명운
말년운 60세이후	정관(8)	**채**	겁재(2)

〈참고〉　1. 초년운, 중년운, 말년운의 시기는, 사람들의 수명에 따라
　　　　　다르므로, 위의 시기는 참고용입니다.
　　　　2. 천간명운 : 태어날 때, 가지고 온 운입니다.
　　　　3. 지지명운 : 살아가면서 생기는 운입니다.

홍은채의 성명을 풀어보겠습니다.

〈천간명운과 지지명운〉

홍은채가 태어난 해는, 천간명운이 지지명운을 극하는 운의 해
입니다. 이럴경우, 좋은 운을 극하면 불행해 지지만, 나쁜 운을 극
하면, 나쁜 운이 좋은 운으로 변하여 흉변위길하니, 대성하고 행복
해 집니다. 홍은채가 태어난 해의 성의 명운을 살펴보면, 김씨는 첫
자음이 상관(4)- 정관(8) 명운 배합이고, 받침자음은 정재(6) -정인
(10) 명운 배합입니다. 상관(4)이 정관(8)을 극하여 매우 대흉한 운
이고, 정재(6)가 정인(10)을 극하니, 이 또한 대흉한 운입니다. 이씨
는 비견(1) - 편재(5) 명운 배합입니다. 비견(1)이 편재(5)를 극하여
대흉한 운입니다. 박씨는 첫자음이 정재(6) - 정인(10) 명운 배합인
데, 정재(6)가 정인(10)을 극하고 있어 대흉한 운이고, 받침자음은

상관(4) - 정관(8) 명운 배합인데, 상관(4)이 정관(8)을 극하여 대흉한 운입니다.

홍씨는 첫자음이, 정인(10) - 상관(4) 명운 배합입니다.

정인(10)이 상관(4)을 극하고 있습니다. 상관(4)의 특성은, 비관, 비판, 분노, 염세주의, 실패, 자기학대, 피살, 자살, 살인, 변화, 창조, 정신적, 심리적, 감성적, 예술적, 종교적인 기질이 뛰어남 등이 있는데, 나쁜 운입니다. 이 나쁜 운이 극을 당하여, 나쁜 운은 사라지고 좋은 운으로 변하여 흉변위길하니 대길한 운이 되었습니다.

받침자음도 첫자음과 같이 정인(10) - 상관(4) 명운 배합으로서 대길한 운입니다. 홍씨는 같은 또래에서 유리한 운을 가지고 태어난 것입니다.

〈초년운〉

성의 홍은, 자음이 ㅎ 과 ㅇ 입니다. ㅎ 과 ㅇ 은 명운이 같습니다

따라서 첫자음과 받침자음의 명운이 같습니다. 명운이 같을 때는 운세가 더 강합니다.

첫자음은, 정인(10) - 상관(4) 명운 배합입니다.

정인(10)이 상관(4)을 극하고 있습니다. 상관(4)은 흉사가 많고 길사가 적은 나쁜 운인데, 극을 당하니, 나쁜 운이 사라지고 좋은 운으로 변하여 대길한 운으로 되었습니다. 부귀가 따르고, 경사가

많고, 지혜가 뛰어나고, 만인이 우러러 보는 여중군자 운입니다.

받침자음도, 정인(10) - 상관(4) 명운 배합입니다.

정인(10) - 상관(4) 명운 배합이 2개나 있으니, 대길한 운이 왕성합니다.

초년운 천간명운은, 정인(10) - 정인(10) 명운 배합입니다.

정인(10)이 2개나 있습니다. 이론과 학문, 비평같은 두뇌를 사용하는데는 뛰어나나, 수단이 없고 인덕이 없고 고지식합니다.

성명에 인성(정인, 편인)이 3개 이상 있을 시에는, 그 사람의 성격은 말로서 일할려고 하고, 행동을 잘 하지 않는 비현실적인 사람이 되기 쉽고, 복록도 반감되어 도리어 풍파를 많이 겪으며 단명하기 쉽습니다. 박복해지는 것입니다.

정인(10)의 특성은, 복록, 지혜, 지식, 어머니, 모성애, 수명, 장수, 유순함 등이 있으며 매우 좋은 운입니다. 이 좋은 운은 가능한 한 성명에 1개 내지 2개만 있는 것이 좋으며, 많이 있을수록 역효과가 나서 불행해 집니다.

초년운 지지명운은, 상관(4) - 상관(4) 명운 배합입니다.

불행의 운인 상관(4)이 같이 2개가 있어서 극히 흉한 운이지만, 천간명운에 있는 정인(10)이 상관(4)을 극해 주어, 불행이 사그러들었습니다. 하지만 완전히 불행의 기운을 잠재우지는 못하였다고 보고, 항상 조심하여야 합니다.

〈중년운〉

중년운 첫자음은, 정인(10) - 상관(4) 명운 배합입니다.

초년운의 명운 배합과 같습니다. 상관(4)의 나쁜 운을 정인(10)이 극해 주어 흉변위길하여 좋으나, 정인(10)의 명운이 너무 많고, 상관(4)의 명운이 너무 많습니다.

중년운 받침자음은 겁재(2) - 정재(6) 명운 배합입니다.

겁재(2)가 정재(6)를 극하는 대흉한 배합입니다. 정재(6)가 극을 당하여, 정재(6)의 특성인 고정재물운, 근면 성실운, 저축운, 총명운, 다재다능운 등이 사라져 버렸습니다.

중년운 천간명운은 정인(10) - 겁재(2) 명운 배합입니다.

겁재(2)가 정인(10)에게 동화되어 힘을 보태주고 있습니다.

정인(10)이 2개나 된 꼴입니다. 만약, 상 하 명운에 정인(10) 명운이 없었다면, 정인(10) - 겁재(2) 명운 배합은 대길한 운이 되었겠지만, 초년운과 중년운에 정인(10)이 3개나 있는데, 또 겁재(2)가 힘을 보태주니 정인(10)이 4개나 된 꼴이 되었습니다. 대흉한 명운 배합입니다.

중년운 지지명운은, 상관(4) - 정재(6) 명운 배합입니다.

상관(4)과 정재(6)는 서로 상합하여 잘 어울리어, 고생 끝에 재물을 모으는 흉한 중에 길한 운입니다. 하지만, 정재(6)가 겁재(2)에게 극을 당하여 재물을 모을 수 없게 되었습니다.

〈초년운과 중년운의 연결 운세〉

초년운 천간명운은 정인(10) - 정인(10) 이고, 중년운 천간명운은 정인(10) - 겁재(2) 명운 배합입니다. 정인(10)이 4개나 나란히 이어져 있는 꼴입니다. 극히 흉합니다. 온갖 복록이 사라져 고통을 많이 겪으며, 인복도 없고 남편복도 없습니다. 수명도 짧아져서 단명합니다. 교통사고나 불의의 화를 당하기 쉽습니다.

초년운 지지명운은 상관(4) - 상관(4) 이고, 중년운 지지명운은 상관(4) - 정재(6) 명운 배합입니다. 상관(4)이 3개나 나란히 이어져 있는 꼴입니다. 상관(4)은 10대 명운 중에서 가장 불행한 운입니다. 비록 정인(10)이 극해 주고 있지만, 언제 불행한 운이 빠져나가서 화를 가져올 지 모릅니다. 그래서 이렇게 많이 상관(4)을 가지고 있으면 자칫 큰 화를 당할 수 있으니, 잘못된 명운 배합입니다.

〈말년운〉

말년운은, 정관(8) - 겁재(2) 명운 배합입니다.

정관(8)이 겁재(2)를 극하고 있습니다. 정관(8)의 특성은, 권위, 명예, 관청, 직장, 관리, 지도자, 보수적, 법률, 정실남편을 뜻하며, 정실남편운이 좋고, 직장운과 명예운도 좋습니다.

겁재(2)의 특성은, 재산탕진, 가정파괴, 패가망신, 투기, 야망, 사교적, 대인관계 원만 등이 있는데, 나쁜 운입니다. 이 나쁜 운이 극을 당하여, 나쁜 운은 사라지고 좋은 운으로 변하여 흉변위길하니, 대길한 운이 되었습니다. 특히, 남을 다스리는 위정자의 운이 강합니다.

종합적으로 볼 때, 초년운과 중년운에서 정인(10)과 상관(4)이 과다하여 흉한 운으로 변하였습니다. 이름을 지을 때, 성의 명운을 간과하여 지은 것으로 판단됩니다. 중년운 받침자음에는 겁재(2)가 정재(6)를 극하여 재물운이 사라져 버리니, 재물로 인한 고통이 따를 것입니다. 말년운에는 남편운이 강하게 있어서 남편과 함께 행복하게 살아갈 것입니다.

성인 홍씨는 바꿀 수 없지만, 이름은 좋은 명운 배합으로 새롭게 지어서 일평생 행복하게 살아갈 수 있도록 해 주면 좋겠습니다.

홍기문 : 네, 선생님, 이런 운들이 있다는 것이 신기하네요. 제가 오늘 잘 찾아왔나 봅니다. 제 딸이 태어날 때 가지고 온 운과 살아가면서 생기는 운이 서로 상극을 하니, 정말 이름을 잘 지어야겠어요. 그럼, 선생님, 홍은채 이름은 포기할테니, 새 이름을 지어 주세요.

도금선생 : 네, 그러면, 새 이름을 짓겠습니다.

우선, 성인 홍씨는 천간명운이 지지명운을 극하는데, 다행히도 지지명운에는 나쁜 운인 상관(4)이 극을 당하여, 좋은 운으로 변하여 대길한 운이 되었습니다. 하지만, 첫자음과 받침자음이 같은 명운이라서 천간명운에는 정인(10)이 2개나 있고, 지지명운에는 상관(4)이 2개나 있습니다. 이것은 흉한 것입니다.

그래서, 중년운 천간명운에는 정인(10)과 상생하는 운을 선택하는 것이 좋고, 중년운 지지명운에는 상관(4)을 극하는 운을 선택하여 더 이상 상관(4)의 나쁜 기운이 뻗어나가지 못하게 하는 것이 좋습니다.

여자에게는 부모님운도 중요하지만, 남자운도 매우 중요합니다. 어떤 남자를 만나서 같이 살아가는가가 여자 인생에서 절대적이기 때문입니다. 그래서 말년운에는 남자운을 뜻하는 관운을 선택하여, 좋은 남자를 만나서 일평생 같이 행복하게 살아가도록 이름을 지어 보겠습니다.

도금식 성명 풀이서

시기	천간명운	성명	지지명운
초년운	정인(10)	홍	상관(4)
25~30세	정인(10)		상관(4)

시기	천간명운	성명	지지명운
중년운 55~60세	편재(5)	미	편인(9)
말년운 60세이후	정관(8)	지	겁재(2)

〈참고〉　1. 초년운, 중년운, 말년운의 시기는, 사람들의 수명에 따라
　　　　　　다르므로, 위의 시기는 참고용입니다.

　　　　2. 천간명운 : 태어날 때, 가지고 온 운입니다.

　　　　3. 지지명운 : 살아가면서 생기는 운입니다.

새 성명 홍미지에 대하여 풀어 보겠습니다.

〈천간명운과 지지명운〉

천간명운이 지지명운을 극하고 있습니다. 이럴경우, 좋은 운을
극하면 불행해 지지만, 나쁜 운을 극하면 나쁜 운이 좋은 운으로 변
하여 흉변위길하니, 대성하고 행복해 집니다.

〈초년운〉

초년운 첫자음과 받침자음은, 정인(10) - 상관(4) 명운 배합입니다.
정인(10)이 상관(4)을 극하고 있습니다. 상관(4)의 특성은, 비관,

비판, 분노, 염세주의, 실패, 자살, 변화, 개혁, 정신적, 심리적, 감성
적, 예술적, 종교적인 기질이 뛰어남, 성질이 까탈스러움 등이 있는
데 나쁜 운입니다. 이런 나쁜 운이 극을 당하여 나쁜 운은 사라지고
좋은 운으로 변하니, 부귀영화가 따르고, 지혜가 뛰어나며, 대중으
로부터 명성을 얻습니다.

〈중년운〉

중년운은, 편재(5) - 편인(9) 명운 배합입니다.

편재(5)가 편인(9)을 극하고 있습니다. 편인(9)의 특성은, 실패,
좌절, 중도포기, 도식(밥그릇을 엎어버림), 건강해, 단명, 자식해, 개
척, 혁신, 난세의 영웅, 번쩍이는 아이디어 등이 있는데, 나쁜 운입
니다. 이런 나쁜 운이 극을 당하여 나쁜 운은 사라지고 좋은 운으로
변하니, 건강도 좋아지고, 장수하며, 화기와 길상이 찾아와서 부귀
영화를 누립니다. 처음에는 고생하나 말년은 성공하여 태평합니다.

뛰어난 아이디어와 지혜가 넘쳐납니다. 창의적입니다.

〈초년운과 중년운의 연결 운세〉

초년운 천간명운은 정인(10)이고, 중년운 천간명운은 편재(5)입
니다. 정인(10) - 편재(5) 명운 배합입니다. 편재(5)가 정인(10)을
극하는 배합이나, 편재(5)는 아버지요, 정인(10)은 어머니이므로,

두 명운의 만남은 극히 자연스러운 부부의 만남이니, 길한 운으로 봅니다. 어머니운과 아버지운이 강하게 있다는 뜻입니다.

부친께서 지은 홍은채에는 아버지운인 편재(5)의 운이 없었습니다. 아버지와 인연이 적었지요. 새 이름에는 어머니운과 아버지운이 만나서 부모덕이 있게 하였고, 재물운과, 지혜, 복록도 누리도록 하였습니다.

초년운 지지명운은 상관(4)인데, 상관(4)이 2개나 있습니다. 천간명운에서 정인(10)이 상관(4)을 극하고 있어 불행한 운을 막고 있지만, 조금만 허점을 보여도 상관(4)의 불행한 운이 언제 어떻게 나타나서 고통을 줄지 모르는 상태입니다. 그래서 상관(4)의 운을 극해야 합니다. 중년운 지지명운에 편인(9)이 있습니다. 상관(4) -편인(9) 명운 배합인데, 편인(9)이 상관(4)을 극하고 있습니다. 편인(9)이 상관(4)을 극하니, 상관(4)의 나쁜 운이 더 이상 뻗어나가지 못하게 되었으며, 흉변위길하여 대길한 운이 되었습니다.

〈말년운〉

말년운은 정관(8) - 겁재(2) 명운 배합입니다.

정관(8)이 겁재(2)를 극하고 있습니다. 겁재(2)의 특성은, 재물탕진, 가정파괴, 패가망신, 투기, 허욕, 사교성 등이 있는데, 나쁜 운입니다. 이 나쁜 운이 극을 당하여 나쁜 운은 사라지고 좋은 운으로 변하여 흉변위길하니, 대길한 운으로 변하였습니다. 부귀장수하며, 입신양명하고 발전합니다. 특히, 뛰어난 위정자의 운이므로 대중을 다스리는데 탁월한 기운이 있습니다.

정관(8)은 여자에게는 정실남편을 의미합니다. 정실남편운이 좋아서 정실남편과 일생 함께하며 행복하게 살아갈 것입니다.

〈중년운과 말년운의 연결 운세〉

중년운 천간명운은 편재(5)이고, 말년운 천간명운은 정관(8)입니다. 편재(5) - 정관(8) 명운 배합인데, 편재(5)와 정관(8)은 서로 상생하여 잘 어울리니, 대길한 운이 되었습니다. 재물운(편재)이 남편(정관)을 도와서 남편이 출세를 합니다.

중년운 지지명운은 편인(9)이고, 말년운 지지명운은 겁재(2)입니다. 편인(9) - 겁재(2) 명운 배합인데, 두 명운 다 나쁜 운이라서 두 명운의 만남은 대흉한 운이었으나, 편인(9)과 겁재(2)가 극을 당하여 좋은 운으로 변하였으니, 편인(9) - 겁재(2) 명운 배합도 대길한 운이 되었습니다.

이름에 받침자음을 뺀 이유는, 천간명운이 지지명운을 극하는 운이라서, 자칫 잘못하여 좋은 운을 극하면 불행해 지기 때문에 받침자음을 사용할 수가 없었습니다. 예를 든다면, 받침에 ㄴ, ㄹ 을 넣으면, 재물운이 극을 당하고, ㅇ 을 넣으면 정인(10)과 상관(4)이 또

증가하여 흉하고, ㄱ 을 넣으면 관운이 극을 당하여 남자운이 나빠지니, 불행합니다. 또 ㅁ, ㅂ 을 넣으면 어머니운과 복록이 극을 당하여 불행해 집니다.

도금선생 : 홍기문씨!, 새 이름인 홍미지를 한번 불러 보세요.

홍기문 : 네, 선생님, 홍미지!, 홍미지!, 홍미지! 좀 생소하네요.

좀 더 세련되고 멋있는 이름이 없을까요?

도금선생 : 네, 저도 그 점에 대해서는 고민을 많이 했답니다.

먼저 중년운에 편재(5) - 편인(9) 명운 배합을 넣어야 하는데, 그러기 위해서는 자음이 ㅁ, ㅂ, ㅍ 인 글자를 선택하여야 하며, 한자는 획수가 홀수여야 하는 글자를 선택하여야 합니다. 또 받침자음이 없는 글자를 선택하여야 합니다. 그런 글자는, ㅁ 자음은 마, 머, 모 무 매, 미가 있고, ㅂ 자음은 바, 버, 보, 부, 배, 비가 있으며, ㅍ 자음은 파, 퍼, 포, 푸, 프, 피가 있습니다.

이 중 부르기 쉽고 듣기 쉬운 글자는 홍기문씨는 어떤 것이 좋겠습니까?

홍기문 : 네, 홍마, 홍머, 홍모, 홍무, 홍매, 홍미, 홍바, 홍버, 홍보, 홍부, 홍배, 홍비, 홍파, 홍퍼, 홍푸, 홍피, 불러 보니, 홍미와 홍비가 좋네요.

도금선생 : 그래요?, 다음은 말년운에는 정관(8) - 겁재(2) 명운 배합을 넣어야 하니까, 자음이 ㅅ, ㅈ, ㅊ 인 글자를 선택하여야 하며, 한자는 획수가 짝수여야 합니다. 또, 받침자음이 없는 글자를 선택하여야 합니다. 그런 글자는, ㅅ 자음은 사, 서, 소, 수, 새, 세, 시가 있고, ㅈ 자음은 자, 저, 조, 주, 재, 제, 지가 있으며, ㅊ 자음은 차, 처, 초, 추, 채, 체, 치가 있습니다.

홍기문씨!, 조금전에 홍기문씨가 선택한 홍미와 홍비를 가지고 이름 끝 글자를 붙여서 같이 불러 봅시다.

홍기문 : 네, 선생님, 홍미사, 홍미서, 홍미소, 홍미수, 홍미새, 홍미세, 홍미시, 홍미자, 홍미저, 홍미조, 홍미주, 홍미재, 홍미제, 홍미지, 홍미차, 홍미처, 홍미초, 홍미추, 홍미채, 홍미체, 홍미치, 홍비사, 홍비서, 홍비소, 홍비수, 홍비새, 홍비시, 홍비자, 홍비저, 홍비조, 홍비재, 홍비제, 홍비지, 홍비차, 홍비처, 홍비채, 홍비치 아, 참 많네요.

도금선생 : 이 중 어떤 이름이 마음에 드십니까?

홍기문 : 네, 미사는 성당에서 미사를 본다는 뜻이 있어 않되고, 미서는 해가 지는 서쪽의 서자가 있어서 저물어 가는 느낌이 있어서 않되고, 미소는 웃는다는 뜻인데, 화가 나 있는데 이름이 미소니까 미소지어라고 놀림받을까 봐 않되고, 미수는 미수금 미수에 그치다라는 의미가 있어 않되고, 미새는 새 이름 같아서 않되고, 미세는 미세먼지라는 의미가 있어서 않되고, 미시는 젊은 화류계 여자라는 뜻이 있어 않되고, 미자는 옛날 여자이름 같아서 않되고, 미저는 미적거린다는 느낌이 있어 않되고, 미조는 새 이름 같아서 않되고, 미주는 홍미주 일가의 살인사건의 공포 영화제목에 있어서 기분나빠 않되고, 미지는 미지의 세계라는 뜻인데 가보지 않은 세계를 간다는 뜻으로 고생할 것 같아서 좀 그렇고, 미재는 미국 제품이라는 뜻이 있어 않되고, 미차는 부르기 나쁘고 미치는 미쳤다는 의미가 있어 않되고, 미추는 추하다는 의미가 있어 않되고, 미채는 괜찮을 것 같아요.

비사는 숨은 역사를 말하는 것 같아서 않되고, 비서는 비서라서 않되고, 비소는 독약 같아서 않되고, 비수는 무기 같아서 않되고, 비세는 듣기 거북하고, 비시도 듣기 거북하고, 비저는 무엇을 빚진다는 뜻 같아서 않되고, 비조는 새 이름 같아서 않되고, 비주도 무엇을 빚는다는 의미가 있어 않되고, 비지는 꽁비지 같아서 않되고, 비재는 남자 이름 같아서 않되고, 비차는 부르기 나쁘고, 비처도 부르기 나쁘고, 비추도 부르기 나쁘고, 비채는 괜찮을 것 같아요.

도금선생 : 아, 그렇습니까? 그럼, 홍미지, 홍미채, 홍비채 3개 이름을 가지고 의논해 봅시다.

홍기문 : 네, 선생님, 이름 하나 결정하기가 이렇게 어렵네요.

도금선생 : 하! 하! 하! 한 사람의 인생이 걸린 것인데, 쉽게 결정하면 되겠습니까? 먼저, 홍미채에 대하여 알아봅시다. 홍미채 하면 떠 오르는 것이 오징어채 중 붉은색깔의 오징어 진미채가 떠오릅니다. 홍채 또는 홍진미채, 홍미채라고 하지요. 식품 이름이라서 좀 부르기가 좋지 않네요.

홍기문 : 아!, 그런 뜻이 있었군요. 그럼 홍미채는 포기하겠습니다.

도금선생 : 그렇게 하세요. 다음은 홍미지와 홍비채를 가지고 의논해 봅시다. 홍기문씨는 이 2개 이름 중에서

어느 이름이 더 여성스럽다고 느끼십니까?

홍기문 : 홍미지, 홍비채를 듣고 있으면, 홍미지가 더 여성스럽습니다.

도금선생 : 만약, 홍비채를 선택한다면, 비 글자는 홀수 획수의 한자를 선택하여야 하는데, 그 한자를 찾아보면, 날 비 자가 9획이고, 여종 비 자가 11획이고, 비파 비 자가 13획이고, 덮을 비 자가 7획인 한자가 있습니다. 이 중 마음에 드는 한자가 있습니까?

홍기문 : 여종 비 자는 여종이니까 않되고, 비파 비 자는 악기니까 않되고, 덮을 비 자는 덮는다는 뜻이니까 않되고, 날 비 밖에 없네요.

도금선생 : 날 비 는 9획입니다. 난다는 것은 도약한다는 뜻이 있어 좋은데 9획은 운이 나쁜 수입니다. 이왕이면 다홍치마라고 좋은 운을 가진 수를 선택하는 것도 나쁘지가 않지요. 이처럼 이름을 지을 때에 모든 면을 세세히 신경써서 지어야 합니다.

홍기문 : 듣고 보니, 그런 문제에서 또 걸림돌이 있네요.

도금선생 : 네, 그리고 홍비채라는 이름을 사용하는 사람이 자료상 보이지를 않아요. 많은 사람들이 홍비채라는 이름을 사용하는 것을 꺼리고 있다는 증거이지요.

홍기문 : 네, 그렇군요. 그럼 왜 선생님은 홍미지라는 이름을 추천하셨나요?

도금선생 : 중년운을 선택할 때, 자음이 ㅁ, ㅂ, ㅍ 인 글자 중에서 한자 획수가 홀수이고 받침자음이 없는 글자를 선택하여야 하는데, 미 자가 가장 부르기 좋고 듣기 좋았으며, 미 자중에서 한자 획수가 홀수이고 뜻이 좋은 한자는, 아름다울 미 자가 9획이고, 물 미 자가 13획이고, 더할 미 자가 17획입니다. 아름다울 미 자는 획수가 9획이라서 좋지 않고, 더 할 미자는 획수가 17획인데, 17획은 봄, 여름에 태어난 사람에게 매우 좋은 수입니다. 물 미자는 획수가 13획인데, 13획은 겨울, 가을에 태어난 사람에게 좋습니다. 그리고 물이라는 것은 재물을 의미하는 뜻도 내포되어 있습니다. 따님이 가을에 태어 났으니, 물 미 자를 선택하였습니다.

말년운은 자음이 ㅅ, ㅈ, ㅊ 인 글자 중에서, 받침자음이 없고, 한자 획수가 짝수인 글자이며, 뜻이 좋고, 부르기 좋고, 듣기 좋은 글자를 선택하여야 합니다. 많은 글자 중에서 전체와 어울리는 글자는 알 지 자로서 한자 획수가 8획입니다. 8 숫자는 좋은 숫자입니다. 특히, 봄, 여름에 태어난 사람에게는 더욱 좋습니다.

성명 전체 획수를 보면, 홍이 10획이고, 미가 13획이며, 지가 8획으로서 전체 획수가 31획입니다. 31 숫자는 매우 좋은 숫자이며, 특히 가을에 태어난 사람에게는 더욱 좋습니다. 가을에 태어난 사람은 끝 수가 1인 숫자가 좋습니다. 예를 든다면, 1, 11, 21, 31, 41, 등이 있지요. 미자와 지 자가 합친 획수도 21획이라 좋습니다.

성명의 뜻도 넓은 물(바다, 넓은 세상)에 가서 알고, 배우고, 깨우쳐서 훌륭한 사람이 되어라는 뜻이 있습니다.

홍미지라는 이름을 사용하는 분이 한 분 계시는데, 여성분입니다. 지금, 사업가로서 대표이사이시고, 대학 교수도 겸하십니다.

홍기문 : 아, 거기까지 알아 보셨군요. 제가 미흡했습니다. 이름을 지을 때, 부모의 직감으로 지으면 않되겠군요. 본인의 직감과 느낌, 지식을 모두 내려 놓고, 오직 운세에 따라 이름을 지어야겠습니다.

도금선생 : 그렇게 하셔야 실수를 적게 할 수가 있답니다.

홍기문 : 선생님의 설명을 듣고 보니, 홍미지도 괜찮은 것 같아요. 홍미지로 해 주세요.

도금선생 : 아마, 부모님께서 먼저 지어주신 홍은채에 대한 선입견이 있어서, 새 이름이 낯설수가 있겠지마

는, 계속 부르다 보면 점점 정이 가고 애착이 생길 것입니다.

홍미지라는 이름이 부드럽고 여성스러울 것 같지만, 운세가 매우 강합니다. 불행의 운을 극하여 흉변위길한 운이라서 보통 운보다 운세가 강합니다. 크게 성공하고 명성을 떨친 사람 중에서, 많은 사람들이 이처럼 불행한 운을 극하여 흉변위길하여 대성하였습니다. 따님의 명운이 좋으니, 잘 키우셔서 훌륭한 사람이 되게 하세요.

홍기문 : 네, 선생님, 고맙습니다. 비용은 얼마를 드려야 하나요?

도금선생 : 이름풀이 100,000원, 작명비용 200,000원 합하여 300,000원 받아야 하나, 이름풀이는 서비스로 해 드리겠습니다. 작명비용 200,000원만 주세요.

홍기문 : 감사합니다.

도금선생 : 혹, 200,000원이 비싸다고 생각합니까?

홍기문 : 아닙니다. 요즘 물가가 비싸서 1돈 금반지 값도 사십만원이 넘고, 경조사비도 십만원 이하가 없어요. 노래방비도 1인당 비용이 많이 들어요. 제 자식 평생 부르고, 듣고, 행복과 불행이 결정되고, 운명이 결정되는 이름 값인데, 이십만원이 뭐가 비싸겠습니까? 저

는 전혀 비싸다고 생각지 않습니다. 그저 감사할 따름입니다. 좋은 이름을 지어주니 자식에게 뿌듯하고, 희망도 생겨납니다.

도금선생 : 하긴, 33년전에도 작명비가 50,000원 정도 하였답니다. 옛날 물가 생각하면 싸다고 생각되네요. 여기, 작명한 이름과 성명풀이서를 가져 가세요.

홍기문 : 선생님, 고맙습니다. 그럼, 안녕히 계십시요.

도금선생 : 잘 가세요.

〈홍기문씨가 가고난 후, 나는 새 생명으로 태어난 홍미지 아기에게 축복을 기원해 본다. 부디 건강하게 자라고, 뛰어난 재능을 좋은 일에 발휘하여, 보람있고 행복한 인생을 살아가길 간절히 소망하며, 신에게 도와 달라고 기도를 드린다. 자료 정리를 하고 있는데 계소향씨가 찾아 왔다.〉

계소향 : 안녕하세요? 선생님.

도금선생 : 아, 소향씨가 아니십니까? 반갑습니다. 늦게 오셨네요.

계소향 : 네, 퇴근 후 집에 가는 길에 들렸습니다. 혹시, 퇴근하셨나 약간 염려가 되었는데, 창가 불빛이 보이길

래 들렸습니다.

도금선생 : 네, 잘 오셨습니다. 이 쪽으로 앉으세요. 차 한잔 하실래요?

계소향 : 아, 괜찮습니다. 회사에서 자주 차나 커피를 마셔서 오늘은 그만 마실래요.

도금선생 : 퇴근 시간이 보통 몇시에 하나요?

계소향 : 퇴근 시간이 정해져 있긴 하지만, 대중 없어요. 일이 많을 때는 늦게 퇴근해요.

도금선생 : 혹, 다음에 오실 때도 늦으시면 사전에 전화 주세요. 그러면 제가 오실 때까지 기다리겠습니다. 여기 제 명함입니다.

계소향 : 네, 그렇게 할께요.

도금선생 : 일전에 따님과 남동생분의 이름을 풀어 달라고 하셨는데, 두 사람의 성명과 태어날 때 자료를 줘 보세요.

계소향 : 네, 여기 가지고 왔습니다. 제 이름풀이가 너무 잘 맞아서 가족들에게 이야기를 했더니, 모두들 궁금해하네요.

도금선생 : 그래요? 이름풀이를 할 동안 좀 기다리세요.

계소향 : 네,

10.

그녀 가족의 명운

사람이란, 지구상의 이름을 다 합친 것보다,
자신의 이름에 더 많은 관심을 갖고 있다.

도금식 성명 풀이서

시기	천간명운	성명	지지명운
초년운 25~30세	편관(7)	계	편관(7)
중년운 55~60세	식신(3) 식신(3)	홍	식신(3) 식신(3)
말년운 60세이후	비견(1) 편관(7)	직	비견(1) 편관(7)

〈참고〉　1. 초년운, 중년운, 말년운의 시기는, 사람들의 수명에 따라
　　　　　　다르므로, 위의 시기는 참고용입니다.

　　　　　2. 천간명운 : 태어날 때, 가지고 온 운입니다.

　　　　　3. 지지명운 : 살아가면서 생기는 운입니다.

계소향님의 남동생 계홍직님의 이름을 풀어 보겠습니다.

〈천간명운과 지지명운〉

천간명운과 지지명운은 같습니다.

이럴경우, 명운의 기운이 매우 강합니다. 따라서 좋은 이름으로 살아가면 더욱 더 행복하게 살아가고, 나쁜 이름으로 살아가면 더욱 더 불행하게 살아 갑니다.

〈초년운〉

초년운은, 편관(7) - 편관(7) 명운 배합입니다.

편관(7)은 10개 명운 중에서 가장 기가 강한 운입니다. 특히 살기와 귀기가 강한 운입니다. 이런 운이 2개가 있으니, 명운의 기운이 얼마나 강하겠습니까?.

편관(7)의 특성은, 권세, 완강, 항쟁심, 추진력, 성급, 명예, 의리, 관리, 무인 등이 있는데, 야성적인 관운입니다. 직업 군인 출신이 이 명운을 많이 가지고 있습니다. 활동적이고, 추진력이 강하고, 의욕적이고, 화끈한 것을 좋아합니다. 권세욕이 강해서 남을 이기는 것을 좋아합니다. 남을 제압하는 강력한 기운이 작용하기 때문에, 역사에서 특출한 인물들이 이 명운에서 많이 배출됩니다.

편관(7)은 자기 몸을 돌보지 않고 덤비는 성격 때문에 자기 몸을 보호하는 식신(3)은 편관(7)을 아주 싫어합니다.

편관(7)은 홀로 무엇을 달성할 수 없으므로 주위 명운이 도움을 주면 대성하고 행복하지만, 반대로 주위 명운이 도움을 주지 않고 극을 하면 불행해 집니다.

〈중년운〉

중년운 "홍" 자는 자음이 ㅎ 과 ㅇ 입니다. ㅎ 과 ㅇ 은 명운이 같습니다. 식신(3) 명운이며, 첫자음이 식신(3) - 식신(3) 명운 배합입니다. 받침자음도 식신(3) - 식신(3) 명운 배합입니다. 중년운에 식신(3)이 4개나 있습니다.

식신(3)의 특성은, 식록, 건강, 장수, 풍요, 낙천성, 가무를 좋아함, 미식가, 정신적, 심리적, 감성적, 예술적, 종교적 기질이 뛰어납니다. 한 성질하며 까타롭습니다. 구속을 싫어하고, 게으르며, 의심이 많고, 소심합니다. 말을 잘하며, 연예계, 종교계에 성공한 사람이 많습니다. 흉사는 적고 길사가 많습니다. 여자에게는 자식을 의미하고, 남자에게는 자손을 의미합니다. 유전과 영양의 신인 것입니다. 이 명운은 관운(편관, 정관)을 극합니다.

식신(3)이 중년운에 4개나 있습니다. 식신(3)은 원래 장수, 행복을 뜻하는데, 이 명운이 많으면, 도리어 흉합니다. 몸도 허약하기 쉽고, 단명하든가 가난하기 쉽습니다. 여자는 식신(3)이 많으면 음천하여 색정으로 남편을 극하여 불행한 운이 됩니다.

〈초년운과 중년운의 연결 운세〉

초년운은 편관(7)이고, 중년운은 식신(3)입니다.

편관(7) - 식신(3) 명운 배합인데, 식신(3)이 편관(7)을 극하고 있습니다. 편관(7)은 중년운에 와서 극을 당하니, 편관(7)의 운이 힘을 펴지 못하고 주저 앉아 버렸습니다. 주위의 도움도 없고, 성공에 애로가 많습니다. 부부간에는 이별수가 있어서 가정이 순탄하지 못합니다. 형액, 조난, 수술, 횡액 등의 불운이 따릅니다.

〈말년운〉

말년운 첫자음은, 비견(1) - 비견(1) 명운 배합입니다.

비견(1)이 2개나 있습니다. 비견(1)의 특성은, 자기 자신, 자존, 친척, 친구, 독립, 가정에 소홀하고 대외 활동에 관심이 많음, 재물에 별 관심이 없고, 여자복이 없음, 따라서 편관(5)과 정관(6)을 극함. 편관(5)과 정관(6)을 극하지만 다른 명운은 그 명운에 동화되어 힘을 보태 줌 등이 있습니다. 이런 비견(1)이 2개나 있으니, 재물복이 없고 여자복도 없습니다. 직장생활은 대길하나, 고집 때문에 상사와 충돌이 잦습니다. 동서로 분주하나 소득이 없습니다.

말년운 받침자음은 편관(7) - 편관(7) 명운 배합입니다. 초년운과 같습니다.

말년운 천간명운과 지지명운은, 비견(1) - 편관(7) 명운 배합입니다. 비견(1)이 편관(7)에게 동화되어 힘을 보태주니, 편관(7)의 기운이 더욱 왕성해 졌습니다. 편관(7)이 2개가 있는 꼴입니다.

〈중년운과 말년운의 연결 운세〉

중년운은 강력한 식신(3)이고, 말년운은 편관(7)입니다.

식신(3) - 편관(7) 명운 배합인데, 식신(3)이 편관(7)을 극하니, 대흉합니다. 초년운과 중년운의 연결 운세와 같습니다.

〈첨언〉

태어날 때, 천간명운과 지지명운이 같아서 강력한 운세를 가지고 태어났으며, 또 성인 초년운도 편관(7)이 주어져서 강력한 살기와 귀기를 가지고 태어났습니다.

하지만, 중년운에 식신(3)을 선택하여 초년운의 편관(7) 명운을 극하니, 아무리 무엇인가 달성할려고 발버둥쳐도 달성되지 않는 운세가 되어 버렸습니다. 그저 중년운에 있는 과다한 식신(3) 운에 따라 살아가게 되며, 말년운에도 강력한 편관(7) 명운이 있지만, 중년운에 있는 강력한 식신(3) 명운에게 극을 당하여 힘을 펴지 못하니, 무엇도 이루지 못하고 허송 세월을 보내며 한 평생을 보내게 됩니다. 어찌, 이렇게 잘못되게 이름을 지었단 말입니까?

계소향 : 아! 내 동생 명운이 그렇게 꽉 막히게 되어 있었군요.어쩐지 무엇 하나 제대로 풀리지 않는다고 생각하였답니다.

도금선생 : 태어날 때, 좋은 운세를 가지고 태어났건만, 누가 이름을 엉망으로 만들었습니까? 혹, 동생분도 목사님이 이름을 지어 주었습니까?

계소향 : 네, 제 이름을 지어주신 목사님이 지어 주셨지요.

도금선생 : 그 목사님은 성명학에 대하여 잘 모르시는 분이에요.

초년운에 편관(7)이 있으면, 관운을 생하게 하는 재물운(편재, 정재)이나 또는 관운이 도움을 주는 인성(편인, 정인)을 선택하여야 하는데, 관운을 극하는 식신(3)을 선택하다니, 크게 잘못된 이름입니다. 목사님은 단지, 자기가 느끼는 감정과 생각으로 이름을 지으신 것이지요. 식신(3)의 특성중 하나가 종교에 심취하는 성격이 있는데, 목사님 본인이 신앙에 깊이 심취하여 본인의 느낌과 생각으로 중년운에 식신(3)을 선택한 것이지요. 본인은 몰랐겠지만, 대부분의 사람들이 자식이 태어나면, 자기 자신이 처한 그 때의 환경에서 느끼는 감정과 생각을 가지고 자식 이름을 지어준답니다. 그래서 가난하고 불우한 사람의 자식도 또 가난하고 불우한 이름을 가지고 살아가게 되지요. 마찬가지로 목사님의 입장에서 이름을 지어주었답니다. 계소향님의 이름도 풀리지 않는 이유가 초년운의 식신(3) - 상관(4) 명운이 완전히 종교적인 분야에 탁월한 능력이 있는 운세인데, 이 운세를 살리기 위해서는 중년운에 식신(3) - 상관(4)이 생하는 재물운(편재, 정재)이나, 비견(1) 및 겁재(2)를 넣어야 했는데, 엉뚱한 관운(편관, 정관)을 넣어 버렸어요. 목사님은 신앙심이 매우 깊으신 분 같아요. 두 분 이름에 재물운이 하나도 없습니다.

진정한 성직자라면 재물욕이 없어야 합니다. 재물욕은 모든 죄악의 근원이니까요. 그러다 보니, 목사님 본인도 모르게 무의식적으로 재물운이 빠져 있었던 것입니다. 지금처럼 자본주의 사회에서 살아가기 위해서는 재물운이 얼마나 중요한데, 그것을 빠뜨리다니, 참으로 안타깝습니다.

계소향 : 선생님 말씀을 듣고 보니, 우리 형제 이름에 재물운이 하나도 없네요. 목사님께서 재물운을 좀 넣어 주시기, 아쉽네요.

도금선생 : 다음은 따님의 이름을 풀어 보겠습니다.

도금식 성명 풀이서

시기	천간명운	성명	지지명운
초 년 운 25~30세	비견(1)	이	식신(3)
중 년 운 55~60세	정관(8)	지	정인(10)
말 년 운 60세이후	정인(10)	아	겁재(2)

〈참고〉 1. 초년운, 중년운, 말년운의 시기는, 사람들의 수명에 따라
　　　　　　다르므로, 위의 시기는 참고용입니다.

　　　　2. 천간명운 : 태어날 때, 가지고 온 운입니다.

　　　　3. 지지명운 : 살아가면서 생기는 운입니다.

계소향님의 따님인 이지아님의 이름을 풀어 봅니다.

〈천간명운과 지지명운〉

천간명운과 지지명운은 서로 상생상합하여 좋습니다.

〈초년운〉

초년운은 성인 이인데, 이는 한자로 오얏나무 리이므로 자음이 ㅇ

이 아니고, ㄹ 입니다.

비견(1) - 식신(3) 명운 배합입니다.

비견(1)이 식신(3)에게 동화되어 힘을 보태주니, 식신(3)의 기운이 더 왕성해 졌습니다. 비견(1) - 식신(3) 명운 배합의 특성은, 자식운이 좋아서 자식이 영화를 누립니다. 건강하고 장수합니다.

매우 낙천적이라서 삶이 행복합니다. 부부간 불화가 자주 생길 수가 있는데, 그것은 식신(3)이 관운(편관, 정관)을 극하는 기운이 있어서 그런 것이므로 성질을 유순하게 하여 남편에게 친절과 서비스를 잘 해주어 화목을 도모한다면 일생 남편과 안락하게 지낼 수 있습니다.

〈중년운〉

중년운은, 정관(8) - 정인(10) 명운 배합입니다.

정관(8)과 정인(10)은 서로 상생하여 좋습니다. 이 명운 배합은 매우 강한 통솔, 지도자의 기운이 있어서 남자에게는 대길한 운이나, 여자에게는 흉하다고 봅니다. 하지만, 요즘 세상은 남녀 구분없고, 남녀 맞벌이도 많고, 공무원이나 정계에도 여자들이 많이 진출하여 조직내의 리드자가 되는 여자도 많고, 국민을 위해 정치계나 공무원에 진출하는 여자들도 많아서, 정관(8) - 정인(10) 명운 배합이 여자에게 흉하다고 볼 수 없습니다. 오히려 리드가 되고, 공무원이나 정치인이 된다면, 여자에게도 대길한 운입니다.

주위에서 도와주는 사람이 많고, 매사가 순조롭고 발전합니다.

가문을 빛내며 이름을 떨칩니다. 허욕을 부리지 않으면 장수합니다. 지덕을 겸비한 수령운입니다.

〈초년운과 중년운의 연결 운세〉

초년운 천간명운은 비견(1)이고, 중년운 천간명운은 정관(8)입니다. 비견(1)이 정관(8)에게 동화되어 힘을 보태주니, 정관(8)의 기운이 더욱 강해져서 대길한 운으로 변하였습니다.

정관(8)은 여자에게는 정실남편을 뜻하는데, 정실남편운이 좋습니다. 하지만, 비견(1)이 정관(8)에게 힘을 보태주어 정관(8)의 기운이 왕성하여, 자칫 남편이 두 사람이 될 수가 있습니다. 다른 남자에게 한 눈 팔지 말고, 정실남편에게 잘 대해 주어 일평생 같이 동거동락하며 살아간다면 좋은 인생이 될 것입니다.

초년운 지지명운은 식신(3)이고, 중년운 지지명운은 정인(10)입니다. 식신(3) - 정인(10) 명운 배합인데, 식신(3)은 자식이요, 정인(10)은 어머니이니, 자식과 어머니가 만나서 오복을 가져오는 대길한 운이 되었습니다. 자식복이 많고, 식록이 풍부하고, 복록도 많아서 가운을 번창하게 합니다. 귀중무비한 운세입니다.

모성 본능이 강하고 장수합니다.

〈말년운〉

말년운은, 정인(10) - 겁재(2) 명운 배합입니다.

겁재(2)가 정인(10)에게 동화되어 힘을 보태주니, 정인(10)의 기운이 왕성하여 대길한 운이 되었습니다. 장수하고 행복하며, 자녀에게 경사가 많고, 부부가 일생 회로합니다. 학예에 탁월한 능력이 있습니다. 성격이 인자하며, 자비심이 있습니다. 집안을 중흥시킵니다. 부귀도 따릅니다.

〈중년운과 말년운의 연결 운세〉

중년운 천간 명운은 정관(8)이고, 말년운 천간명운은 정인(10)입니다. 중년운의 정관(8) - 정인(10) 명운 배합과 같습니다. 지덕을 겸비한 수령운입니다.

중년운 지지명운은 정인(10)이고, 말년운 지지명운은 겁재(2)입니다. 말년운의 정인(10) - 겁재(2) 명운 배합과 같습니다. 대길한 운입니다.

〈첨언〉

성명 전체가 상 하 좌 우 명운 배합이 좋습니다. 대길한 운입니다

명운이 좋다고 자만하지 말고, 자아실현을 위해 꾸준히 노력하여야 합니다. 성명에는 재물운(편재, 정재)이 없습니다. 재물운이 없

다고 해서 부귀를 누리지 못하는 것이 아닙니다. 복록이 풍부하고 식록도 좋고, 관운도 좋고, 대외관계도 좋습니다. 좋은 운을 많이 가지고 있어서 재물은 저절로 들어옵니다. 억지로 재물을 탐내지 마세요. 그리고, 편재(5)는 아버지를 뜻하는데, 편재(5) 명운이 없어서 아버지와는 인연이 별로 없습니다. 성명에 편재(5)가 들어갈 곳이 없습니다. 그러니, 부정에 대하여 너무 그리워하지 말고 억지로 부정을 누릴 생각은 마세요. 대신, 어머니의 운은 많아서 모정이 풍부하여 복록과 지혜와 수명과 장수운을 누릴 겁니다.

계소향 : 아니, 선생님, 자식 이름에 그런 것도 다 있네요. 어찌 자식 이름에 아버지와 인연이 별로 없다는 것이 다 나타난 단 말입니까? 태어날 때부터 우리 부부가 헤어질 것을 알고 이름을 지었단 말입니까? 참말로 신기해요.

도금선생 : 설마, 미래를 예견하여 이름을 짓겠습니까? 따님 이름에 아버지와 인연이 별로 없었는데, 자꾸 따님 이름을 부르다보니, 이름대로 운명이 만들어진 것이라 봅니다.

계소향 : 선생님의 설명을 듣고 있으면 무엇인가 홀린 것 같아요.

도금선생 : 하! 하! 하! 제가 뭐 귀신이라도 된답니까? 홀리긴 뭐가 홀려요. 이름을 보고 사실대로 말하고 있답니다.

참, 계소향님과 남동생은 서로 반대되는 명운을 가지고 있답니다.

초년운을 보면, 계소향님은 식신(3) - 상관(4) 명운 배합이고, 남동생분은 편관(7) - 편관(7) 명운 배합입니다. 식신(3) - 상관(4) 명운배합이 편관(7) - 편관(7) 명운 배합을 극하고 있습니다. 계소향님이 남동생분의 명운을 극하고 있지요. 중년운을 보면, 계소향님이 정관(8) - 편관(7) 명운 배합이고, 남동생분은 식신(3) - 식신(3) 명운 배합입니다. 식신(3) - 식신(3) 명운 배합이 정관(8) - 편관(7) 명운 배합을 극하고 있습니다. 남동생분이 계소향님의 명운을 극하고 있지요. 그동안 지내오면서 남동생분과 많이 다투지는 않았나요?

계소향 : 예, 많이 다투며 지내 왔어요.

도금선생 : 성격이 서로 반대되어 그런 것이니, 앞으로는 다투지 말고, 반대되는 성격도 존중하며 잘 지내도록 해 봐요.

계소향 : 네, 이제 그 원인을 일았으니, 앞으로는 동생의

인격을 존중하면서 잘 지내 볼께요.

참, 선생님, 이름을 보통 두 글자로 짓고 사용하는데, 제가 아는 사람들 중에는 이름을 한 글자로 짓고 사용하는 사람이 많아요. 이름이 두 글자인 것과 한 글자인 것에는 어떤 차이가 있나요?

도금선생 : 이름을 한 글자로 짓는 사람이 제법 있지요.

이름에는 명운이 10가지가 있는데, 한 글자로 지으면 명운이 적게 작용할 것이고, 두 글자로 지으면 명운이 많이 작용 하겠지요.

명운이 적게 작용하면, 인생이나 성격이 단순하고, 명운이 많이 작용하면 인생이 풍요롭고 성격도 모나지 않고 둥글스럽겠지요.

이름을 한 글자로 지을 때, 특히 조심하여야 할 것은 성과 이름이 조화롭게 연결되었는가를 살펴보아야 합니다. 성과 이름이 잘 조화로우면 단순한 명운에 모든 기운이 집중되어 강한 운세를 발휘할 수 있으나, 만약, 성과 이름이 부조화스러우면 대흉하여 큰 화를 당합니다. 그래서 이름 한 글자에만 집중하면 않되고 성과 같이 연결하여 이름을 지어야 합니다. 몇 사람의 예를 보여 드리겠습니다.

11.

한 글자 이름의 명운

상대방 이름을 잘 기억하라.

도금식 성명 풀이서

시기	천간명운	성명	지지명운
초년운	상관(4)	김	식신(3)
25~30세	정재(6)		편재(5)
중년운			
55~60세			
말년운	정인(10)	영	편인(9)
60세이후	정인(10)		편인(9)

〈참고〉 1. 초년운, 중년운, 말년운의 시기는, 사람들의 수명에 따라 다르므로, 위의 시기는 참고용입니다.

2. 천간명운 : 태어날 때, 가지고 온 운입니다.

3. 지지명운 : 살아가면서 생기는 운입니다.

김영님은 80년대 ~ 90년대에 코메디 프로 전성시대때, 20대 초반 나이에 개그맨으로 데뷔하여 인기를 구가하고 유행어도 만들어

낸, 대중의 사랑을 많이 받은 개그맨이었습니다.

한창 인기있을 땐, 월 수입이 3,000 만원 이상이었는데, 그 당시 강남의 작은 아파트 한 채 값이 3,000 만원 정도였으니, 얼마나 많은 돈을 벌었겠습니까? 그 기세로 요식업에도 진출하여 호황을 구가하다가, 어느날 지인의 속임수에 넘어가서 사기를 당했는데, 수십억을 잃어 버렸다고 합니다. 쫄당 망하여 무일푼의 알거지 신세가 되었으며, 연예계도 그만두고 폐인처럼 살아왔다고 합니다. 그럼, 왜 이 분의 인생이 이처럼 꼬이게 되었을까요?

이름을 풀어보면서 알아 보겠습니다.

〈천간명운과 지지명운〉

천간명운과 지지명운은 음, 양이 다르지만 같은 부류의 명운입니다. 이런 명운을 가진 사람은 운세가 매우 강합니다. 왜냐하면, 재물운이 있는데, 편재(5)가 있으면 정재(6)도 따라오니, 편재(5)는 유동재물이요 정재(6)는 고정재물이니, 모든 재물운을 가지고 있는 것과 같기 때문입니다.

그리고, 이름을 지을 때 조심하여야 할 것은, 나쁜 운이 따라오므로, 이 나쁜 운을 어떻게 억제하고 막을 것인가를 생각하면서 이름을 지어야 합니다. 예를 든다면, 비견(1)을 선택하면 나쁜 운인 겁재(2)가 반드시 따라오고, 식신(3)을 선택하면 나쁜 운인 상관(4)이 반드시 따라오고, 정관(8)을 선택하면 살기가 많은 편관(7)이 반드시 따라오고, 정인(10)을 선택하면 나쁜 운인 편인(9)이 반드시 따라오기 때문입니다.

〈초년운과 중년운 중반〉

성명이 두 글자이므로, 성인 김을 초년운과 중년운 중반까지로 하고, 이름인 영을 중년운 후반과 말년운까지로 구분하였습니다.

첫자음은, 상관(4) - 식신(3) 명운 배합입니다.

두 명운은 음, 양이 다르지만 특성은 거의 같습니다. 서로 상생하여 강한 기운을 나타냅니다. 상관(4)은 비관적이고, 식신(3)은 낙관적입니다. 상관(4) - 식신(3) 명운 배합의 특성은, 정신적, 심리적, 감성적, 예술적, 종교적인 방면에 탁월한 재능이 있습니다.

말을 잘 합니다. 이런 특성 때문에 김영님은 어린나이에 벌써 개그맨으로 데뷔하게 되었습니다. 이 명운 배합은 한 성질하며, 고집이 셉니다. 모든 일을 타협과 아량없이 자기 소신대로 처리합니다.

받침자음은, 정재(6) - 편재(5) 명운 배합입니다.

정재(6) - 편재(5) 명운 배합의 특성은, 고정재물운과 유동재물운을 모두 가지고 있으므로 재운이 왕성하여 부귀가 따릅니다. 명예가 빛을 발하며 다방면에서 성공합니다. 장수하고 행복한 대길운이나, 상 하 명운에 따라 길 흉이 달라집니다. 재물운이 많으면 재물로 인하여 불행한 일이 많이 생길 수가 있습니다. 그래서 재물운을 길중 흉운이라 합니다.

천간명운을 보면, 상관(4) - 정재(6) 명운 배합입니다.

상관(4)과 정재(6)는 서로 상생하여 길합니다. 상관(4) - 정재(6) 명운 배합의 특성은, 처음에는 고생하나 마침내는 성공하여 부귀를 누리는 흉중 길한 운입니다. 투기를 하면 않되는 운입니다.

사업은 대흉한 운입니다. 근면 성실을 요하는 운입니다.

지지명운은, 식신(3) - 편재(5) 명운 배합입니다.

식신(3)과 편재(5)는 서로 상생하여 길합니다. 식신(3) - 편재(5) 명운 배합의 특성은, 장수 행복하며 일평생 안락합니다. 주변에서 도움을 많이 주고 매사가 잘 풀립니다. 역마살이 있어서 바쁘고 분주하게 살아갑니다. 사방에 권리가 많습니다. 인격이 높고 마음도 넓어서 주위로부터 신망을 얻습니다. 주색을 좋아하며 가무를 즐깁니다.

이처럼 첫자음의 특성대로 연예계에 진출하여 대성하였으며, 받침자음에 있는 재물운에 따라 부귀도 누렸습니다. 첫자음과 받침자음의 명운 배합도 모두 길하여 성공가도를 달렸습니다.

〈중년운 후반과 말년운〉

이름인 영은 첫자음과 받침자음이 같습니다. 따라서 명운도 같습니다.

첫자음은, 정인(10) - 편인(9) 명운 배합입니다. 받침자음도 정인(10) - 편인(9) 명운 배합입니다. 정인(10) - 편인(9) 명운 배합의 특성은, 정인(10)은 친모요 편인(9)은 계모이므로 부모덕이 없습니다. 편인(9)이 건강해를 끼치므로 신병으로 고생합니다. 처음에는 고생하나 늦게 안정됩니다. 아들이 귀합니다. 재운은 좋습니다.

두뇌 회전이 빠르며 이론에 밝습니다. 주변의 도움이 많습니다.

정인(10) - 편인(9) 명운 배합이 1개 있을 때는 그런대로 괜찮으나 2개 있을 때는 흉합니다. 왜냐하면, 천간명운은 정인(10) - 정인(10) 명운 배합이요, 지지명운은 편인(9) - 편인(9) 명운 배합인데, 정인(10)이 연달아 2개 있고, 편인(9)이 연달아 2개 있는 것은 흉하기 때문입니다.

정인(10) - 정인(10) 명운 배합의 특성은, 어머니가 두분이 있다는 뜻으로 계부가 있다는 의미이므로 아버지와 불화합니다. 학문운이 과다하여 고지식합니다. 온갖 병으로 고생합니다. 단명하기 쉽습니다. 재화가 닥칩니다. 형제간의 우의가 없고 독신처럼 삽니다.

이처럼, 복록의 신인 정인(10)이 많을 때는 도리어 불행해 집니다.

편인(9) - 편인(9) 명운 배합의 특성은, 편인(9)은 실패, 좌절, 중도포기, 도식, 건강해, 자식해, 변화, 개혁, 난세의 영웅 등의 특성이 있는데, 나쁜 운이 2개나 있으니, 항상 위험이 따릅니다. 온갖 병으로 고생합니다. 세상을 비관하며 단명합니다. 실패, 좌절로 인한 고통이 많습니다. 자식이 없거나 자식에게 해가 미칩니다.

이처럼 이름인 영은 나쁜 운의 이름입니다.

〈성 김과 이름 영의 연결 운세〉

김영님의 불행이 발생한 것은 바로 성과 이름의 연결 운세가 나쁘기 때문입니다.

성 김의 천간명운 받침자음은 정재(6)이고, 이름 영의 천간명운은 정인(10)입니다. 정재(6) - 정인(10) 명운 배합인데, 정재(6)가 정인(10)을 극하고 있습니다. 정인(10)은 복록, 지혜, 지식, 어머니, 모성애, 유순함, 수명, 장수 등의 특성이 있는 좋은 운인데, 극을 당하니, 온갖 복록, 지혜, 지식, 현명함 등이 사라져 버려 불행하게 되었습니다. 김영님이 모든 재산을 탕진하고 패가망신한 이유가 바로 복록의 신인 정인(10)이 극을 당했기 때문입니다.

그리고 정인(10)은 성 김의 첫자음에 있는 상관(4)을 극하고 있습니다. 상관(4)이 극을 당하니, 상관(4)의 특성인 예술적 재능도 더 이상 힘을 펴지 못하여 연예계도 떠난 것입니다.

성 김과 이름 영이 전혀 어울리지 않고, 서로 극을 하니, 큰 불행이 닥친 것입니다.

지지명운도 보면, 성 김의 받침자음이 편재(5)이고, 이름 영은 편인(9)입니다. 편재(5) - 편인(9) 명운 배합인데, 편재(5)가 편인(9)을 극하고 있습니다. 편인(9)은 나쁜 운인데 극을 당하니 나쁜운이 좋은 운으로 변하여 흉변위길하였으나, 편인(9)이 2개나 있어서 편인(9)의 기운이 매우강해, 나쁜 기운을 모두 억제하지 못하니, 편인(9)의 나쁜 운이 살아나서 불행하게 되었습니다.

편인(9)은 성 김의 첫자음에 있는 식신(3)을 극하니, 식신(3)의 좋은 운이 이름 영을 만난 후로는 운세가 더 이상 뻗어나가지 못하여 주저앉고 말았습니다. 그리하여 온갖 병이 생기고 제대로 먹지도 못하여 건강도 악화되었습니다.

계소향 : 어떻게 성과 이름이 서로 극을 하여 인생이 엉망이 되어 버렸단 말입니까? 참, 안타깝군요. 개그맨 김영씨는 저도 알지요. 그 당시 개그맨 중에서 나이가 가장 어린 배우라고 기억이 나는데, 맞나요?

도금선생 : 아마 그렇겁니다. 김영님은 아직도 삶이 왜 그렇게 꼬였는가를 모르고 계실 것입니다.

계소향 : 지금이라도 개명을 하면 인생이 달라질까요?

도금선생 : 달라질 것입니다. 희망도 생길거고요. 문제는 본인이 운명을 바꿀려고 적극적으로 노력을 해야한다는 것이에요.

다음은 개그맨 김영님과 같은 해에 태어난 김형님에 대하여 알아보겠습니다.

도금식 성명 풀이서

시기	천간명운	성명	지지명운
초년운	상관(4)	김	식신(3)
25~30세	정재(6)		편재(5)
중년운			
55~60세			
말년운	편인(9)	형	정인(10)
60세이후	편인(9)		정인(10)

〈참고〉　1. 초년운, 중년운, 말년운의 시기는, 사람들의 수명에 따라
　　　　　　 다르므로, 위의 시기는 참고용입니다.
　　　　　2. 천간명운 : 태어날 때, 가지고 온 운입니다.
　　　　　3. 지지명운 : 살아가면서 생기는 운입니다.

김형님은 공무원도 하시고, 소도시 지방기초의원도 하시고, 어느 대통령 후보 최측근으로 정치활동도 하신 분입니다. 그러다 부정부패로 수사를 받았으며, 지금은 구속된 상태입니다.

김형님의 이름풀이를 해 보겠습니다.

〈천간명운과 지지명운〉

개그맨 김영님과 같이 음, 양이 다르지만 같은 부류의 명운 배합입니다. 이럴경우, 명운의 운세가 매우 강합니다.

〈초년운과 중년운 중반〉

이름이 한 글자라서 초년운과 중년운 중반까지는 성 김의 명운이 여기에 해당합니다. 성 김의 명운은 개그맨 김영님과 같습니다.

사교성과 대중성이 있는 상관(4)과 식신(3) 명운 특성으로 인해 정치계에 뛰어들었으며, 재물운이 강하게 있어서 부귀도 누렸습니다. 명예와 권위도 누렸습니다. 개그맨 김영님처럼 성 김의 명운이 좋아서 출세가도를 달렸습니다.

〈중년운 후반과 말년운〉

중년운 후반과 말년운은 이름 형의 명운이 여기에 해당합니다.

첫자음도 편인(9) - 정인(10) 명운 배합이고, 받침자음도 편인(9) -정인(10) 명운 배합입니다. 편인(9) - 정인(10) 명운 배합이 1개 있으면 그런대로 괜찮은 명운 배합이지만, 2개 있으면 흉합니다.

여기까지는 개그맨 김영님과 같습니다. 그런데, 개그맨 김영님과 정치인 김형님과는 어떤 차이가 있을까요?

그 차이는 이름의 명운에서 개그맨 김영님은 정인(10) - 편인(9)

명운 배합이고, 정치인 김형님은 편인(9) - 정인(10) 명운 배합입니다.

〈성 김과 이름 형과의 연결 운세〉

성 김의 받침자음은 정재(6)이고, 이름 형은 편인(9)입니다.

정재(6) - 편인(9) 명운 배합인데, 정재(6)가 편인(9)을 극하고 있습니다. 편재(9)가 극을 당하여 나쁜 운은 사라지고 좋은 운이 되어서 길한 운이 되었습니다. 그래서 중년운 후반에도 하는 일이 순조롭게 잘 풀렸습니다.

개그맨 김영님은 성 김과 이름 영과의 연결 운세가 정재(6) - 정인(10)이라서, 정재(6)가 정인(10)을 극하니, 좋은 운이 극을 당하여 바로 불행하게 되었습니다. 김영님은 30대 중반부터 불행이 시작되었습니다.

김형님은 정재(6)가 편인(9)을 극하였지만, 편인(9)이 2개나 있어서 기운이 왕성하니, 정재(6)가 극함에도 불구하고 편인(9)이 살아남아 불행한 운이 발현하게 됩니다. 그래서 50대 말에 불행이 시작되었습니다.

계수향 : 선생님, 왜 그런 차이가 있을까요?

도금선생 : 글자가 음이냐, 양이냐에 따라 명운도 행운

또는 불행으로 분리가 된답니다. 글자의 음, 양도 매우 중요하답니다.

계수향님의 명운 중에 향의 명운이 정인(10) - 편인(9) 명운 배합이 2개나 있지요. 이번에 향의 명운이 나쁘다는 것을 확실히 배웠지요?

계수향 : 네, 확실히 이해하게 되었습니다.

도금선생 : 다음에는 조격님에 대하여 알아보겠습니다.

도금식 성명 풀이서

시기	천간명운	성명	지지명운
초년운 25~30세	정재(6)	조	편관(7)
중년운 55~60세			
말년운 60세이후	겁재(2) 겁재(2)	격	식신(3) 식신(3)

〈참고〉 1. 초년운, 중년운, 말년운의 시기는, 사람들의 수명에 따라 다르므로, 위의 시기는 참고용입니다.

2. 천간명운 : 태어날 때, 가지고 온 운입니다.

3. 지지명운 : 살아가면서 생기는 운입니다.

조격님은 명성이 높은 대학 교수님이셨고, 비판력이 상당한 개혁가이시고, 정치에 입문하여 장관도 하신 분인데, 자녀 문제로 집안이 풍지박살났습니다. 왜 그런 일들이 일어났는지, 이름을 풀면서 알아보겠습니다.

〈천간명운과 지지명운〉

천간명운과 지지명운은 같은 부류의 명운이 아니고, 인접 명운이 서로 만나는 명운 배합입니다. 서로 인접하다보니 상생합니다. 좋은 배합입니다.

〈초년운과 중년운 중반〉

성 조는 정재(6) - 편관(7) 명운 배합입니다.

정재(6)의 특성은, 고정재물, 본처, 근면, 성실, 총명, 절약, 보수적, 도덕성, 다재다능 등이 있으며, 편관(7)의 특성은, 권세, 추진력, 항쟁심, 무인, 살기, 귀기, 자식(아들), 통솔, 권위 등이 있습니다.

재운과 관운이 만나서 대길한 운이 되었습니다.

본처운도 있어서 좋은 여자를 만나고, 자식운도 있어서 아들, 딸 낳아 잘 살았으며, 권위, 명예운도 있어서 대학교수와 장관까지 하였고, 재물복도 있어서 남 부럽지 않게 잘 살았습니다.

그리고 편관(7)이 있어서 권력욕, 명성욕도 강하여 수시로 언론이나 SNS에 자기 주장을 강하게 하는 생활을 하였으며, 결국, 대통령 곁에서 근무하였고, 장관까지 역임하였습니다.

여기까지는 순풍에 돛달듯이 출세가도를 달렸습니다.

〈중년운 후반과 말년운〉

이름 격은 첫자음과 받침자음이 같으며 같은 명운입니다.

천간명운과 지지명운은, 겁재(2) - 식신(3) 명운 배합입니다.

겁재(2) - 식신(3) 명운 배합의 특성은, 겁재(2)가 식신(3)에게 동화되어 힘을 보태주니, 식신(3)의 기운이 강해져서 길한 운이 되었습니다. 큰 풍파없이 안락한 삶을 삽니다. 성공이 순조롭고 건강하며 장수합니다. 낙천적입니다. 흉사보다 길사가 많습니다.

부귀도 따릅니다. 처복도 있습니다. 이처럼 겁재(2) - 식신(3) 명운 배합이 1개 일때는 길하나, 2개 있을 때는 불행합니다. 받침자음도 겁재(2) - 식신(3) 명운 배합이니 2개가 된 것입니다.

왜냐하면, 천간명운이 겁재(2) - 겁재(2) 인데, 겁재(2)의 특성이 재물탕진, 가정파괴, 패가망신, 투기, 허욕, 야망, 대외활동에 적극적이며 나쁜 운입니다. 이런 나쁜 운이 2개나 있어서 큰 불행의 운인 것입니다. 지지명운은 식신(3) - 식신(3) 명운 배합입니다.

식신(3) - 식신(3) 명운 배합의 특성은, 성격이 괴팍하고 고집이 세고, 자기 주장이 강하여 사람들로부터 비난을 많이 듣습니다. 발전이 없습니다. 외곬수입니다. 폐쇄주의자입니다. 자살자도 많습니다. 파멸을 자초합니다. 천간명운과 지지명운이 나빠서 이름격의 명운은 불행한 운입니다.

〈성 조와 이름 격의 연결 운세〉

성 조의 천간명운은 정재(6)이고, 이름 격의 천간명운은 겁재(2)입니다. 겁재(2)가 정재(6)을 극하고 있습니다. 정재(6)가 극을 당하여 정재(6)의 좋은 운이 중년운 후반기부터는 뻗어나가지 못하고 막혀 버렸습니다. 그리하여, 집안의 재산이 몰수당하고, 본처가 구속되어 감옥살이를 하였습니다. 형제도 감옥살이를 하였습니다. 집안이 풍지박살난 것입니다.

성 조의 지지명운은 편관(7)이고, 이름 격의 지지명운은 식신(3)입니다. 식신(3)이 편관(7)을 극하고 있습니다. 편관(7)이 극을 당하여 중년운 후반부터 편관(7)의 특성인 권세, 권위, 명예, 통솔, 추진력 등이 더 이상 뻗어 나가지 못하고 막혀 버렸습니다. 그리하여, 자식은 퇴학 당하고, 재판을 받았으며, 본인도 모든 직장을 잃었으며, 재판도 계속 받고 있습니다.

이처럼 이름이 한 글자일 때, 성과 이름이 서로 극을 한다면 큰 불행이 닥친다는 것을 알 수가 있습니다.

본인은 이 큰 불행이 아직도 정권 탓, 정부 탓, 검찰 탓 하고 있지만, 사실은 본인의 성명이 불행한 명운 배합으로 되어 있어서, 사람은 자기 이름대로 살아가는 현상일 뿐이라는 것입니다.

빨리 원인을 알아차리고, 개명하여 남은 여생 행복하게 살아갔으면 좋겠습니다.

계소향 : 아! 선생님, 놀랐습니다. 조격님의 불행이 바로 성명 속에 있었네요. 참으로 이름을 감성적으로 지으면 않된다는 것을 느꼈어요.

도금선생 : 그래요, 조격님의 성명은 좀 감성적으로 지은 것 같아요. 이름을 감성적으로나 장난스럽게 지으면 큰 실수를 한답니다. 이름은 명운대로 지어야 해요. 명운을 모르면 전문가에게 맡겨야 해요. 특히, 이름이 한 글자일 때는 명운이 단순하여 집중하는 장점이 있지만, 다른 명운을 누리지 못하는 단점이 있고, 다른 명운이 도와주어 보완해 주는 완충장치가 없어서 흉할 때는 어찌할 수가 없어요. 그래서 성과 이름이 정말 조화로워야 합니다.

계소향 : 네, 선생님, 이름이 한 글자일 때는 신중에 신중을 기해서 이름을 지어야한다는 것을 새삼 느꼈어요.

도금선생 : 다음은 프로야구선수인 최웅님에 대하여 알아 보겠습니다.

도금식 성명 풀이서

시기	천간명운	성명	지지명운
초년운 25~30세	편재(5)	**최**	편인(9)
중년운 55~60세			
말년운 60세이후	정관(8) 정관(8)	**웅**	겁재(2) 겁재(2)

〈참고〉 1. 초년운, 중년운, 말년운의 시기는, 사람들의 수명에 따라 다르므로, 위의 시기는 참고용입니다.
　　　　2. 천간명운 : 태어날 때, 가지고 온 운입니다.
　　　　3. 지지명운 : 살아가면서 생기는 운입니다.

프로야구선수이고, 홈런타자 최장의 동생이신 최웅님에 대하여 이름을 풀어 보겠습니다.

〈천간명운과 지지명운〉

　천간명운이 지지명운을 극하고 있습니다. 이럴경우, 좋은 운을 극하면 불행해 지지만, 나쁜 운을 극하면 나쁜 운이 좋은 운으로 변하여 흉변위길하니, 대성하고 행복해 집니다.

〈초년운과 중년운의 중반〉

　성 최는 편재(5) - 편인(9) 명운 배합입니다.

　편재(5)가 편인(9)을 극하고 있습니다. 편인(9)이 극을 당하니, 편인의 특성은, 실패, 좌절, 중도포기, 도식, 건강해, 자식해, 단명, 개척하고 혁신하는 고독한 개척자, 난세의 영웅, 번쩍이는 아이디어 등이 있는데, 나쁜 운이나, 극을 당하여 좋은 운으로 변하여, 처음에는 고생하나 결국 성공하며, 자손운도 좋고, 건강운도 좋고, 장수하며, 개혁이나 변화에 앞장서서 목적을 이루어 내는 대길한 운이 되었습니다.

〈중년운 후반과 말년운〉

　이름 웅은 첫자음과 받침자음이 같아서 명운도 같습니다.

　정관(8) - 겁재(2) 명운 배합이 2개나 있습니다.

　정관(8)이 겁재(2)를 극하고 있습니다. 겁재(2)의 특성은, 재산탕진, 가정파괴, 패가망신, 투기, 허욕, 야망, 대외관계 원만, 사교성 등이 있는 불행한 운인데, 극을 당하여 나쁜 운이 좋은 운으로 변하여, 부귀가 따르고, 본처운도 좋고, 대외관계도 원만하며, 겁재(2)가 정관(8)을 도와서 권위, 명예, 권력, 통솔, 관리의 운이 더 왕성해져서 위정자, 지도자의 기운이 넘쳐납니다.

직장생활은 대길하나, 사업은 대흉합니다.

첫자음도 정관(8) - 겁재(2)이고, 받침자음도 정관(8) - 겁재(2) 명운 배합입니다. 겁재(2)가 정관(8)에게 동화되어 힘을 보태주니, 정관(8)의 기운이 왕성해 졌으며, 받침자음도 정관(8)의 기운이 왕성하여서, 정관(8)의 운이 너무나 강합니다. 항상 겸손하고 남을 너무 통제, 관리하지 말고, 덕으로 주변인을 대한다면 말년운도 좋은 삶이 될 것입니다.

〈성 최와 이름 웅과의 연결 운세〉

성 최의 천간명운은 편재(5)이고, 이름 웅의 천간명운은 정관(8)입니다. 편재(5)가 정관(8)을 생하게 하니 서로가 잘 어울리는 명운 배합입니다. 재물복과 명예가 따릅니다. 지덕을 겸비한 지도자운으로서 명성이 세상에 펴집니다. 도량도 넓고 지략도 뛰어납니다. 많은 사람들로부터 존경을 받습니다.

성 최의 지지명운은 편인(9)이고, 이름 웅의 지지명운은 겁재(2)입니다. 편인(9)과 겁재(2)는 둘 다 나쁜 운인데, 천간명운에 있는 편재(5)와 정관(8)에게 극을 당하여, 나쁜 운이 억제되고 좋은 운으로 변하여 흉변위길하니, 두 명운의 만남도 길한 운이 되었습니다. 처세에 탁월합니다. 야망이 있으며, 난관을 극복하고 대성합니다. 이처럼 성 최와 이름 웅의 연결 운세도 매우 길합니다.

〈첨언〉

최웅님은 이름이 한 글자라도 성과 이름이 서로 상생하여 조화롭고, 또 천간명운과 지지명운이 서로 극을 하는 배합인데도 불구하고, 나쁜 운을 극하게 하여, 흉변위길하니, 대길한 이름이 되었습니다. 잘 지은 이름입니다. 성과 이름이 단순하여 명운이 몇 개 되지 않아서 누리는 운이 적을 수 있겠으나, 본인과 잘 맞는 명운을 가진 배우자를 만나서 부족한 운을 채워준다면, 행복한 삶을 누릴 수 있을 것입니다.

계소향 : 최웅님은 이름이 한 글자라도 참, 잘 지었네요. 그래서인지 몰라도 프로야구선수 중에서 잘 풀리는 것 같아요.

도금선생 : 최웅님은 아직 젊은 선수라서 지금은 그 운이 잘 나타나지 않지만, 중년 이후에는 좋은 운이 잘 나타날 것입니다.

다음은 여자 프로바둑기사로서 국내 1위의 위치에 있는 최장님에 대하여 알아 보겠습니다.

도금식 성명 풀이서

시기	천간명운	성명	지지명운
초년운 25~30세	편관(7)	최	상관(4)
중년운 55~60세			
말년운 60세이후	정관(8) 정인(10)	장	식신(3) 편재(5)

〈참고〉　1. 초년운, 중년운, 말년운의 시기는, 사람들의 수명에 띠라
　　　　　　다르므로, 위의 시기는 참고용입니다.
　　　　2. 천간명운 : 태어날 때, 가지고 온 운입니다.
　　　　3. 지지명운 : 살아가면서 생기는 운입니다.

여자 프로바둑기사 1위인 최장님의 이름을 풀어 봅니다.

최장님은 어릴 때부터 일찍 바둑에 입문하여 수련한 결과, 지금은 국내 여자 프로바둑기사 1위의 자리에 있으며, 세계에서도 명성을 떨치고 있습니다.

〈천간명운과 지지명운〉

지지명운이 천간명운을 극하고 있습니다. 이럴경우, 좋은 운을 극하면 불행해 지지만, 나쁜 운을 극하면 나쁜 운이 좋은 운으로 변하여 흉변위길하니, 대성하고 행복해 집니다.

그러나, 예외적인 경우가 있습니다. 관운(편관, 정관)이 극을 당하는 배합일 때, 그 사람의 직업이 법관이나 생살권을 가지고 있는 사람에게는 관운이 극을 당하여도 형벌의 불행이 닥치지 않고, 도리어 귀한 운이 되어 대길한 운으로 변하는 것입니다.

〈초년운과 중년운의 중반〉

성 최는 초년운과 중년운의 중반을 가르킵니다. 천간명운은 편관(7)이고, 지지명운은 상관(4)입니다. 편관(7) - 상관(4) 명운 배합인데, 상관(4)이 편관(7)을 극하고 있습니다. 보통사람 같으면, 이 명운 배합은 지극히 대흉한 운으로서 권세, 명예, 직업, 남자운이 대흉하여 큰 불행을 겪을 것이지만, 최장님은 직업이 프로기사로서 늘 하는 일이 죽느냐, 사느냐하는 문제를 푸는 일입니다. 즉, 생살권을 가지고 있지요. 그러다 보니, 편관(7) - 상관(4) 명운 배합이 최장님에게는 대길한 운이 되었던 것입니다.

11차 결승에서 10승을 한 승부근성이 매우 탁월한 분입니다.

〈중년운 후반과 말년운〉

이름 장을 보면, 첫자음은 정관(8) - 식신(3) 명운 배합입니다.

식신(3)이 정관(8)을 극하고 있습니다. 이 배합도 관운이 극을 당하고 있으나, 직업이 프로바둑기사이기 때문에 사느냐, 죽느냐하는 생살권을 가지고 있으므로 대길한 운으로 변하여 큰 명성과 권위를 누릴 것입니다. 받침자음은 정인(10) - 편재(5) 명운 배합입니다. 정인(10)은 어머니요, 편재(5)는 아버지이므로 이상적인 부부의 만남이므로 길한 운입니다. 부귀가 따를 것이며, 지혜와 복록이 많습니다. 장수 행복할 것입니다.

천간명운을 보면, 정관(8) - 정인(10) 명운 배합입니다. 지덕을 겸비한 지도자의 운으로서 바둑계에 큰 별이 될 것입니다.

지지명운을 보면, 식신(3) - 편재(5) 명운 배합입니다. 주위의 도움이 많고 재복도 많고 자식복도 많습니다. 건강 장수하며 일생 안락하게 지낼 것입니다.

> **계소향** : 아! 관운이 극을 당해도 직업에 따라 길, 흉이 달라지는 경우도 있네요. 여자프로바둑기사 최장하면 바둑계에선 모르는 사람이 없지요. 승부기질이 대단한 분이지요.
>
> **도금선생** : 성명이 최장님처럼 관운이 크게 극을 당하

면, 법관이나 생살권을 가진 직업에 종사하는 것이 매우 지혜로와요. 최장님의 부모님께서 잘 인도해 주셨답니다.

계소향 : 선생님, 오늘 말씀 잘 들었습니다. 저에게는 모든 것이 새롭고 신기해요. 선생님 말씀을 듣고나면, 인생과 운명에 대하여 새삼 다시 생각하게 되어요, 고맙고요, 오늘은 이만 가 보겠습니다. 제 이름과 남동생 이름의 개명 문제는 집에 가서 가족과 의논한 후, 결정하겠습니다.

도금선생 : 그렇게 하세요, 여기 가족 분의 성명풀이서를 가져 가세요.

계소향 : 네, 안녕히 계세요.

도금선생 : 잘 가세요.

〈계소향님이 가고나서 퇴근 준비를 하다가 뉴스를 보았는데, 인기 영화배우인 김선곤씨가 자살하였다고 한다. 최근 마약 투약혐의로 조사를 받고 있었던 것으로 알고 있었는데, 뭐가 그리 못 견디게 고통스러워서 자살했을까 궁금하여 이선곤씨에 대해 이름을 풀어 보았다.

12.

이선곤씨의 죽음

사람은 죽어서 이름을 남기고,
호랑이는 죽어서 가죽을 남긴다.

도금식 성명 풀이서

시기	천간명운	성명	지지명운
초년운	정인(10)	이	정인(10)
25~30세			
중년운	편재(5)	선	편재(5)
	편인(9)		편인(9)
55~60세			
말년운	겁재(2)	곤	겁재(2)
	정인(10)		정인(10)
60세이후			

〈참고〉   1. 초년운, 중년운, 말년운의 시기는, 사람들의 수명에 따라
다르므로, 위의 시기는 참고용입니다.

           2. 천간명운 : 태어날 때, 가지고 온 운입니다.

           3. 지지명운 : 살아가면서 생기는 운입니다.

영화배우 이선곤씨의 이름을 풀어 보겠습니다.

〈천간명운과 지지명운〉

천간명운과 지지명운은 같습니다. 이럴경우, 명운의 기운이 매우 강합니다. 따라서 좋은 이름으로 살아가면, 더욱 더 행복해 지고, 나쁜 이름으로 살아가면 더욱 더 불행해 집니다.

〈초년운〉

초년운은 정인(10) - 정인(10) 명운 배합입니다. 정인(10)의 특성은, 복록, 지혜, 지식, 수명, 장수, 어머니, 모성애, 유순함 등이 있습니다. 신앙심이 강하고, 예술적 소질이 있고, 학문에 탁월한 재능을 지녔습니다. 강한 정인(10)의 기운으로 인하여 초년기 때부터 연예계로 진출하여 영화배우로 활발한 활동을 하였습니다.

〈중년운〉

중년운 첫자음은 편재(5) - 편재(5) 명운 배합입니다.

편재(5)의 특성은, 유동재물, 애첩, 아버지, 역마성, 활동성, 이성에 친절, 의리, 인정, 선량함, 주색을 탐함, 투기, 도박, 등이 있는데, 재물운과 여자운이 좋았으며, 연기 생활도 엄청 많이 하였습니다. 중년운 받침자음은 편인(9) - 편인(9) 명운 배합입니다.

편인(9)의 특성은, 실패, 좌절, 중도포기, 도식, 건강해, 자식해, 단명, 파재, 병재 등이 있는 나쁜 운이지만, 첫자음의 편재(5)가 편인

(9)을 극하여, 편인(9)의 나쁜 운이 억제되고 좋은 운으로 변하여 중년운은 대길한 운으로 변하였습니다.

중년운 천간명운과 지지명운이 모두 편재(5) - 편인(9) 명운 배합입니다. 편재(5) - 편인(9) 명운 배합의 특성은, 부귀가 따르고, 지혜가 탁월하며, 목적을 달성하여 대성합니다. 이 명운 때문에 출연한 영화가 대히트하여 세계적인 스타 배우로 우뚝 서게 됩니다.

〈초년운과 중년운의 연결 운세〉

초년운은 정인(10)이고, 중년운 첫자음은 편재(5)입니다.

정인(10) - 편재(5) 명운 배합인데, 편재(5)가 정인(10)을 극하고 있지만, 정인(10)은 어머니요 편재(5)는 아버지이므로 두 사람은 이상적인 부부 관계라서 길한 운으로 봅니다. 재복이 많고, 하고자 하는 일이 잘 풀립니다. 학문, 예술, 종교 방면에서 성공합니다. 명예를 얻습니다.

초년운도 좋고, 중년운도 대길하고, 초년운과 중년운의 연결 운세도 좋아 거침없이 출세가도를 달렸습니다.

〈말년운〉

말년운 첫자음은 겁재(2) - 겁재(2) 명운 배합입니다.

겁재(2)의 특성은, 재산탕진, 가정파괴, 패가망신, 투기, 허욕, 야망, 사교성 등이 있는 나쁜 운인데, 2개나 있으니, 나쁜 기운이 넘쳐납니다. 겁재(2)의 나쁜 기운을 억제하고 통제할 명운이 상 하 어디에도 없습니다. 관운(편관, 정관)이 있어 겁재(2)를 억제하여야 하는데, 성명에 관운이 하나도 없습니다. 관운이 없다보니, 관청의 보호를 받을 수 없고, 도리어 관청으로부터 구속을 당합니다.

말년운 받침자음은 정인(10) - 정인(10) 명운 배합입니다. 초년운과 같이 좋은 운입니다.

〈중년운과 말년운의 연결 운세〉

중년운 받침자음은 편인(9)이고, 말년운 첫자음은 겁재(2)입니다.

편인(9) - 겁재(2) 명운 배합인데, 두 명운 모두 나쁜 운입니다.

나쁜 운끼리 만났으니, 어떠한 일도 제대로 풀리지 않고, 복수손상하며, 파재, 병재, 단명, 사상의 재난이 따릅니다.

중년운 첫자음은 편재(5)이고, 말년운 첫자음은 겁재(2)입니다.

편재(5) - 겁재(2) 명운 배합인데, 겁재(2)가 편재(5)를 극하고 있습니다. 편재(5)가 극을 당하여, 말년운에 와서 힘을 펴지 못하고 주저앉고 말았습니다. 편재(5)가 힘을 쓰지 못하니 억제되어 온 편인(9)의 나쁜 운이 되 살아나서 겁재(2)와 같이 어울려서 대흉한 운세가 되어버린 것입니다.

이선곤씨의 나이로 보아, 중년운 말기와 말년운 초기 때가 바로 편인(9) - 겁재(2) 명운 운세가 발현할 때라서 이 때 대불행이 닥쳤던 것입니다.

〈첨언〉

태어나서 지금까지 큰 시련없이 승승장구하며 살아왔기 때문에, 이번 경찰의 조사가 본인에게는 처음 겪는 고초이므로 매우 고통스러웠을 것입니다. 만약 이번 시련을 이겨냈더라면, 말년운 받침 자음에는 정인(10) 명운이 있어서 복록을 누리고 장수하며 행복하게 살아갈 수 있었는데, 자기 운명을 잘 모르니, 순간적 판단의 실수로 하나뿐인 본인의 생명을 끊어버린 것입니다. 안타깝고, 안타까운 일입니다. 돌아가신 해의 명운을 알아보겠습니다.

도금식 성명 풀이서
이선곤씨가 돌아가신 해의 명운

시기	천간명운	성명	지지명운
초운	정재(6)	이	상관(4)
중운	편인(9)	선	편관(7)
	편재(5)		식신(3)
말운	상관(4)	곤	겁재(2)
	정재(6)		상관(4)

이선곤씨가 돌아가신 해의 명운을 알아보겠습니다.

〈천간명운과 지지명운〉

천간명운과 지지명운은 서로 상생상합하여 좋으나, 나쁜 운끼리 서로 상생상합한 것은 대 불행을 가져 옵니다.

〈초운〉

초운은, 정재(6) - 상관(4) 명운 배합입니다.

이 배합은 처음에는 고생하나, 근면 성실하면 결국 끝에는 성공하는 운으로서 정상적인 언행을 하여야 하는데, 만약 투기나 부정한 것에는 반드시 불행이 따릅니다. 처와도 불화하여 이별할 수도 있습니다.

〈중운〉

중운의 첫자음은, 편인(9) - 편관(7) 명운 배합입니다.

편인(9) - 편관(7) 명운 배합의 특성은, 위험이 항상 따릅니다.

단명, 형액, 횡액, 병고 등의 불행이 닥칩니다. 바람기로 가정을 위태롭게 합니다. 명예가 없습니다.

〈초운과 중운의 연결 운세〉

초운 지지명운은 상관(4)이고, 중운 지지명운 첫자음은 편관(7)입니다. 상관(4) - 편관(7) 명운 배합인데, 상관(4)이 편관(7)을 극하고 있습니다.

편관(7)이 극을 당하여 권위, 명예가 크게 실추되었습니다. 그리고 중운 지지명운 받침자음에 식신(3)이 있어서, 이 식신(3)이 또 편관(7)을 극하고 있습니다. 편관(7)은 상, 하로 극을 당하여, 편관(7)이 완전히 무너져 버렸습니다. 권위, 명예가 완전히 무너져 버렸습니다. 남자가, 특히 대중적으로 명성을 얻고, 인기가 많은 사람은 권위, 명예가 무너져 내리면 아마, 죽음보다도 더 괴로웠을 것입니다.

〈말운〉

말운 첫자음은, 상관(4) - 겁재(2) 명운 배합이고, 말운 지지명운도 겁재(2) - 상관(4) 명운 배합입니다.

상관(4) - 겁재(2) 명운 배합은 나쁜 기운이 가장 강한 두 명운이 만난 것이므로, 대흉하며, 만사지흉합니다. 사상(죽거나 다침), 형벌, 단명 등 최악의 불행이 닥칩니다.

〈종합〉

이선곤씨의 인생 명운에 중년운 말과 말년운 초에 큰 불행이 닥칠 것이라는 것을 알 수 있었고, 돌아가신 해에는 초운, 중운, 말운이 모두 불행한 운으로 되어 있었습니다.

특히, 권위, 명예가 완전히 나락으로 떨어지는 운세가 있었습니다. 명운이 모두 그 해에 제일 불행하다고 말하고 있었는데, 결국, 꼬임에 빠져 마약 투약건으로 불행의 늪으로 빠져버렸나 봅니다.

이선곤씨도 결국 본인의 이름대로 살아간 것입니다. 만약, 이선곤씨가 자기의 운명을 사전에 파악했더라면, 이번 시련이 지나면 또다시 좋은 날이 온다는 것을 알고, 잘 참고 견디어 미래를 도모하였을 것입니다.

인생 말년운 받침자음에 정인(10) 명운이 있어서 복록을 누릴 수가 있었기 때문입니다. 참으로 안타까운 일입니다. 부디 저 세상에서는 평안하게 잘 지내시길 기원합니다. 고인의 명복을 빕니다.

〈이선곤씨를 애도하니, 마음이 울적하여 오늘 밤에는 삼겹살에 소주 한 잔을 하여야 잠이 올 것 같아서 술 집으로 향했다〉

13.

개명하고픈 젊은 남자의 방문

훌륭한 이름을 선택하는 것은,
많은 재산을 선택하는 것보다 낫다.

〈사무실 문을 오픈하니, 바로 40대의 젊은 남자 분이 찾아왔다〉

도금선생 : 어서 오세요, 아침 일찍 방문하셨네요?

젊은이 : 네, 선생님, 제가 너무 일찍 왔나요?

도금선생 : 아닙니다. 일찍 오시면 머리가 개운한 상태
라서 손님의 이름을 더 잘 봐줄 수 있답니다. 잘 오셨습
니다. 이쪽에 와서 앉으세요.

젊은이 : 네, 다름이 아니라, 제가 하는 일마다 잘 풀리지
않는 것이, 아마도 이름에 있는 운이 막혀서 그런 것이
아니가 하여, 선생님과 의논한 후, 개명을 할려고 찾아
왔습니다. 제 이름을 풀어 주시고, 개명 좀 해 주세요.

도금선생 : 태어난 년도와 달과 성명을 말씀해 주세요.

젊은이 : 저는 몇 년도 몇 월에 태어났으며, 성명은 오병
석이고요, 오나라 오자에, 빛날 병, 주석 주자입니다.

도금선생 : 네, 오병석씨 이군요. 그럼 조금만 기다려 주

세요. 차나 커피 드시고 싶으면 저기 있으니, 한 잔 하면

서 계세요.

오병석 : 네, 알겠습니다.

도금선생 : 자, 이름풀이를 해 보았습니다. 잘 들어 보세요.

오병석 : 네, 선생님.

도금식 성명 풀이서

시기	천간명운	성명	지지명운
초년운 25~30세	식신(3)	오	정재(6)
중년운	편인(9)	병	겁재(2)
55~60세	식신(3)		정재(6)
말년운	겁재(2)	석	식신(3)
60세이후	정관(8)		편인(9)

〈참고〉 1. 초년운, 중년운, 말년운의 시기는, 사람들의 수명에 따라
다르므로, 위의 시기는 참고용입니다.

2. 천간명운 : 태어날 때, 가지고 온 운입니다.

3. 지지명운 : 살아가면서 생기는 운입니다.

오병석씨의 이름을 풀어보겠습니다.

〈천간명운과 지지명운〉

천간명운과 지지명운이 서로 상생상합하니 좋은 배합입니다.

좋은 운으로 서로 상생상합하면 길하지만, 나쁜 운이 서로 상생상합하면 흉합니다. 오병석씨는 성명에서 가장 중요한 중년운 첫자음이 나쁜 운으로 서로 상생상합하니, 대흉합니다.

〈초년운〉

초년운은, 식신(3) - 정재(6) 명운 배합입니다.

식신(3)의 특성은, 식록, 영양의 신, 건강, 장수, 자손, 가무를 즐김, 풍요, 낙천적, 정신적, 심리적, 감성적, 예술적, 학문적 재능이 뛰어나며, 길사가 많고 흉사가 적습니다.

정재(6)의 특성은, 고정재물, 근면 성실, 저축, 총명, 여러방면에서 능력을 발휘함, 가정적임, 보수적임, 이기적임, 통솔, 본처 등이 있습니다. 이 좋은 두 명운이 만나니, 부귀와 명성이 따릅니다. 건강하고 장수합니다. 본처 복이 있고, 가정이 안락합니다. 성공이 순조로우며 각종 권리도 많습니다.

이처럼 초년운은 좋은 명운으로 구성되어 있어서, 건강하고, 처복과 자식복도 많고, 재물복도 많으며, 통솔의 복도 있어서 사회 조직 생활도 순조로왔습니다.

〈중년운〉

중년운 첫자음은, 편인(9) - 겁재(2) 명운 배합입니다.

편인(9)의 특성은, 실패, 좌절, 중도포기, 도식(밥그릇을 엎어버림) 건강해, 자식해, 파재 병재, 변화, 개혁, 방랑, 고독한 개척자, 난세의 영웅 등이 있는데, 나쁜 운입니다.

겁재(2)의 특성은, 재물탕진, 가정파괴, 패가망신, 투기, 허욕, 야망, 가정에 무관심, 대외활동에 적극적, 사교성 등이 있으며 나쁜 운입니다.

두 나쁜 운이 만났으니, 제대로 성사되는 일이 없고 실패합니다.

파재와 병재가 속출합니다. 횡액, 형액이 따릅니다. 단명할 수도 있습니다.

중년운 받침자음은, 식신(3) - 정재(6) 명운 배합입니다.

초년운과 같이 대길한 운입니다. 하지만 받침자음은 첫 자음에 극을 당하여 좋은 운이 죽어 버렸습니다.

중년운 천간명운을 보면, 편인(9) - 식신(3) 명운 배합입니다.

편인(9)이 식신(3)을 극하고 있습니다. 식신(3)이 극을 당하여 식록이 사라지고 의식주가 부족하여 고통을 받습니다. 낙천성이 없어지고, 비관적인 사람으로 변하였습니다. 온갖 병고에 시달립니다.

중년운 지지명운도 보면, 겁재(2) - 정재(6) 명운 배합입니다.

겁재(2)가 정재(6)를 극하고 있습니다. 정재(6)가 극을 당하여 재물복이 사라져서 삶이 궁핍하게 되었습니다. 권리가 없어지고 되는 일이 없습니다. 처복도 사라져서 본처와 이별하게 생겼습니다. 가정도 파괴될 지경이 되었습니다.

이처럼 중년운은 불행의 덩어리입니다.

〈초년운과 중년운의 연결 운세〉

초년운 천간명운은 식신(3)이고, 중년운 천간명운 첫자음은 편인(9)입니다. 식신(3) - 편인(9) 명운 배합인데, 편인(9)이 식신(3)을 극하고 있습니다. 식신(3)이 극을 당하여 중년운에 와서 힘을 펴지 못하고 주저앉고 말았습니다. 초년운의 좋은 운이 중년운에 와서 무너져 버렸습니다.

초년운 지지명운은 정재(6)이고, 중년운 지지명운 첫자음은 겁재(2)입니다. 정재(6) - 겁재(2) 명운 배합인데, 겁재(2)가 정재(6)를 극하고 있습니다. 정재(6)가 극을 당하여 중년운에 와서 힘을 펴지 못하고 주저앉고 말았습니다. 초년운의 좋은 운이 중년운에 와서 무너져 버렸습니다.

이처럼 초년운과 중년운의 연결 운세는 대흉한 운세입니다.

하필, 초년운에 있는 명운들이 중년운 받침자음에 있는 명운과 같아서 그 고통이 더욱 컸으리라 생각됩니다. 어찌하여 중년운 첫 자음에, 초년운과 중년운 받침자음을 극하는 나쁜 운을 선택하였는지 한스럽습니다.

〈말년운〉

말년운 천간명운은, 겁재(2) - 정관(8) 명운 배합입니다.

정관(8)이 겁재(2)를 극하고 있습니다. 이것은 잘못된 배합입니다.

정관(8)이 첫자음에 위치하고 겁재(2)가 받침자음에 위치하여, 정관(8)이 겁재(2)를 극해야만 흉변위길하여 대길한 운으로 변하는데, 반대로 되어 있으니, 겁재(2)를 제대로 극을 할 수가 없어서 불행하게 되었습니다.

말년운 지지명운은, 식신(3) - 편인(9) 명운 배합입니다.

편인(9)이 식신(3)을 극하고 있습니다. 다행히도 식신(3)이 첫자음에 위치하여 한동안 식신(3)의 기운으로 살아가게 됩니다. 하지만 받침자음에 편인(9)이 있어서 말년운 하반기에는 식신(3)의 운세도 힘을 펴지 못하므로 불행하게 될 것입니다.

결국 말년운도 불행한 명운 배합입니다.

오병석 : 아! 그랬군요, 저의 인생이 풀리지 않은 이유를 이제야 알 것 같아요. 저의 집안이 좀 여유로와서 초

년기에는 남부럽지않게 잘 살아왔답니다. 결혼도 잘 했고, 직장도 대기업에 입사했고, 한데, 30세 이후부터는 뭔가 잘 풀리지가 않았습니다. 지금까지 계속 어려움 속에서 살고 있습니다. 선생님은 어떻게 제 인생을 잘 맞추십니까? 신기합니다.

도금선생 : 아, 오병석씨, 성명에 인생이 깃들어 있답니다. 저는 단지, 오병석씨의 성명을 풀어 주었을 뿐입니다. 그러면, 현재 사용하고 있는 오병석 성명이 나쁘다는 것을 인정합니까?

오병석 : 네, 선생님, 인정합니다.

도금선생 : 좋은 이름으로 개명해 줄까요?

오병석 : 네, 선생님, 개명해 주세요.

도금선생 : 알겠습니다. 연구할 동안 좀 기다려 주세요.

오병석 : 네, 기다리겠습니다.

도금식 성명 풀이서

시기	천간명운	성명	지지명운
초 년 운 25~30세	식신(3)	오	정재(6)

시기	천간명운	성명	지지명운
중년운 55~60세	편재(5)	**태**	정관(8)
말년운 60세이후	정인(10)	**무**	비견(1)

〈참고〉　1. 초년운, 중년운, 말년운의 시기는, 사람들의 수명에 따라
　　　　　다르므로, 위의 시기는 참고용입니다.
　　　　2. 천간명운 : 태어날 때, 가지고 온 운입니다.
　　　　3. 지지명운 : 살아가면서 생기는 운입니다.

　오병석씨의 새이름 오태무에 대하여 이름을 풀어 보겠습니다.

〈천간명운과 지지명운〉

　천간명운과 지지명운은 서로 상생상합하여 좋습니다, 명운도 모두 좋은 운으로서 서로 상생상합하니, 대길한 운입니다.

〈초년운〉

　초년운은, 식신(3) - 정재(6) 명운 배합입니다.

　초년운은 성이라서 기존의 이름 명운과 같으며 대길한 운입니다.

⟨중년운⟩

중년운은, 편재(5) – 정관(8) 명운 배합입니다.

편재(5)의 특성은, 유동재물, 첩, 선량, 의리, 인정, 이성에 친절함, 아버지, 분주하고 바쁜 활동성, 역마성 등이 있으며, 좋은 운입니다. 정관(8)의 특성은, 권위, 명예, 관리, 위정자, 관청, 법규, 직장, 총명, 자식(딸), 책임감, 보수성 등이 있으며, 좋은 운입니다.

재물운과 관운이 만나니 대길한 운이 되었습니다.

지덕을 겸비한 지도자 운입니다. 신망이 두터워 주위로부터 존경받습니다. 성공이 순조롭습니다. 가문을 빛냅니다. 명성을 얻습니다. 재물복이 많아서 부귀합니다.

⟨초년운과 중년운의 연결 운세⟩

초년운 천간명운은 식신(3)이고, 중년운 천간명운은 편재(5)입니다. 식신(3) – 편재(5) 명운 배합인데, 두 명운이 서로 상생하여 대길한 운이 되었습니다. 주위의 도움이 많으며 하는 일마다 잘 풀려나갑니다. 처복이 있습니다. 재물복이 있어 부귀가 따릅니다.

건강하고 장수하며 일생 행복하고 안락합니다. 도량이 넓습니다. 인격이 어집니다. 가무를 즐기고 주색과 투기, 노름, 도박을 즐깁니다. 따라서 주색이나, 투기, 도박을 조심하여야 합니다.

초년운 지지명운은 정재(6)이고, 중년운 지지명운은 정관(8)입니다. 정재(6) - 정관(8) 명운 배합인데, 두 명운 배합의 특성은 화평의 대길한 운입니다. 직장생활은 대길하고 사업은 대흉합니다. 성공이 많고 명성을 크게 떨칩니다. 처복과 자녀복이 많습니다.

부귀가 따릅니다. 일평생 풍파가 적고 영화를 누리며 재앙이 없는 대길한 운입니다.

〈말년운〉

말년운은, 정인(10) - 비견(1) 명운 배합입니다.

비견(1)이 정인(10)에게 동화되어 힘을 보태주니, 정인(10)의 기운이 더욱 더 왕성해 졌습니다. 복록과 지혜, 지식, 수명, 장수, 어머니, 유순함의 운이 있는 정인(10)의 기운이 왕성하여 대길한 운이 되었습니다. 정인(10) - 비견(1) 명운 배합의 특성은, 인생에서 강한 적응력을 가지고 있어서 주위 사람들로부터 신망을 얻습니다.

매우 건강하고 복록이 많습니다. 가장 무난한 명운 배합입니다.

비평과 토론, 학문을 좋아합니다. 학문, 예술, 종교, 의약, 문학 분야에서 성공자가 많습니다. 정인(10)의 운세가 왕성하여 육친애가 매우 강합니다.

〈중년운과 말년운의 연결 운세〉

중년운 천간명운은 편재(5)이고, 말년운 천간명운은 정인(10)입

니다. 편재(5)가 정인(10)을 극하나, 편재(5)는 아버지요, 정인(10)
은 어머니이므로, 두 사람의 만남은 가장 이상적인 부부의 만남이
기 때문에 길한 운으로 봅니다. 편재(5) - 정인(10) 명운 배합의 특
성은, 무독합니다. 재복이 많아서 부귀합니다. 소원을 이룹니다. 명
예심이 강합니다. 이론과 비평에 강하고 자랑도 많은 편입니다.

학문, 종교, 상업 등에서 성공한 사람이 많습니다.

중년운 지지명운은 정관(8)이고, 말년운 지지명운은 비견(1)입니
다. 정관(8) - 비견(1) 명운 배합인데, 비견(1)이 정관(8)에게 동화되
어 힘을 보태주니, 정관(8)의 기운이 더욱 더 왕성해 졌습니다.

권위, 명예, 관리, 통솔, 지도자, 리더 운이 빛을 발합니다. 이처럼
중년운과 말년운의 연결 운세도 모두 대길한 운입니다.

오병석 : 새 이름 오태무의 이름풀이를 듣고나니, 기분
이 매우 좋습니다. 선생님, 감사합니다.

도금선생 : 성명에는 중년운이 가장 중요합니다. 가장
왕성하게 일을 할 때이고, 핵심 성격이 형성할 때입니
다. 중년운을 중심명운이라 할 수 있는데, 중심명운에
편재(5) - 정관(8) 명운 배합을 넣어서, 재물운과 관운
이 풍부하도록 하였습니다. 재물복도 많을 것이며, 직
장복도 많을 것입니다. 말년운에는 복록의 신인 정인

(10)을 넣어서, 온갖 복록을 누리도록 하였고, 또 80세 이상 장수하며 살게 하였습니다. 비견(1)도 넣어서 자존의 삶을 살도록 하였으며, 비견(1)이 정인(10)과 정관(8)에게 힘을 보태주어 더 강한 정인(10)과 정관(8)의 운세가 발현되도록 하였습니다.

오병석 : 고맙습니다, 선생님, 정말, 제가 그렇게 많은 복록을 누리고 살아 갔으면 좋겠습니다.

도금선생 : 이제 개명을 하면, 개명한 이름대로 살아갈 것입니다. 그런데, 누가 불러주지 않으면 아무 소용없으니, 많은 사람들에게 새 이름을 알리고, 새 이름으로 부르도록 유도하십시요.

본인도 과거 이름을 잊도록 노력하여야 합니다. 완전히 새 이름이 자리 잡는데는 시간이 필요한데, 과도기적 기간으로서 사람마다 차이는 있으나, 보통 2년 정도 걸립니다.

오병석 : 네, 선생님, 잘 알겠습니다.

도금선생 : 그리고, 초년운에 있는 정재(6)는 본처를 의미하고, 중년운에 있는 편재(5)는 애첩을 의미합니다. 둘 다 여자복인데, 본처 이외의 다른 여자에게는 너무 빠지지 말고 주색을 멀리 하십시요. 또한, 노름, 도박,

투기, 가무도 자제하는 것이 좋겠습니다.

편재(5) 명운의 특성이, 여자, 가무, 도박, 유동재물 등이어서, 자칫하다가는 방탕한 생활에 빠질 수가 있어서 말씀 드리는 것입니다.

그리고, 권위, 권력을 잡았다고 너무 남용하면 큰 화를 당할 수 있으니, 과욕은 금물입니다.

오병석 : 네, 알겠습니다. 선생님, 수고비는 얼마나 드려야 하나요?

도금선생 : 네, 이름풀이 100,000원, 작명 200,000원 합해서 300,000원입니다.

오병석 : 아!, 그렇군요, 제가 요즘 경제 사정이 어려워서 그런데, 200,000원으로 하면 않될까요?

도금선생 : 아! 오병석씨의 지금 사정이 어렵지요? 그럼, 이렇게 하면 어떨까요? 지금 200,000원 주시고, 100,000원은 주변 사람들중에서, 개명하고 싶은 분이 계실 때, 그 분을 모시고 오면, 소개비조로 100,000원을 드릴테니, 그것으로 계산을 끝내는 것으로 하면 어떨까요?

오병석 : 아! 선생님, 그렇게 편의를 봐 주시면 저야 고맙습니다만, 선생님께서 혹, 어려움이 있을까 봐 약간

걱정됩니다.

도금선생 : 제가 광고나 홍보 활동을 별로 하지 않는답니다. 광고, 선전비로 치면 괜찮다고 생각해요.

오병석 : 알겠습니다. 그렇게 해 보겠습니다. 소개 핑계로 선생님을 자주 뵙는 것도 저에게는 기분이 좋은 일이 되겠네요.

도금선생 : 자, 여기 기존 이름 성명풀이서와 새 이름 성명풀이서를 가지고 가세요.

오병석 : 선생님, 고맙습니다. 안녕히 계세요.

도금선생 : 잘 가세요.

〈오병석씨가 가고난 후, 나는 조용히 기도해 본다. 신이시여! 신이시여! 신이시여! 행복하게 살아볼려고 노력해도 아니되는 오병석씨를 가엾히 여기시어, 오병석씨에게 새로운 희망과 행복된 삶을 누릴수 있도록 도와주소서!, 간절히 애원합니다.〉

〈똑! 똑! 똑! 누군가 사무실 문을 노크하였다〉

14.

가족 전체 이름풀이와 개명

운명은 자기 혼자의 이름에만 있는 것이 아니고,
가족 구성원의 이름과 연결되어 있다.

도금선생 : 네, 들어오세요.

방정숙 : 선생님, 안녕하세요?

도금선생 : 아니! 이게 누구십니까? 방정숙 할머님 아니
십니까?

반갑습니다. 건강하게 잘 지내시고 계셨죠?

방정숙 : 네, 일찍 찾아뵐려고 했는데, 예방주사를 맞고
그 후유증으로 몸살을 앓아서 한동안 몸져 누워 있다가
이제야 회복되어 늦게 찾아왔답니다.

도금선생 : 아이고, 그런 일이 있었군요. 회복되셨으니
다행입니다. 자, 이리로 와서 앉으세요.

방정숙 : 네, 그리고 여기 제 딸입니다. 얘야 인사드려라.

따님 : 안녕하세요? 선생님.

도금선생 : 네, 안녕하세요? 처음 뵙겠습니다.

따님 : 어머님으로부터 선생님 말씀을 많이 들었습니다.

이름풀이와 작명을 잘 하신다고요?

도금선생 : 과찬은 말씀입니다. 그저 오랜 기간 관심이 많아서 연구를 해본 것 뿐입니다.

방정숙 : 얘야, 도금 선생님은 다른 곳과 달리 소리로 이름을 풀고 운명을 알아 본단다.

따님 : 다른 곳에서는 사주팔자로 운명을 알아보고 이름을 짓는데, 선생님은 특이하시네요. 어떻게 소리로 이름을 풀고 그 사람의 운명을 풀수 있나 무척 궁금했답니다.

도금선생 : 하! 하! 하! 네, 소리에는 희로애락, 길흉화복이 내포되어 있답니다. 기쁠 때 내는 소리, 화가 날 때 내는 소리, 사랑할 때 내는 소리, 즐거울 때 내는 소리가 각각 다르며, 길한 소리, 흉한 소리, 재앙의 소리, 복의 소리가 각각 다르답니다.

방정숙 : 그런 것은 우리 가족의 이름을 풀면서 자세히 설명해 주세요.

도금선생 : 아, 참, 차도 한 잔 대접 못 했네요. 무슨 차 드릴까요?

따님 : 집에서 마시고 왔답니다. 우리가 마시고 싶으면 타서 마실께요.

도금선생 : 네, 그렇게 하세요. 오늘은 무엇을 도와 드릴까요?

따님 : 전번, 저희 어머님께 제 부모님의 이름풀이를 해 주셨는데, 감사합니다. 오늘은 제 남편과 저와 제 자식들의 이름을 좀 풀어 주셨으면 했어요.

도금선생 : 네, 알겠습니다. 그럼 가족분들의 성함과 태어난 년도와 태어난 달을 여기에 적어 주실래요?

따님 : 여기 적어 왔답니다.

도금선생 : 남편 분은 성함이 박준서이시고, 여기 오신 분이 이윤정이시고, 첫째 자녀분이 딸이며 성함이 박효신이고, 둘째 자녀분이 아들이며 성함이 박민중이네요. 네 분 이름풀이를 해야 하니, 시간이 좀 걸리겠어요. 여기 책자나 신문을 보시거나 차를 마시면서 좀 기다려 주세요.

이윤정 : 네, 알겠습니다.

도금선생 : 오래 기다렸습니다. 자, 네 분의 이름풀이가 끝났으니, 잘 들어 보세요.

도금식 성명 풀이서

시기	천간명운	성명	지지명운
초년운	비견(1)	박	편관(7)
25~30세	편인(9)		편재(5)
중년운	상관(4)	준	정인(10)
55~60세	정관(8)		상관(4)
말년운	식신(3)	서	편인(9)
60세이후			

〈참고〉　1. 초년운, 중년운, 말년운의 시기는, 사람들의 수명에 따라
　　　　　　다르므로, 위의 시기는 참고용입니다.

　　　　2. 천간명운 : 태어날 때, 가지고 온 운입니다.

　　　　3. 지지명운 : 살아가면서 생기는 운입니다.

남편분인 박준서님의 성명을 풀어 보겠습니다.

〈천간명운과 지지명운〉

지지명운이 천간명운을 극하고 있습니다. 이럴경우, 좋은 운을 극하면 불행해 지지만, 나쁜 운을 극하면 나쁜 운이 좋은 운으로 변하여 흉변위길하니, 대성하고 행복해 집니다.

박준서님은 좋은 운도 극하고, 나쁜 운도 극하고 있습니다.

〈초년운〉

초년운 첫자음은, 비견(1) - 편관(7) 명운 배합입니다.

편관(7)이 비견(1)을 극하고 있습니다. 비견(1)은 극을 당하지만 편관(7)에게 동화되어 편관(7)에게 힘을 보태줍니다. 편관(7)은 더욱 더 기운이 왕성해져서 강력한 살권으로 변하였습니다.

주변 명운이 도와준다면 만인을 통솔하는 영웅운이 되고, 명성을 천하에 떨칩니다. 명예를 중히 여기나 재물은 가벼이 여기는 경향이 있습니다.

초년운 받침자음은, 편인(9) - 편재(5) 명운 배합입니다.

편재(5)가 편인(9)을 극하고 있습니다. 편인(9)의 특성은, 실패, 좌절, 중도포기, 도식, 건강해, 자식해, 방랑, 고독한 개척자, 난세의 영웅운, 번쩍이는 아이디어, 변화, 혁신 등이 있는데, 나쁜 운입니다. 이 나쁜 운이 극을 당하여, 나쁜 운이 좋은 운으로 변하여 흉변위길하니 대길한 운으로 변하였습니다.

초년운 천간명운은, 비견(1) - 편인(9) 명운 배합입니다.

비견(1)이 편인(9)에게 동화되어 힘을 보태주니, 편인(9)의 기운이 왕성해 졌습니다. 그리하여 사고력과 지혜가 뛰어납니다. 무엇인가 창조하려는 기운이 왕성합니다. 난세의 영웅운으로서 고난을 극복하려는 기운이 강합니다. 인내력이 강합니다. 풍상을 많이 겪습니다.

초년운 지지명운은, 편관(7) - 편재(5) 명운 배합입니다.

관운과 재운이 만나니 대길한 운이 되었습니다. 주위의 도움이 많으며 성공이 순조롭습니다. 권리가 많고 명예를 얻습니다.

부귀가 따릅니다. 자립하여 대성합니다. 가업을 일으켜 세웁니다.

이처럼 초년운은 전체가 길한 명운 배합이라서 좋은 시절을 보낼수가 있었습니다. 단, 편재(5)는 분주하고, 편관(7)은 자동차 바퀴와 같이 달리고 추진하고, 편인(9)은 불행한 운이라서 세 명운이 같이 있을 때는 교통사고가 많이 날 수 있으므로 조심하여야 합니다.

〈중년운〉

중년운 첫자음은, 상관(4) - 정인(10) 명운 배합입니다.

정인(10)이 상관(4)을 극하고 있습니다. 상관(4)의 특성은, 비관, 실패, 증오, 비판, 염세주의, 분노, 정신적, 심리적, 감성적, 예술적, 종교적 재능 우수, 변화, 혁신, 등이 있는데, 10대 명운중 가장 흉한 운입니다. 이런 나쁜 운이 극을 당하여 좋은 운으로 변하니, 흉변위 길하여 대길한 운이 되었습니다. 부귀와 명성을 얻습니다.

지혜가 뛰어납니다. 온갖 복록이 따릅니다. 장수하며 행복합니다.

중년운 받침자음은, 정관(8) - 상관(4) 명운 배합입니다.

상관(4)이 정관(8)을 극하고 있습니다. 정관(8)이 극을 당하여 명예가 손상되고, 온갖 재앙이 닥치고, 무슨 일이든 좌절되고, 자식에게도 해가 닥치는 명운 배합이지만, 정인(10)이 상관(4)을 극하고 있어, 상관(4)의 극의 강도가 약해져서 정관(8)이 살아 남을 수 있었습니다. 하지만, 상관(4)의 나쁜 운이 완전히 사라지지는 않기 때문에 정관(8)의 운세가 완전히 회복되기는 어렵습니다.

중년운 천간명운은, 상관(4) - 정관(8) 명운 배합입니다.

중년운 받침자음과 같으며, 정관(8)이 극을 당하고 있습니다.

다행히도 정인(10)이 상관(4)을 극하고 있어서, 상관(4)의 기운이 약해졌습니다.

중년운 지지명운은, 정인(10) - 상관(4) 명운 배합입니다. 첫 자음과 같으며, 정인(10)이 상관(4)을 극하여 대길한 운이 되었습니다.

〈말년운〉

말년운은, 식신(3) - 편인(9) 명운 배합입니다.

편인(9)이 식신(3)을 극하고 있습니다. 식신(3)의 특성은, 식록, 건강, 장수, 영양의 신, 자손, 낙천적, 정신적, 심리적, 감성적, 예술적, 종교적 재능 우수, 변화, 개혁, 혁신 등이 있는 좋은 운인데, 극을 당하니, 식록과 복록이 없어지고, 건강이 악화되며, 온갖 질병으로 고생하고, 풍파가 많아서 성공에도 애로가 생깁니다.

<첨언>

초년운에는 매우 강한 활동성과 추진력, 권력욕으로 무엇인가 달성하려고 노력하였으며, 명운의 배합도 좋아서 호시절을 보냈습니다. 중년운에는 정인(10)이 상관(4)을 극하여, 흉변위길하니, 대성하고 행복하게 되었습니다. 특히, 학문, 예술 분야에서 성공할 수가 있습니다. 말년운은 편인(9)의 나쁜 운이 발현되고, 또 편인(9)이 식신(3)을 극하여, 불행해 지게 됩니다. 실패, 좌절, 중도포기, 도식, 자식해, 건강해, 단명 등의 액운을 조심하여야 합니다.

말년운의 불행을 막을 방안을 강구해 두는 것이 좋습니다.

도금식 성명 풀이서

시기	천간명운	성명	지지명운
초년운 25~30세	편인(9)	이	편인(9)
중년운 55~60세	정관(8) 정인(10)	윤	정관(8) 정인(10)
말년운 60세이후	정재(6) 정관(8)	정	정재(6) 정관(8)

《참고》　1. 초년운, 중년운, 말년운의 시기는, 사람들의 수명에 따라
　　　　　　다르므로, 위의 시기는 참고용입니다.
　　　　2. 천간명운 : 태어날 때, 가지고 온 운입니다.
　　　　3. 지지명운 : 살아가면서 생기는 운입니다.

박준서님의 부인이신 이윤정님의 성명을 풀어 보겠습니다.

〈천간명운과 지지명운〉

천간명운과 지지명운은 같습니다. 이럴경우, 명운의 기세가 매우
강합니다. 좋은이름으로 살아가면 더욱 더 행복하고 성공할 것이
며, 나쁜 이름으로 살아가면 더욱 더 불행하고 실패할 것입니다.

〈초년운〉

초년운은, 편인(9) - 편인(9) 명운 배합입니다. 강한 편인(9)의 운
인데, 편인(9)의 특성은, 실패, 좌절, 중도포기, 도식(밥그릇을 엎어
버림), 건강해, 자식해, 방랑, 개척, 난세의 영웅, 변화, 혁신, 창조등
이 있으며, 나쁜 운입니다. 육친으로는 계모, 서모를 의미하고, 성
에 편인(9)이 있거나, 이름에도 편인(9)이 많으면, 계모나 서모가
있던가, 만약 계모나 서모가 없고 친모라면, 조실부모하던가 아버
지와 인연이 적거나, 친모의 젖이 부족하였을 것입니다.

따라서 초년기에는 아무리 해 보려고 해도 무엇하나 이루지 못하

고, 의식주가 불안하였으며, 방랑과 고독의 세월을 보냈을 것입니다.

〈중년운〉

중년운 첫자음은, 정관(8) - 정관(8) 명운 배합입니다. 강한 정관(8)의 운입니다. 정관(8)의 특성은, 권위, 명예, 관리, 문관, 관청, 보수성, 지도자, 직장 등이 있으며, 여자에게는 남자, 특히 정실남편을 의미합니다. 정실남편의 운이 강하게 있어서 중년 때 정실남편을 만나서 남편의 덕을 봅니다.

중년운 받침자음은, 정인(10) - 정인(10) 명운 배합입니다. 정인(10)의 특성은, 복록, 지혜, 지식, 학문, 수명, 장수, 어머니, 모성애, 유순함 등이 있습니다. 온갖 복록과 지혜가 있고, 어머니운도 많으며, 성격도 유순합니다.

중년운 첫자음과 받침자음이 만나서 정관(8) - 정인(10) 명운 배합이 되었습니다. 관운과 복록이 만나서 대길한 운이 되었습니다만, 정관(8)- 정인(10) 명운 배합은 지, 덕을 겸비한 지도자 운으로서 남자에게는 대길한 운이나, 여자에게는 운이 너무 강하여 흉할 수도 있습니다. 하지만, 요즘 시대에는 남녀 평등시대이고, 여자도 직장이나 조직, 기업에서 책임자가 얼마든지 있으므로, 여자도 단체생활에서 높은 지위에 있는 사람에게는 대길한 운이 될 수 있습니다.

〈말년운〉

　말년운 첫자음은, 정재(6) - 정재(6) 명운 배합입니다. 정재(6)의 특성은, 근면, 성실, 절약, 총명, 다재다능, 고정재물, 보수성 등이 있는데, 재물운이 많습니다. 이 재물운은 근면, 성실, 땀흘려 번 돈이므로 투기나 도박, 사업은 절대 금물입니다.

　말년운 받침자음은, 정관(8) - 정관(8) 명운 배합입니다. 중년운 첫자음과 같으며, 관운과 정실남편운을 의미합니다.

　말년운 첫자음과 받침자음이 만나서 정재(6) - 정관(8) 명운 배합이 되었습니다. 정재(6)는 정관(8)을 생하므로 두 명운의 만남은 대길한 운입니다. 재물의 도움으로 남편이 성공 번창합니다.

　사회에서나 가정에서나 모두 길하여 행복을 누립니다. 평생 대액이 없으며, 복록과 부귀를 누립니다. 명예와 명성을 떨칩니다.

〈첨언〉

　초년운은 편인(9)의 나쁜 특성으로 인하여 고생하고 외롭게 지냈으나, 중년운부터는 강한 정실남편운과 어머니운 때문에 잘 살게 되었습니다. 중년운 말기부터는 정인(10)이 정재(6)에게 극을 당하여 복록에 문제가 생기기 시작하며, 모성애도 극을 당하여 자식에게도 좋지 않은 일이 일어날 것입니다.

　그렇지 않아도 성명에는 자식운을 의미하는 식신(3)과 상관(4)이 없고, 도리어 자식운을 해하는 편인(9)이 있어서, 자식운이 좋지 않았는데, 모성애까지 극을 당하니, 자식에게 불행한 일이 생길 수 밖에 없습니다. 초년운에는 편인(9)이 있어서 자식을 해하고, 중년운에는 정관(8)이 있어서, 정관(8)은 자식운을 싫어하고, 말년운에도 정관(8)이 있어서 자식운을 싫어하니, 자식운이 어디 마음둘 곳이 없습니다.

재물운과 관운이 아무리 좋아도, 좋은 자식운보다 못하다고 했습니다. 자식운은 건강, 장수, 낙천성도 의미하므로, 이름에 대하여 깊이 재고할 필요가 있습니다.

도금식 성명 풀이서

시기	천간명운	성명	지지명운
초년운	편재(5)	**박**	겁재(2)
25~30세	식신(3)		정인(10)
중년운	정인(10)	**효**	편재(5)
55~60세			
말년운	편관(7)	**신**	상관(4)
60세이후	비견(1)		정관(8)

〈참고〉 1. 초년운, 중년운, 말년운의 시기는, 사람들의 수명에 따라
다르므로, 위의 시기는 참고용입니다.
2. 천간명운 : 태어날 때, 가지고 온 운입니다.
3. 지지명운 : 살아가면서 생기는 운입니다.

따님이고, 첫째 자녀인 박효신님의 이름을 풀어 보겠습니다.

〈천간명운과 지지명운〉

지지명운이 천간명운을 극하고 있습니다. 이럴경우, 좋은 운을 극하면 불행해 지고, 나쁜 운을 극하면 나쁜 운이 좋은 운으로 변하여 흉변위길하니, 대성하고 행복해 집니다.

〈초년운〉

초년운 첫자음은, 편재(5) - 겁재(2) 명운 배합입니다. 겁재(2)가 편재(5)를 극하고 있습니다. 겁재(2)의 특성은, 재산탕진, 가정파괴, 패가망신, 투기, 허욕, 야망, 가정무관심, 대외활동적극, 사교성 등이 있는데, 나쁜 운입니다. 편재(5)의 특성은, 선량, 의리, 인정, 이성에 친절, 가무를 즐김, 활동성, 분주함, 바쁨, 유동재물운, 아버지 등이 있으며, 좋은 운입니다. 편재(5)가 극을 당하여 재물운이 없습니다. 아버지운이 없습니다. 허욕과 야망이 많습니다. 사람을 사귀기 좋아하고 밖으로 나돌아 다니며 친구들이 많습니다.

초년운 받침자음은, 식신(3) - 정인(10) 명운 배합입니다. 식신(3)과 정인(10)은 자식과 어머니가 만난 것이므로 매우 길한 배합입니다. 식신(3)의 특성은, 식록, 영양의 신, 건강, 장수, 자식, 낙천성, 가무를 즐김, 정신적, 심리적, 감성적, 예술적, 종교적인 재능이 우수합니다. 정인(10)의 특성은 복록, 지혜, 지식, 학문, 수명, 장수, 어머니, 모성애, 유순함 등이 있습니다. 자식과 어머니가 만났으니 대길한 운이 되었습니다. 오복을 가지는 운입니다.

초년운 천간명운은, 편재(5) - 식신(3) 명운 배합입니다. 두 명운은 서로 상생하여 길한 운이 되었습니다. 주위의 도움도 많고, 재물운도 많고, 식록도 풍부합니다. 성공이 매우 순탄하고, 권리도 많습니다. 도량도 넓고 장수 행복하며 일평생 안락한 대길한 운입니다. 하지만 편재(5)가 겁재(2)에게 극을 당하여 길운이 반감 되었습니다.

초년운 지지명운은, 겁재(2) - 정인(10) 명운 배합입니다. 겁재(2)가 정인(10)에게 동화되어 힘을 보태주고 있습니다. 힘을 보태주니 정인(10)의 운세가 더욱 더 융성하게 되었습니다.

날로 복록이 따르고, 많은 사람들로부터 존경을 받습니다. 인자하며 자비심도 있습니다. 학문이나 학예에 뛰어난 재능이 있습니다.

자녀에게 경사가 많고 장수하며, 부부가 평생 해로합니다.

초년운은 겁재(2)가 편재(5)를 극하는 흉운 이외에는 길하는 운이므로, 재물 욕심을 버리고, 투기나 허욕, 야망도 자제하고, 아버지와 다투지말고 아버지를 존경하며 살아가는 것이 좋습니다.

〈중년운〉

중년운은, 정인(10) - 편재(5) 명운 배합입니다.

편재(5)가 정인(10)을 극하고 있으나, 편재(5)는 아버지요, 정인(10)은 어머니이므로, 정상적인 부부의 만남이라서 길한 운으로 봅니다. 무독합니다. 재복이 많습니다. 이론에 밝고 학문 분야에서 뛰어난 재능을 발휘합니다. 아버지와 어머니의 덕을 많이 봅니다.

〈말년운〉

말년운 첫자음은, 편관(7) - 상관(4) 명운 배합입니다.

상관(4)이 편관(7)을 극하고 있습니다. 편관(7)의 특성은, 관운인데 야성적인 관운입니다. 편관(7)은 무관이요 정관(8)은 문관입니다. 군인 출신중에서 편관(7)이 많습니다. 권세, 완강, 의협심, 흉폭 권력, 살기, 추진력, 흠있는 남자, 끼있는 남자, 남자 애인 등을 의미합니다. 정관(8)은 정실남편을 의미합니다. 상관(4)이 편관(7)을 극하니, 남자운이 없습니다. 팔자가 셉니다. 소득이 없고 분주합니다. 직장운도 없습니다. 인덕도 없습니다. 빈곤하고 천박하고 병이 많고 단명하는 대흉한 운입니다.

말년운 받침자음은, 비견(1) - 정관(8) 명운 배합입니다.

정관(8)이 비견(1)을 극하고 있습니다. 비견(1)은 나 자신을 의미하는데, 정관(8)에게 극을 당하여 자존은 무너졌으나, 정관(8)에게 동화되어 힘을 보태주니, 정관(8)의 기운이 왕성해져서 정관(8)이 2개가 된 꼴이라서, 남자가 2명이라는 뜻과 같으므로, 후처 또는 재혼할 가능성이 많다는 것을 의미합니다. 부부간에 풍파가 많으며 이별수가 있습니다.

박복하고 주위의 도움이 없습니다. 사회생활을 하여야 합니다.

말년운 천간명운은, 편관(7) - 비견(1) 명운 배합입니다.

편관(7)이 비견(1)을 극하고 있습니다. 비견(1)은 나 지신인데, 극을 당하여 자존은 무너졌으나, 편관(7)에게 동화되어 힘을 보태주니, 편관(7)의 기운이 더욱 더 왕성해 졌습니다. 흠있는 남자와 사는 팔자입니다. 사회활동을 하여야 합니다. 남자역할을 하여야 합니다. 풍파가 많고 일생 애로가 많습니다.

말년운 지지명운은, 상관(4) - 정관(8) 명운 배합입니다.

상관(4)이 정관(8)을 극하고 있습니다. 정실남편운이 없습니다.

상관(4)은 정관(8)도 극하고, 천간명운에 있는 편관(7)도 극하고 있습니다. 정실남편운도 극하고, 흠있는 남자운도 극하니, 남자없이 혼자 살아야하는 팔자입니다. 대흉한 명운 배합입니다.

〈첨언〉

아버지와 어머니의 덕이 많아서 초년운과 중년운은 행복하게 살아갈 수 있었으나, 겁재(2)가 편재(5)를 극하여, 재물운과 아버지운이 점차 사라져 버려서 행복함이 줄어들기 시작하였습니다.

말년운은 관운(편관, 정관)을 극하는 대흉한 운이며, 직장, 직업, 남자, 재물운, 명예운이 없어서 혼자 외롭게 살아가며, 밖으로 나가서 돈을 벌어와야 하는 처지가 됩니다.

불행을 막는 방법을 찾아야 하는데, 겁재(2)를 억제하는 명운으로 재물탕진, 가정파괴, 패가망신하는 불행을 막고, 남자운을 극하는 명운 배합을 없애고, 새로운 이름을 지어 개명함으로서, 행복하게 살아가도록 해 주는 것이 좋은 방법입니다.

도금식 성명 풀이서

시기	천간명운	성명	지지명운
초년운	비견(1)	박	정재(6)
25~30세	편인(9)		상관(4)
중년운	겁재(2)	민	편재(5)
55~60세	정관(8)		비견(1)

시기	천간명운	성명	지지명운
말년운	식신(3)	중	정관(8)
60세이후	편재(5)		정인(10)

〈참고〉 1. 초년운, 중년운, 말년운의 시기는, 사람들의 수명에 따라
다르므로, 위의 시기는 참고용입니다.
2. 천간명운 : 태어날 때, 가지고 온 운입니다.
3. 지지명운 : 살아가면서 생기는 운입니다.

둘째 자녀인 아들 박민중님의 이름을 풀어 보겠습니다.

〈천간명운과 지지명운〉

천간명운이 지지명운을 극하고 있습니다. 조금전 따님은 지지명운이 천간명운을 극하고 있었지만, 이번에는 그 반대로 천간명운이 지지명운을 극하고 있네요. 이럴경우, 좋은 운을 극하면 불행해 지지만, 나쁜 운을 극하면, 나쁜 운이 좋은 운으로 변하여 흉변위길하니, 대성하고 행복해 집니다.

대부분, 좋은 운이 극을 당하여 불행해 졌습니다.

〈초년운〉

초년운 첫자음은, 비견(1) - 정재(6) 명운 배합입니다.

비견(1)이 정재(6)를 극하고 있습니다. 정재(6)의 특성은, 근면,

성실, 저축, 알뜰, 총명, 다재다능, 보수적, 고정재물, 본처 등이 있는데, 극을 당하여 재물복과 여자복이 없어져 버렸습니다.

형제간에 불화가 생깁니다. 욕심은 많으나 매사가 성사되기가 어렵습니다. 본처와 이별수가 있거나 결혼하기가 어렵습니다.

사업은 실패하고, 직장 생활은 길합니다.

초년운 받침자음은, 편인(9) - 상관(4) 명운 배합입니다.

편인(9)이 상관(4)을 극하고 있습니다. 상관(4)이 극을 당하여 나쁜 운이 사라지고 좋은 운으로 변하여 길한 운이 되었습니다.

재능을 살려 성공하는 운세입니다. 흉한 중에 길한 운이라서 재운도 따릅니다. 문예, 예술, 학문, 종교 방면에도 좋습니다.

편인(9)과 상관(4)은 두 명운 모두 나쁜 운이라서 비록 상관(4)의 나쁜 운이 억제되어도 나쁜 운이 모두 사라지지 않으므로 어떤 형태로든 불행은 닥치니, 매사 불행에 대비하여야 합니다.

초년운 천간명운은, 비견(1) - 편인(9) 명운 배합입니다.

비견(1) - 편인(9) 명운 배합의 특성은, 난세를 만나서 세상을 진동시키는 영웅운입니다. 그러나 평화시에는 평범한 사람입니다.

인내력이 대단하며 세력을 규합합니다. 이론에 밝습니다. 사고력이 심원합니다. 편인(9)은 식신(3)을 극하므로 의식주가 항상 불안하여 배가 허기져서, 남녀 불문하고 음식과 관련된 직종에서 근무를 많이 합니다. 고독한 개척자의 운입니다. 창조성이 강합니다.

초년운 지지명운은, 정재(6) - 상관(4) 명운 배합입니다.

정재(6)와 상관(4) 명운은 서로 상생하여 좋습니다. 정재(6) - 상관(4) 명운 배합의 특성은, 근면 성실로서 마침내 후반기에 성공하여 부귀를 누리는 흉한 중에 길한 운입니다. 직장 생활은 대길하나 사업은 대흉합니다. 본처와는 이별수가 있습니다. 성격이 까다롭고 괴팍합니다. 명예와 신용을 중히 여겨 신망을 얻습니다.

점차 안정된 위치를 확보하며 대기만성형입니다.

〈중년운〉

중년운 첫자음은, 겁재(2) - 편재(5) 명운 배합입니다.

겁재(2)가 편재(5)를 극하고 있습니다. 편재(5)의 특성은, 유동재물, 아버지, 애인, 후처, 선량, 인정, 활동성, 의리, 이성에 친절, 가무를 즐김, 주색에 잘 빠짐 등이 있는데, 극을 당하여 재물복이 사라져 버렸습니다. 여자복도 없어져 버렸습니다.

아버지와의 인연도 멀어져 버렸습니다. 하는 일마다 실패하고 좌절합니다.

부부풍파와 재물풍파가 항상 따라 다닙니다. 심신이 허약해 지고 온갖 병에 걸립니다.

중년운 받침자음은, 정관(8) - 비견(1) 명운 배합입니다.

비견(1)이 정관(8)에게 동화되어 힘을 보태주니, 정관(8)의 기

운이 왕성해 져서 대길한 운으로 변하였습니다. 관리의 품성으로
서 최고 지도자에 추앙받는 대길한 운입니다. 책임감이 강하고
순박한 성격입니다. 주변 사람들로부터 존경을 받습니다. 법규를
준수하고 명예를 중히 여깁니다. 화평를 추구하고 중용를 지향합
니다.

중년운 천간명운은, 겁재(2) - 정관(8) 명운 배합입니다.

정관(8)이 겁재(2)을 극하고 있습니다. 겁재(2)가 정관(8)의 받침
에 있어야 대길한 운인데, 정관(8)의 위에 있다보니, 겁재(2)의 나
쁜 운이 제대로 억제되지 않고 있습니다. 중년운 후반기부터는 정
관(8)의 기운에 가로막혀 겁재(2)의 나쁜 운이 더 이상 뻗지 못하여
다행입니다.

중년운 지지명운은, 편재(5) - 비견(1) 명운 배합입니다.

비견(1)이 편재(5)를 극하고 있습니다. 편재(5)는 좌측에 있는 겁
재(2)에게도 극을 당하고, 받침에 있는 비견(1)에게도 극을 당하여
완전히 운세가 사라져 버렸습니다. 재물운, 여자운, 아버지운, 활동
성, 선량함 등이 완전히 힘을 잃어 버렸습니다. 아버지의 이름 풀이
를 살펴볼 필요가 있습니다. 아버지에게는 자식운이 관운인데, 관
운이 극을 당하는 것과 건강에 이상이 없는가를 살펴보아야 합니
다. 중년운은 매우 불행한 운입니다.

⟨말년운⟩

말년운 첫자음은, 식신(3) - 정관(8) 명운 배합입니다.

식신(3)이 정관(8)을 극하고 있습니다. 정관(8)의 특성은, 권위, 명예, 책임감, 통솔, 지도자, 법률, 관청, 직장, 자식(딸) 등이 있는데, 극을 당하여 권위와 명예가 실추되었습니다. 직장운도 따르지 않아서 무직일 수가 있습니다. 자식운도 좋지 않아 자식에게 푸대접을 받습니다. 병고, 수술, 조난, 불구의 재앙도 있습니다.

말년운 받침자음은, 편재(5) - 정인(0) 명운 배합입니다.

편재(5)가 정인(10)을 극하고 있으나, 편재(5)는 아버지요, 정인(10)은 어머니이므로, 이상적인 만남이기 때문에 길한 운으로 봅니다. 무독하고 재운이 따릅니다. 이론이나 학문에 밝습니다.

말년운 천간명운은, 식신(3) - 편재(5) 명운 배합입니다.

이 명운 배합의 특성은, 주위에서 도움이 많고 성공 발전합니다.

어질고 넓은 도량을 가지고 있습니다. 재운이 좋아서 부귀합니다.

처음에는 고생하나 마침내 성공하여 복록을 얻습니다.

건강하고 장수하며 행복한 일생을 보냅니다.

말년운을 보면, 천간명운과 지지명운과 받침자음 명운 배합은 길하여 좋으나, 첫자음의 명운 배합은 흉합니다. 첫자음의 명운 배합의 운이 가장 중요한데, 흉하니, 불행하게 되었으나, 다행하게도 중년운 지지명운 받침자음에 있는 비견(1)이 정관에게 힘을 보태주어,

정관(8)의 운세가 살아남게 되니, 말년운이 좋아지게 되었습니다.

⟨첨언⟩

초년운과 중년운에서, 비견(1)과 겁재(2) 명운이, 편재(5)와 정재(6) 명운을 극하여, 재물운, 여자운, 아버지운이 없어져 버려서 불행한 삶이 되었는데, 여기에다가 초년운 받침자음에 있는 편인(9) - 상관(4) 두 나쁜 명운이 만나서 더욱 더 불행하게 만들어 버렸습니다.

초년운과 중년운은 무척 힘들고 고통스럽게 살아 갑니다.

다행히도 말년운은 좋아서 건강과 명예, 권위, 재물운, 복록을 누릴 수가 있습니다.

불행한 초년기, 중년기를 어떻게 살아갈 것인가 걱정됩니다.

개명을 하여 불행한 삶을 해결해 주는 것이 좋을 것 같습니다.

도금선생 : 지금까지 네 분의 이름풀이를 했습니다. 궁금한 점이 있나요?

이윤정 : 선생님, 잘 들었습니다. 제 남편과 제 이름풀이를 듣고보니, 정말 이름대로 살아온 것 같습니다. 어찌, 이름에 사람의 인생이나 운명이 들어 있는지, 참으로 신기하고 기가 막히네요.

저희 부부는 잘 살아 볼려고 밤 늦게까지 열심히 일하며 살아 왔고, 이제는 남 부럽지 않게 재물도 모으고, 명예와 권위도 누리고 사는데, 왜 저희 자식들에게는 불행한 운들이 많이 있습니까?

도금선생 : 네, 조금 전에 두 분의 이름을 설명할 때, 말씀드렸지만, 자식의 운도 부모의 이름에서 찾아볼 수가 있지요.

이윤정님의 명운을 보면, 초년운은 편인(9)인데, 편인(9)의 특성은, 식신(3)을 극하는 것이지요. 식신(3)은 식록을 의미하지만, 자식운도 의미합니다. 편인(9)이 자식운을 극하고 있는데, 자식이 잘 될리가 없지요. 그리고 중년운과 말년운을 보면, 정관(8), 정인(10), 정재(6) 명운으로 구성되어 있는데, 남편, 어머니, 재물운으로만 되어 있답니다. 여기서도 자식운은 없답니다. 특히, 남편운(정관)이 매우 강한데, 정관(8) 명운은 자식운(식신)을 매우 싫어한답니다.

다음은 남편이신 박준서님의 명운을 보겠습니다.

남자는 자식운이 관운입니다. 편관(7)은 아들이요, 정관(8)은 딸입니다. 초년운을 보면 편관(7)이 있는데, 아들운입니다. 초년운에는 강한 편인(9) 명운도 있습니다.

편인(9)은 자식운을 극하는 운이라서 자식운이 불안한 상태에 놓여 있었던 것입니다.

중년운을 보면, 정관(8) 명운이 있으며, 자식(딸)을 의미합니다.

정관(8)이 위쪽에서 상관(4)에게 극을 당하고 있고, 우측에서도 상관(4)에게 극을 당하고 있습니다. 비록 정인(10)이 상관(4)을 극하고 있지만, 상관(4)의 나쁜 운을 완전히 제거하지는 못합니다.

상관(4)이 위와 옆에서 정관(8)을 극하니, 딸에게 불행한 일이 생기는 것입니다.

그리고 말년운도 보면, 편인(9)이 식신(3)을 극하고 있는데, 식신(3)은 자손을 의미합니다. 자손이나 자식이나 같은 핏줄이므로 극을 당한다는 것은 자식에게 해가 간다는 것을 의미하기도 합니다.

이처럼 가족의 운들이 서로 연결되어 있답니다.

이윤정 : 선생님, 그러면 어떻게 하면 좋겠습니까?

도금선생 : 네 분의 이름을 모두 개명하면 좋을 것 같아요.

이윤정 : 개명을 해요? 지금 부동산이나 은행거래, 각종 인,허가 등의 관공서 문서에 우리 부부 이름이 다 기록되어 있는데, 개명하면 아니되는 것 아닙니까?

도금선생 : 네, 개명하면 모든 행정서류나 계약서, 금융 관계, 통장, 홈쇼핑, 인터넷 사용, TV계약서, 등에 적힌 이름을 변경해야 하니까 문제가 발생합니다. 하지만, 조금 귀찮고 처음에 조금 불편할 뿐입니다. 시간 날 때마다 하나씩 변경해 나가면 됩니다.

아무리 늦어도 6개월 이내에는 모두 변경할 수 있습니다. 자식과 가족과 본인의 행복을 위하여 그 정도의 수고스러움은 감수할 수 있지 않을까요?

이윤정 : 네, 그럼 이왕 왔으니, 저희 가족 모두 이름을 바꾸어 주세요. 새 이름을 가지고 가서 남편과 상의한 후, 개명 여부를 결정하면 되니까요.

도금선생 : 네, 알겠습니다. 자제분들은 지금 사용하고 있는 이름의 운들이 더 굳어지기전에 빨리 개명해 주는 것이 좋을 것 같습니다. 네 분의 이름을 새로 지을테니 기다려 주세요.

방정숙 : 선생님, 복많은 좋은 이름으로 지어 주세요. 부탁드립니다.

도금선생 : 네, 걱정마시고, 편안히 기다려 주세요.

〈어떻게 하면 네 가족이 행복하게 살아갈 수 있을까를 곰곰히 생각해 본다. 가장인 박준서님은 지지명운이 천간명운을 극하고 있으므로 자식운을 강하게 하면 재물운이 극을 당할 것이고, 아내인 이윤정님은 천간명운과 지지명운이 같아서 명운의 기운이 매우 강하므로 자식운이 많으면 도리어 화가 미칠 것이기 때문에, 두 분 모두 신중하게 이름을 지어야할 분이라서 여러가지 경우를 따져 보아야 한다. 두 자제분은 성에서부터 좋은 운이 극을 당하고 있으니, 이런 악운을 막고 끊어야 한다〉

도금선생 : 자, 네 분의 새 이름을 다 지었습니다. 한 분씩 설명 드릴께요.먼저 가장이신 박준서님부터 설명드리겠습니다.

도금식 성명 풀이서

시기	천간명운	성명	지지명운
초년운 ―――― 25~30세	비견(1) 편인(9)	박	편관(7) 편재(5)
중년운 ―――― 55~60세	상관(4)	재	정인(10)

시기	천간명운	성명	지지명운
말 년 운 60세이후	겁재(2)	무	정관(8)

〈참고〉 1. 초년운, 중년운, 말년운의 시기는, 사람들의 수명에 따라
다르므로, 위의 시기는 참고용입니다.
2. 천간명운 : 태어날 때, 가지고 온 운입니다.
3. 지지명운 : 살아가면서 생기는 운입니다.

가장이신 박준서님의 새 이름 박재무님의 이름풀이를 해 보겠습니다.

〈천간명운과 지지명운〉

지지명운이 천간명운을 극하고 있습니다. 이럴경우, 좋은 운을 극하면 불행해 지고, 나쁜 운을 극하면 나쁜 운이 좋은 운으로 변하여 흉변위길하니, 대성하고 행복해 집니다.

〈초년운〉

초년운은 기존 이름 박준서님의 초년운과 같습니다.

첫자음의 명운 배합, 받침자음의 명운 배합, 천간명운, 지지명운이 모두 길하여 대길한 운입니다. 진취성이 강하고, 창의적이며, 재

물운도 따르며, 개척정신이 강합니다.

〈중년운〉

중년운은, 상관(4) - 정인(10) 명운 배합입니다.

정인(10)이 상관(4)을 극하고 있습니다. 상관(4)의 나쁜 운이 극을 당하여 좋은 운으로 변하니, 대길한 운이 되었습니다.

부귀가 따르고 명성을 얻습니다. 복록이 많아서 경사스러운 일이 발생합니다. 대중에게 인기가 있습니다. 지혜가 뛰어나고 장수 행복합니다.

〈말년운〉

말년운은, 겁재(2) - 정관(8) 명운 배합입니다.

정관(8)이 겁재(2)를 극하고 있습니다. 겁재(2)가 극을 당하여 불손한 성격이 고상한 성격으로 변하였습니다. 만인을 통솔하는 지도자격 운입니다. 위정자의 운이 뛰어납니다. 손실이 이득이 되며 부귀도 따릅니다. 성공이 순탄하고 입신양면합니다. 자식(딸)복이 많습니다. 기존의 이름에는 자식운(딸)이 극을 당하여, 자식에게 나쁜 운이 생겼었는데, 개명을 하면 자식에게 좋은 운이 생길 것입니다.

<첨언>

지지명운이 천간명운을 극하고 있기 때문에, 잘못된 명운을 선택하였다간 불행을 겪습니다. 따라서 받침자음은 빼버리고 간단 명료하게 첫자음으로 나쁜 운을 극하는 명운 배합으로 하였습니다.

자식운을 좋게 하여, 자식들이 잘 되도록 하였습니다. 관운과 재운이 좋아도 자식운이 좋은 것이 더 좋습니다.

도금식 성명 풀이서

시기	천간명운	성명	지지명운
초년운 25~30세	편인(9)	이	편인(9)
중년운 55~60세	정관(8) 정인(10)	윤	정관(8) 정인(10)
말년운 60세이후	편재(5) 식신(3)	심	편재(5) 식신(3)

<참고> 1. 초년운, 중년운, 말년운의 시기는, 사람들의 수명에 따라 다르므로, 위의 시기는 참고용입니다.

2. 천간명운 : 태어날 때, 가지고 온 운입니다.

3. 지지명운 : 살아가면서 생기는 운입니다.

이윤정님의 새 이름 이윤심님의 이름풀이를 해 보겠습니다.

〈천간명운과 지지명운〉

천간명운과 지지명운은 같습니다. 이럴경우, 명운의 기운이 매우 강합니다. 좋은 이름으로 살아가면 더욱 더 행복해 지고, 나쁜 이름으로 살아가면 더욱 더 불행해 집니다.

〈초년운〉

초년운은, 편인9) - 편인(9) 명운 배합입니다.

기존 이름과 같으며, 편인(9)이 나쁜 운이므로 불우한 시절을 보냈습니다.

〈중년운〉

중년운 첫자음은, 정관(8) - 정관(8) 명운 배합입니다.

기존 이름과 같으며, 정실남편운이 강하게 있습니다.

중년운 받침자음은, 정인(10) - 정인(10) 명운 배합입니다.

기존 이름과 같으며, 어머니운과 복록, 지혜운이 강하게 있습니다.

중년운 천간명운과 지지명운은 모두 정관(8) - 정인(10) 명운 배합입니다. 지, 덕을 겸비한 지도자의 운입니다. 남을 리더하고 가르치는 일을 하면, 대성합니다.

〈말년운〉

말년운 첫자음은, 편재(5) - 편재(5) 명운 배합입니다.

편재(5)의 특성은, 유동재물, 아버지, 선량, 인정, 봉사, 친절, 활동성, 유희 등이 있는데, 중년운과 잘 어울리도록 하고, 자식운을 좋게 하기 위해서 선택한 명운입니다.

말년운 받침자음은, 식신(3) - 식신(3) 명운 배합입니다.

식신(3)의 특성은, 식록, 영양의 신, 건강, 장수, 자식, 낙천적, 가무, 정신적, 심리적, 감성적, 예술적, 종교적 재능이 뛰어남 등이 있습니다. 초년운에 있는 편인(9)의 나쁜 운을 보강하기 위해서 식신(3)을 선택하여, 건강과 자식운을 누리도록 하였습니다.

말년운 천간명운과 지지명운은, 편재(5) - 식신(3) 명운 배합입니다.

아버지와 자식이 만났으므로 서로 상생하여 대길한 운입니다.

편재(5) - 식신(3) 명운 배합의 특성은, 재운이 따릅니다. 건강 장수합니다. 자식운이 좋으며, 자식중에 효자가 있어 행복합니다.

남편이 부귀영달합니다. 복록이 많고 일생 안락합니다. 주위에서 도움이 많아서 성공이 순조롭습니다. 분주다사합니다.

〈첨언〉

이윤심님은 천간명운과 지지명운이 같아서 명운의 기운이 매우 강합니다. 좋은 이름으로 살아가면, 행복과 성공이 배가 될 것이며,

나쁜 이름으로 살아가면 불행과 실패가 배가 됩니다. 그러므로 이름을 잘 지어야 합니다.

기존 이름인 이윤정의 말년운에 있는, 정재(6) - 정관(8) 명운 배합을, 편재(5) - 식신(3) 명운 배합으로 바꾸었습니다. 바꾼 이유는, 정재(6) 명운일 때는, 정재(6)가 정인(10)을 극하여 복록과 어머니 운이 중단되어서 불행해질 수 있었기 때문입니다.

정관(8)을 식신(3)으로 바꾼 이유는, 정관(8)은 정실남편을 의미하는데, 중년운 첫자음에 강한 정관(8)이 있으므로, 또 정관(8)이 나타나면 정실남편이 둘이나 되는 꼴이라서, 남편에게 좋지 않은 일이 생길 수 있으므로, 정관(8)을 없애고 자식운을 의미하는 식신(3)을 넣은 것입니다.

그리하여, 남편운, 자식운, 어머니운, 아버지운, 재물운, 건강운, 장수운, 복록운, 지혜운 등을 누리도록 하였습니다.

다음은 첫째 자녀인 박효신님의 새 이름을 알아 보겠습니다.

도금식 성명 풀이서

시기	천간명운	성명	지지명운
초년운	편재(5)	**박**	겁재(2)
25~30세	식신(3)		정인(10)

시기	천간명운	성명	지지명운
중년운 55~60세	비견(1)	**다**	정관(8)
말년운 60세이후	정인(10)	**희**	정재(5)

〈참고〉 1. 초년운, 중년운, 말년운의 시기는, 사람들의 수명에 따라 다르므로, 위의 시기는 참고용입니다.

2. 천간명운 : 태어날 때, 가지고 온 운입니다.

3. 지지명운 : 살아가면서 생기는 운입니다.

박효신님의 새 이름 박다희님의 이름풀이를 해 보겠습니다.

〈천간명운과 지지명운〉

지지명운이 천간명운을 극하고 있습니다.

〈초년운〉

기존 이름인 박효신의 초년운과 같습니다.

〈중년운〉

중년운은, 비견(1)- 정관(8) 명운 배합입니다.

정관(8)이 비견(1)을 극하고 있습니다.

비견(1)은 재물운(편재,정재)을 극하지만, 다른 명운을 만나면, 그 명운에 동화되어 힘을 보태주는 명운입니다.

따라서 비견(1)은 정관(8)을 만나서 정관(8)에게 동화되어 힘을 보태주고 있습니다.

정관(8)은 운세가 더욱 더 왕성해 져서 대길한 운으로 변하였습니다.

정관(8)의 특성인, 권위, 명예, 관리, 문관, 관청, 법률, 지도자, 직장 운들이 왕성해 졌습니다. 정관(8)은 여자에게는 정실남편을 의미하기도 합니다.

정실 남편운이 강하게 있습니다.

비견(1)이 힘을 보태주어 혹여나 정실남편이 둘이나 될 수 있으니, 처음 만난 남편에게 잘 해주어 평생해로 하시길 바랍니다.

중년운에 강한 정관(8)의 운이 있으므로, 관청이나, 공무원, 법률계통, 관리자 등에 진출한다면 큰 성공을 거둘 것입니다.

비견(1) - 정관(8) 명운 배합의 특성은, 순박하고 책임감이 강하며 명예가 따릅니다. 법규에 순응합니다. 집안을 중흥시킵니다. 지도자, 수령운입니다. 대업을 달성하고 명성을 떨칩니다.

〈말년운〉

말년운은, 정인(10) - 편재(5) 명운 배합입니다.

정인(10)은 어머니요, 편재(5)는 아버지이므로, 이상적인 부부의 만남이니까 길한 운으로 봅니다.

아버지와 어머니의 덕이 많습니다. 무독합니다. 재물복도 따릅니다. 복록이 많고 건강 장수합니다.

〈첨언〉

기존 이름인 박효신님의 말년운에, 남자운을 극하는 명운 배합을 모두 없애 버리고, 또 초년운에 있는 겁재(2)를 억제하기 위하여 중년운에 강한 정관(8)을 넣었습니다. 정관(8)을 넣으니, 자연히 정실 남편운이 생겼습니다.

나쁜 운은 제압하던가 없애 버리고, 좋은 명운 배합으로 채워서 초년운, 중년운, 말년운이 잘 조화되도록 하여, 행복하게 살도록 하였습니다. 좋은 이름으로 바꾸었으니, 이제 본인이 열심히 노력하며 잘 살아가는 일만 남았습니다.

다음은 둘째 자녀인 박민중님의 새 이름을 풀어 보겠습니다.

도금식 성명 풀이서

시기	천간명운	성명	지지명운
초년운	비견(1)	박	정재(6)
25~30세	편인(9)		상관(4)
중년운	정인(10)	권	식신(3)
55~60세	정관(8)		비견(1)
말년운	편재(5)	율	정인(10)
60세이후	편관(7)		겁재(2)

〈참고〉 1. 초년운, 중년운, 말년운의 시기는, 사람들의 수명에 따라
　　　　　 다르므로, 위의 시기는 참고용입니다.

　　　　2. 천간명운 : 태어날 때, 가지고 온 운입니다.

　　　　3. 지지명운 : 살아가면서 생기는 운입니다.

둘째 자녀 박민중님의 새 이름 박권율님의 이름풀이입니다.

〈천간명운과 지지명운〉

천간명운이 지지명운을 극하고 있습니다. 이럴경우, 좋은 운을
극하면 불행해 지고, 나쁜 운을 극하면, 나쁜 운이 좋은 운으로 변
하여 흉변위길하니, 대성하고 행복해 집니다.

〈초년운〉

초년운은 기존 이름인 박민중님과 같으며 흉한 운입니다.

〈중년운〉

중년운 첫자음은, 정인(10) - 식신(3) 명운 배합입니다.

두 명운은 서로 좋은 운이라서 길한 운이 되었습니다. 정인(10) - 식신(3) 명운 배합의 특성은, 복록이 많습니다. 지혜, 지식, 학문, 예술, 종교, 의학 분야에 뛰어난 재능을 가졌습니다. 어머니의 운이 강합니다. 건강, 장수하며 매우 낙천적입니다. 오복을 가지는 대길운입니다. 지,덕을 갖추고 있으며 군자 대인의 성격입니다.

다방면으로 성공하고 집안의 번영을 이끌며 생애가 안락합니다.

중년운 받침자음은, 정관(8) - 비견(1) 명운 배합입니다.

정관(8)이 비견(1)을 극하고 있으나, 비견(1)이 정관(8)에게 동화되어 힘을 보태주니, 정관(8)의 기운이 왕성해 져서 대길한 운으로 변하였습니다. 정관(8) - 비견(1) 명운 배합의 특성은, 권위, 명예가 따르고, 조직, 단체, 직장의 장으로 추앙받습니다.

법규, 규칙, 질서를 지키고, 기존의 조직 문화를 옹호합니다.

책임감이 강하며 순박합니다. 집안을 중흥시킵니다. 지도자의 운으로 명성을 떨칩니다.

중년운 천간명운은, 정인(10) - 정관(8) 명운 배합입니다.

지혜, 복록의 운과 관운이 만나서 대길한 운이 되었습니다. 지, 덕을 겸비한 지도자의 운입니다.

권리가 많고, 주위에서 도와주는 사람이 많고, 매사가 순조로우며, 성공 발전합니다. 집안을 빛냅니다.

중년운 지지명운은, 식신(3) - 비견(1) 명운 배합입니다.

두 명운은 상생상합하여 대길한 운이 되었습니다. 식신(3) - 비견(1) 명운 배합의 특성은, 매우 건강하고 낙천적이며 장수합니다.

부귀가 따릅니다. 주위의 도움이 많습니다. 감수성이 예민하며, 문예, 예술, 종교적인 방면에 탁월한 재능이 있습니다. 한 성질합니다. 까다로운 성질을 조심하고 유순하게 변모하여야 합니다.

〈말년운〉

말년운 첫자음은, 편재(5) - 정인(10) 명운 배합입니다.

편재(5)는 아버지요, 정인(10)은 어머니이므로, 두 분의 만남은 이상적인 부부의 만남이므로 길한 운으로 봅니다.

편재(5) - 정인(10) 명운 배합의 특성은, 아버지와 어머니의 덕이 많습니다. 재복운도 따르고 소원을 성취합니다. 학문, 문학, 이론, 종교 분야에 탁월한 재능이 있습니다.

유동재물운도 있어서 사업능력도 좋습니다. 무독합니다. 건강 장수합니다.

말년운 받침자음은, 편관(7) - 겁재(2) 명운 배합입니다.

편관(7)이 겁재(2)를 극하고 있습니다. 나쁜 운인 겁재(2)가 극을 당하여, 나쁜 운이 사라지고 좋은 운으로 변하여 흉변위길하니, 대길한 운으로 변하였습니다.

편관(7) - 겁재(2) 명운 배합의 특성은, 통솔자의 운입니다. 한번 잘 풀리면 파죽지세로 성공합니다.

대담하며, 뛰어난 지략과 책모가 있습니다. 난세를 헤쳐가고 해결하는 리더자입니다. 승부욕이 강합니다. 명예를 매우 중히 여기며 책임감이 투철합니다. 재물을 가벼이 여깁니다.

말년운 천간명운은, 편재(5) - 편관(7) 명운 배합입니다.

재운과 관운이 만나서 대길한 운이 되었습니다. 편재(5) - 편관(7) 명운 배합의 특성은, 명예가 높고, 권리가 많으며, 성공이 순조롭고, 하고자하는 일을 기필고 성취합니다.

경사가 많으며, 주위의 도움도 많습니다. 부귀가 따릅니다. 가운이 번창합니다.

자립 대성하는 운입니다. 주색을 좋아합니다. 주색으로 몸이 망가질 수도 있습니다.

말년운 지지명운은, 정인(10) - 겁재(2) 명운 배합입니다.

겁재(2)가 정인(10)에게 동화되어 힘을 보태주니, 정인(10)의 기운이 더욱 왕성해 져서 대길한 운이 되었습니다.

정인(10) - 겁재(2) 명운 배합의 특성은, 복록이 날로 늘어납니다. 부귀가 따르며 명성을 크게 날립니다. 주위로부터 도움이 많습니다. 문학, 지식, 이론, 학문, 예술, 종교 등에 탁월한 재능이 있습니다. 육친애가 강하여 가족간 유대를 중히 여깁니다. 집안을 번성시킵니다.

복수쌍전(복과 수명)하는 대길한 운입니다.

⟨첨언⟩

초년운은 재물운과 여자운이 극을 당하여 불행한데다, 나쁜 운인 편인(9)과 상관(4)이 있어서 그 불행의 강도가 심하여 힘겨운 시절을 보낼 것입니다. 태어나기전에 이미 주어진 성의 명운이라서 어쩔 수가 없습니다.

그러나, 중년운과 말년운은 매우 길한 운으로 구성되어 있습니다.

자신감을 가지고 인생을 살아간다면, 하고자하는 일들이 성취될 것이고, 명예와 권위, 부귀를 누릴 것이며, 여자복과 자식복도 좋아서, 가정적으로도 행복하게 살아갈 것입니다.

하니, 자신감을 가지고 살아 가세요.

도금선생 : 지금까지 네 분의 새 이름을 설명하였습니다. 잘 들었습니까?

이윤정 : 선생님의 설명을 들으니, 저희 가족 모두가 앞날에 행복한 삶을 살아갈 수가 있겠다는 느낌이 들었습니다. 과연, 이름 풀이대로 가족들이 행복하게 살아갈 수가 있을까? 의심이 되기도 하지마는요, 기분은 좋네요.

방정숙 : 얘야, 선생님 말씀을 믿어라. 너의 아버지와 나도 이름풀이를 했는데, 이름대로 지금까지 살아가고 있단다. 나도 이름풀이를 듣고 깜짝 놀랐어.

도금선생 : 네, 설마 하시겠죠, 저도 젊었을 때는 이름이 무슨 인생살이에 영향을 미치겠는가, 하면서 불신하고, 내가 노력하는 대로 인생은 그대로 될 것이다, 라고 생각하며 살아 왔는데, 살아보니까, 이름대로 살아가는 것을 느낄 수 있었고, 지금까지 수많은 사람들의 이름을 풀어보니, 대부분의 사람들이 자기 이름의 명운대로 살아가고 있다는 것을 알 수 있었답니다.

그러니, 그런 걱정, 의심은 품지 마시고, 긍정적이고 또 적극적으로 자기의 이름을 믿고 희망차게 살아 보세요. 좋은 삶이 될 것입니다.

이윤정 : 잘 알겠습니다. 참으로 고맙습니다. 제 자식들의 운명이 이리 불행한 줄 몰랐는데, 선생님 말씀을 듣고는 깜짝 놀랐고, 그리고 해결해 주기 위하여 새 이름

을 지어 주시니, 어찌, 은혜를 갚아야할 지 모르겠습니다. 참, 비용이 얼마라 그랬지요?

도금선생 : 네, 이름풀이 비용이 한 사람당 100,000원이고, 작명비용이 한사람당 200,000원입니다. 네 사람이니, 합해 1,200,000원입니다. 많이 들지요. 좀 깎아 드릴까요?

이윤정 : 아닙니다. 지식재산 값이 물건 값보다 비쌉니다. 하물며, 인생, 삶, 행복, 불행이 직접 관여된 이름에 대해서는 그 가치를 따질 수 없다고 생각해요. 여기 2,000,000원 드리겠습니다. 전에 저희 부모님 이름풀이도 해 주시고 해서 그 비용도 같이 드립니다.

도금선생 : 아니!, 이렇게 많이 주시면 부담되지 않습니까?

이윤정 : 아니에요, 이름난 작명소에는 한사람당 작명비용을 1,000,000원 이상 받고 있답니다. 그런 곳도 가 보았어요. 그런데 선생님의 작명과 설명이 무척 마음에 든답니다. 그러니 부담갖지 마시고 받아 주세요. 저희는 경제적으로 좀 여유가 있답니다.

많이 드린 것도 아니고 조금 더 드린 것인데 저희는 괜찮습니다.

방정숙 : 선생님, 그냥 받아 주세요, 이렇게 좋은 이름을

지어 주셨는데, 저희 가족들이 고맙지요, 자, 받아 주세요.

도금선생 : 아, 네, 그렇다면 고맙게 받겠습니다. 요긴하게 쓰겠습니다. 여기 기존의 이름 풀이서와 새로운 이름 풀이서를 가지고 가세요.

이윤정 : 네, 선생님 고맙습니다. 우리는 이제 가 보겠습니다. 안녕히 계세요.

방정숙 : 선생님, 안녕히 계세요.

도금선생 : 네, 다들 잘 가시고 행복하게 사십시요.

〈방정숙 할머니와 따님이신 이윤정님이 가시고 난 후, 이 분들의 가족이 모두 잘 되어, 행복한 삶을 살아갈 수 있도록 신께 기도해 본다.

부부가 이제 경제적으로는 안정되고, 사회적으로 권위와 명예를 얻었으니, 미래에 자식들이 잘 되어서 행복하게 살아가면 보람된 삶이 될텐데, 자식들의 운이 나쁘므로 반드시 개명하여 새로운 삶을 살아 가도록 해야 하는데, 박준서님과 자식들이 반대할까 봐, 걱정이 된다. 잘 되야 될텐데〉

〈해질 무렵, 똑! 똑! 똑! 출입문을 노크하며 노인과 소녀가 왔다〉

15.

용기있는 여학생의 개명

후천적 운명인 이름은 바꿀 수가 있다.
따라서 운명도 바꿀 수가 있는 것이다.

정혜성 : 선생님, 안녕하세요? 정혜성이에요.

도금선생 : 아니! 이게 누구십니까? 정혜성 학생이 아닙
니까? 반가와요.

정혜성 : 선생님, 여기 계시는 분이 제 할아버지에요.

도금선생 : 처음 뵙겠습니다. 잘 오셨습니다. 박도금이
라고 합니다.

할아버지 : 예, 선생님, 제 손녀에게 선생님 말씀을 많이
들었습니다.

저는 정철수입니다. 만나뵙게 되어서 반갑습니다.

도금선생 : 자, 두 분, 이 쪽으로 앉으세요. 그래, 고민을
좀 하셨습니까?

정철수 : 예, 선생님이 풀어주신 제 손녀 이름을 보고,
이렇게 살아서는 아니되겠다 싶어서 개명하기로 결정
했답니다.

도금선생 : 참, 잘 결정하셨습니다. 나쁜 운을 가진 이름이라면, 나쁜 기운이 굳어지기 전에 하루라도 빨리 이름을 바꾸어서 새 인생을 살아 가도록 해 주는 것이 좋겠지요.

정철수 : 선생님, 제 손녀 이름을 잘 지어 주세요. 제 손녀가 행복하게 살아가는 것이 소원입니다. 잘 부탁드립니다.

도금선생 : 정혜성 학생도 새 이름을 가지는 것이 좋겠지요?

정혜성 : 네, 선생님, 새 이름으로 새롭게 제 삶을 살아가고 싶어요. 빨리 만들어 주세요.

도금선생 : 자, 그럼, 차 한잔 하면서 좀 기다려 주세요.

〈정혜성 학생의 운은, 지지명운이 천간명운을 극하고 있는데, 초년운의 첫자음과 말년운의 첫자음이 정인(10) - 정재(6) 명운 배합으로서, 정재(6)가 정인(10)을 극하여, 복록의 신인 정인(10) 명운의 운세가 크게 억압당하여 전혀 복록이 없게 되었으므로, 이 명운 배합을 없애 주고, 중년운에 있는 비견(1) - 편관(7) 명운 배합의 강한 살기를 없애 주어야 한다〉

도금선생 : 자, 새 이름을 지었습니다. 여기로 오세요.

도금식 성명 풀이서

시기	천간명운	성명	지지명운
초년운	정인(10)	정	정재(6)
25~30세	겁재(2)		정관(8)
중년운	편인(9)	수	편재(5)
55~60세			
말년운	상관(4)	림	정인(10)
60세이후	편관(7)		식신(3)

〈참고〉　1. 초년운, 중년운, 말년운의 시기는, 사람들의 수명에 따라
　　　　　　다르므로, 위의 시기는 참고용입니다.

　　　　2. 천간명운 : 태어날 때, 가지고 온 운입니다.

　　　　3. 지지명운 : 살아가면서 생기는 운입니다.

정혜성 학생의 새 이름 정수림 이름에 대하여 풀어 보겠습니다.

〈천간명운과 지지명운〉

지지명운이 천간명운을 극하고 있습니다. 이럴경우, 좋은 운을 극하면 불행해 지고, 나쁜 운을 극하면, 나쁜 운이 좋은 운으로 변하여 흉변위길하니, 대성하고 행복해 집니다.

천간명운과 지지명운이 서로 극을 할 때에는, 극을 하는 명운쪽이

주도권을 쥐고 있습니다. 따라서 지지명운이 주도권이 있습니다.

〈초년운〉

초년운은 기존 정혜성 학생의 초년운과 같습니다.

초년운 첫자음에 있는 정인(10) - 정재(6) 명운 배합이 문제입니다.

정재(6)가 정인(10)을 극하고 있으니, 온갖 복록이 사라지고, 지혜, 지식, 어머니, 유순함, 수명, 장수 운들이 악화되었습니다.

〈중년운〉

중년운은, 편인(9) - 편재(5) 명운 배합입니다.

편재(5)가 편인(9)을 극하고 있습니다. 편인(9)의 특성은, 실패, 좌절, 중도포기, 유시무종, 도식(밥그릇을 엎어버림), 건강해, 자식해, 파재, 병재, 창조, 창의적인 발상, 난세의 영웅운, 고독한 개척자, 변화, 혁신, 구속을 싫어함, 방랑 등이 있으며, 나쁜 운입니다.

이런 나쁜 운이 극을 당하여 좋은 운으로 변하였습니다.

편인(9) - 편재(5) 명운 배합의 특성은, 목적을 달성합니다.

초기에는 고생하나 말년에는 평안하고 행복합니다. 재물운도 있습니다.

창의적이고 개혁적인 일을 잘 완수합니다. 생활력이 매우 강합니다. 건강하며 장수합니다. 자식덕도 있습니다. 화기가 와서 부귀영달합니다.

복록도 따릅니다. 만약 아버지가 살아 있다면 아버지와의 재회도 이루어질 것입니다.

분주다사하며 활력있는 생활을 영위할 것입니다. 길상이 찾아와서 매사 성공하고 행복합니다.

〈초년운과 중년운의 연결 운세〉

극을 하는 지지명운이 주도권을 가지고 있으니, 지지명운 위주로 설명하겠습니다.

초년운 지지명운 받침자음은 정관(8)이고, 중년운 지지명운은 편재(5)입니다.

정관(8) - 편재(5) 명운 배합인데, 관운과 재운이 만나서 대길한 운이 되었습니다. 이 명운 배합의 특성은, 정실남편 운이 좋습니다.

재운이 정실남편을 도와서 정실남편이 출세를 합니다. 재복이 많습니다.

인격이 고상하고 지도자격 운입니다. 사업도 무난합니다. 처세에 탁월합니다.

명예를 중히 여기며 신망이 두텁습니다.

초년운 지지명운 첫자음은 정재(6)이고, 중년운 지지명운은 편재(5)입니다.

정재(6) - 편재(5) 명운 배합인데, 재운이 모두 만난 격이니, 재물 복이 차고 넘칩니다.

재물이 죽을 때까지 떨어지지 않습니다.

재물은 모두가 좋아하는 것이므로, 재물로 인하여 불행이 닥칠 수도 있으니, 항상 재물관리를 철저히 하고, 재물 자랑하지 말고, 사기꾼나 도둑들을 조심하여야 합니다. 그래서 재물운을 길중 흉운 이라고도 합니다.

〈말년운〉

말년운 첫자음은, 상관(4) - 정인(10) 명운 배합입니다.

정인(10)이 상관(4)을 극하고 있습니다. 상관(4)의 특성은, 비관, 반항, 실패, 염세주의, 허무, 망신, 비난, 증오, 구속을 싫어함, 정신적, 심리적, 감성적, 예술적, 종교적인 재능이 탁월함, 성질이 까다로움, 자식 등이 있으며, 나쁜 운입니다. 이런 나쁜 운이 극을 당하여 좋은 운으로 변하니, 흉변위길하여 대길한 운이 되었습니다.

상관(4) - 정인(10) 명운 배합의 특성은, 복록이 따르고 명예가 크고 경사가 많습니다. 지혜가 뛰어납니다. 부귀 영화를 누립니다.

명성을 얻습니다. 장수하며 행복을 누립니다. 대중이 우러러 봅니다.

말년운 받침자음은, 편관(7) - 식신(3) 명운 입니다.

식신(7)이 편관(7)을 극하고 있습니다. 편관(7)은 야성적인 관운이며, 무관입니다.

권세, 완강, 의협심, 투쟁심, 흠있는 남자 등의 특성이 있는데, 특히 살기나 귀기가 강합니다. 말년에 살기나 귀기, 흠있는 남자는 멀리하는 것이 좋습니다. 차라리 극을 하는 것이 좋를 때가 있습니다. 편관(7)을 극함으로서 식신(3)을 얻었습니다.

말년운 지지명운은, 정인(10) - 식신(3) 명운 배합입니다.

두 명운은 서로 좋은 운이라서 대길한 운이 되었습니다. 이 두 명운 배합의 특성은, 오복을 가지는 대길한 운입니다. 건강, 장수하며 일생이 안락합니다. 지혜, 지식, 문예, 학문, 예술, 종교, 의료계통에 탁월한 재능이 있습니다. 어질고 모성본능이 강합니다.

식록도 많으며 가운도 번성하게 합니다. 자식복도 많습니다.

〈중년운과 말년운의 연결 운세〉

중년운 지지명운은 편재(5)이고, 말년운 첫자음은 정인(10)입니다.

편재(5) - 정인(10) 명운 배합인데, 편재(5)는 아버지요, 정인(10)은 어머니이므로, 두 분의 만남은 이상적인 부부의 만남이니, 길한 운으로 봅니다.

두 명운 배합의 특성은, 무독합니다. 재운이 따릅니다. 복록이 많고 지혜가 풍부합니다. 건강 장수합니다.

중년운 지지명운은 편재(5)이고, 말년운 지지명운 받침자음은 식신(3)입니다. 편재(5) - 식신(3) 명운 배합인데, 두 명운은 서로 상생하여 대길한 운이 되었습니다. 두 명운 배합의 특성은, 주위의 도움이 많고 권리가 많으며, 성공이 순조롭습니다. 재운이 많습니다. 자녀복도 많습니다. 남편도 출세합니다.

도금선생 : 지금까지 새 이름을 풀어 보았는데, 새 이름의 핵심은, 지지명운이 천간명운을 극할 때, 나쁜 운을 극하도록 하여 흉변위길토록 하였으며, 초년운과 중년운, 중년운과 말년운이 서로 상생상합하여 길한 운이 되게 한 것입니다.

그리하여 전체적으로 인생살이가 잘 풀리고, 건강, 장수, 재운, 남편운, 자식운, 많은 복록을 누리도록 하였습니다.

정철수 : 고맙습니다, 선생님의 설명을 들으니, 세 손녀가 벌써 행복하게 살아가고 있는 것 같이 느껴집니다.

정혜성 : 선생님 고맙습니다. 설명을 듣고나니, 제 새 이름이 정말 마음에 듭니다. 빨리 바꾸고 싶어요.

도금선생 : 그래요, 빨리 바꾸어야지요. 불우한 많은 젊은이들이 정혜성 학생처럼 운명에 순응하지 않고, 용기

를 가지고 운명을 바꿀려는 노력을 해 주었으면 좋겠어요. 살아가 보면, 결국 대부분의 사람들이 자기 이름대로 살아가고 있거든요.

젊은이들이 역학에 대하여 아직 접하지 못한 분들이 대부분이라서 그럴 수도 있겠지마는, 자기가 처한 환경이나 여건이 불우하고 잘 풀리지 않는 상태라면, 왜, 이렇게 살아야 하는 걸까? 하고 의문을 가지고 적극적으로 인생의 문제를 풀려고 노력해 보아야 한다고 생각해요.

정철수 : 선생님 말씀이 맞습니다. 젊을 때, 빨리 자기의 인생이나 운명을 깨우치고, 개선할려고 노력하는 것이 좋다고 생각해요.

도금선생 : 운명이란, 선천적인 운명과 후천적인 운명이 있답니다. 선천적 운명이란, 몇 년, 몇 월, 몇 일, 몇 시에 태어났고, 어느나라에서 태어 났으며, 누구 집안에, 또 부모님은 어떤 분이고, 자식중 몇 째로 태어났고, 남자인지, 여자인지, 가난한 집안인지, 부자 집안인지, 등등 도저히 바꿀 수 없는 환경을 말하는 것이고, 후천적 운명이란, 자기 자신을 대신하여 남들이 불러 주고, 글로서 대신 사용하며 기록하는 성명이 바로 후천적 운명이랍니다.

따라서 성명에는 그 사람이 살아갈 운명이 깃들어 있답니다.

선천적 운명은 바꿀 수 없지만, 후천적 운명은 바꿀 수가 있습니다.

정혜성 : 맞아요, 제가 나이는 어리지만, 성명이란 자기 자신을 대신하는 확실한 도구이므로, 성명에는 그 사람의 인생, 운명이 들어 있다는 것을 깨달았습니다.

정철수 : 선생님, 바쁘실텐데 저희는 이만 가 보아야 할 것 같아요. 비용이 얼마입니까?

도금선생 : 네, 전에 정혜성 학생에게 약속했답니다. 할아버지와 같이 오면 비용을 반으로 받겠다고 했거든요. 100,000원만 주세요.

정철수 : 고맙습니다. 나중에 형편이 좋아지면 신세 갚을께요.

도금선생 : 아니에요, 형편이 어려우실텐데, 그저 해 드리고 싶지만, 여기 운영비도 있고 해서 받는 것이에요. 그리고, 정혜성 학생의 그 용기가 기특해서 기분이 좋답니다.

자, 여기 새 이름 풀이서를 가지고 가세요.

정철수 : 네, 선생님, 감사합니다. 안녕히 계십시요.

정혜성 : 선생님, 안녕히 계세요.

도금선생 : 잘 가십시요.

〈두 분이 가고 나서 나는 감사 기도를 드렸다. 만약, 이름을 바꾸지 않았다면, 정혜성 학생은 초년운과 말년운에 복록이 크게 극을 당하여 온갖 불운이 닥쳤으며, 중년운에는 살기가 가득하니, 중년운이 오기전에 자기 자신을 자해하던가, 아니면 타인을 죽일수도 있는 대흉한 일이 발생할 것이기 때문에, 개명하므로서 이런 불행을 막았다는 것에 감사 기도를 드렸다〉

16.

기업가의 명운

이름 값 한다.

⟨어느날 해질 무렵 계소향님이 찾아 왔다⟩

계소향 : 선생님 안녕하세요?

도금선생 : 아이구 계소향님께서 웬 일로 이렇게 빨리 저를 찾아 오셨나요?

계소향 : 선생님, 이거 받으세요.

도금선생 : 이게 무엇입니까? 꽃이 아닙니까?

계소향 : 네, 사무실이 허전한 것 같아서 꽃을 좀 가져 왔답니다.

도금선생 : 아이고 감사합니다. 이거 향기가 진하네요. 라일락 향기가 아닙니까?

계소향 : 맞아요, 요즘 한창 라일락 꽃이 피고 있어요. 이 향이 오래 간답니다.

도금선생 : 꽃병에 넣어서 저기 두면 좋겠네요. 라일락 향기가 나면, 계소향님이 생각나겠네요. 고맙습니다.

전에 가족들 이름풀이한 것 가지고 고민을 좀 해 보았습니까?

계소향 : 네, 저와 제 남동생은 개명을 하기로 했답니다. 그래서 선생님께 새 이름을 지어달라고 부탁하러 온 것이랍니다.

도금선생 : 결심을 잘 하셨습니다. 좋은 이름으로 지어드려야지요.

계소향 : 선생님, 저와 제 동생 이름을 짓기 전에 기업을 운영하시는 회장님이나 사장님의 명운을 알고 싶어요. 기업가들은 어떤 명운을 가지고 살아 가는지 궁금했답니다.

도금선생 : 그래요!, 그러면 자료를 가지고 와서 설명드릴께요.

도금식 성명 풀이서

시기	천간명운	성명	지지명운
초년운 25~30세	편재(5)	**이**	식신(3)

시기	천간명운	성명	지지명운
중년운	정인(10)	병	정관(8)
55~60세	상관(4)		겁재(2)
말년운	겁재(2)	찬	정인(10)
60세이후	정재(6)		상관(4)

〈참고〉 1. 초년운, 중년운, 말년운의 시기는, 사람들의 수명에 따라 다르므로, 위의 시기는 참고용입니다.

2. 천간명운 : 태어날 때, 가지고 온 운입니다.

3. 지지명운 : 살아가면서 생기는 운입니다.

샛별 그룹 창업자이신 이병찬 회장님의 이름을 풀어 보겠습니다.

〈천간명운과 지지명운〉

천간명운과 지지명운은 서로 상생상합하여 좋습니다.

〈초년운〉

초년운은, 편재(5) - 식신(3) 명운 배합입니다.

두 명운은 서로 상생하여 대길한 운입니다.

두 명운 배합의 특성은, 재물운이 많고, 식록도 풍부하며, 부귀합니다.

인격이 어질고 도량이 넓습니다. 건강 장수 합니다. 분주하며 밖으로 많이 돌아다닙니다.

주색과 도박을 좋아합니다. 처복도 있습니다.

주색과 도박을 좋아하다보니 젊었을 때, 주색에 빠져 방황한 시절을 보낸 때도 있었습니다.

〈중년운〉

중년운 첫자음은, 정인(10) - 정관(8) 명운 배합입니다.

두 명운은 서로 상생하여 대길한 운입니다.

두 명운 배합의 특성은, 지식과 덕성을 겸비한 지도자의 운입니다.

주변에 도와주는 사람이 많습니다. 매사에 권리가 많고, 쉽게 성공 발전합니다. 한가지 일에 집중하여 대성공을 거둡니다.

세상에 명성을 크게 떨칩니다. 부귀영달합니다.

중년운 받침자음은 상관(4) - 겁재(2) 명운 배합입니다.

두 명운은 서로 상생상합하나, 나쁜 운이 서로 상생상합하여 대흉합니다.

관운과 재물운을 극하니, 만사지흉입니다. 그러나 첫자음에 있는 정인(10) - 정관(8) 명운 배합이 직접 상관(4) - 겁재(2) 명운 배합을 극하여, 나쁜 운이 좋은 운으로 변하였으니, 흉변위길하여 대길한 운이 되었습니다.

중년운 천간명운은, 정인(10) - 상관(4) 명운 배합입니다. 정인 (10)이 상관(4)을 극하고 있습니다. 상관(4)이 극을 당하면서 정인 (10)의 교양, 지혜, 지식 운에 감화되어 좋은 운으로 변하였습니다.

두 명운 배합의 특성은, 복록이 많습니다. 부귀와 명성이 세계를 진동시킵니다. 만인이 우러러 봅니다. 지혜, 지식이 뛰어납니다. 장수 행복합니다.

중년운 지지명운은, 정관(8) - 겁재(2) 명운 배합입니다.

정관(8)이 겁재(2)를 극하고 있습니다. 겁재(2)가 극을 당하여 고매해져서 나쁜 운이 사라지고 좋은 운으로 변하였으며, 또 정관(8) 에게 동화되어 힘을 보태주니, 정관(8)의 기운이 더욱 더 왕성해 졌습니다.

두 명운 배합의 특성은, 만인을 통솔하는 지도자의 운입니다.

성격이 고상하고 법규를 존중합니다. 뛰어난 위정자의 운입니다.

부귀 영화가 따릅니다. 순조로이 성공하며, 앞서가는 선구자의 운입니다.

처복도 있습니다. 손실이 이득이 됩니다.

〈초년운과 중년운의 연결 운세〉

초년운 천간명운은 편재(5)이고, 중년운 천간명운 첫자음은 정인

(10)입니다. 편재(5) - 정인(10) 명운 배합인데, 아버지와 어머니가 만나는 것이므로 이상적인 부부의 만남이라서 길한 운으로 봅니다.

두 명운 배합의 특성은, 무독합니다. 재운이 좋습니다. 성격이 유순하며 장수합니다. 지혜로우며 분주다사합니다.

초년운 지지명운은 식신(3)이고, 중년운 지지명운 첫자음은 정관(8)입니다.

식신(3) - 정관(8) 명운 배합인데, 식신(3)이 정관(8)을 극하고 있습니다.

그래서 한 때, 권위, 명예가 크게 실추된 적이 있었습니다(사카린 사건). 두 명운 배합은 상극 관계이나, 다른 명운이나 받침자음에 따라 대길할 수도 있고, 대흉할 수도 있는 배합이라서 다른 명운을 보아야 하는데, 다른 명운이 대길하니, 대길한 운으로 변하였습니다.

〈말년운〉

말년운 첫자음은, 겁재(2) - 정인(10) 명운 배합입니다.

겁재(2)가 정인(10)에게 동화되어 힘을 보태주니, 정인(10)의 기운이 더욱 더 왕성해져서 대길한 운이 되었습니다. 두 명운 배합의 특성은, 건강하고 심신이 안정됩니다. 복수쌍전합니다. 부귀가 따릅니다. 집안을 일으키고 번영시킵니다. 학예, 학문, 예술, 종교적인 방면에 탁월한 재능이 있습니다. 육친애가 매우 강하여 가족간의 유대관계를 중히 여깁니다.

말년운 받침자음은, 정재(6) - 상관(4) 명운 배합입니다.

서로 상생하여 좋습니다. 두 명운 배합의 특성은, 처음에는 고생하나, 마침내는 성공하는 흉중 길한 운입니다. 근면, 성실, 저축, 인내를 길러야 복이 옵니다. 신용, 명예를 중히 여겨서 신망을 얻습니다. 성격이 까다롭고 괴팍합니다. 조심성이 많습니다.

말년운 천간명운은, 겁재(2) - 정재(6) 명운 배합입니다.

겁재(2)가 정재(6)를 극하고 있습니다. 정재(6)가 극을 당하니, 대흉한 운이 되었습니다.

두 명운 배합의 특성은, 실패가 반복됩니다. 처와 재물로 인해 애로가 많습니다.

병고, 형액, 횡액 등의 재앙이 따릅니다. 집안이 적막하고 고독하며, 단명할 수도 있습니다.

이처럼 불행한 운이나, 중년운 천간명운 첫자음 정인(10)명운과 말년운 지지명운 첫자음 정인(10)명운이 겁재(2)에게 영향을 미쳐서, 지혜, 지식, 교양의 기운을 불어 넣어주니, 그 불행의 강도가 약해졌습니다.

말년운 지지명운은, 정인(10) - 상관(4) 명운 배합입니다.

중년운 천간명운도 정인(10) - 상관(4) 명운 배합인데, 설명했던 바와 같이 대길한 운입니다.

〈중년운과 말년운의 연결 운세〉

정인(10) - 겁재(2) 명운 배합, 정관(8) - 정인(10) 명운 배합 이 모두 길한 명운 배합이므로, 중년운과 말년운의 연결 운세는 좋습니다.

도금선생 : 계소향님, 이병찬 회장님의 명운에서 어떤 것이 특이하다고 생각합니까?

계소향 : 네, 제가 볼 때엔, 천간명운과 지지명운의 배합도 서로 상생상합하여 좋지만, 핵심은 중년운에 있는 첫자음과 받침자음이 극을 하고 있는 것이 가장 특이하다고 생각해요.

도금선생 : 맞아요, 잘 보셨습니다. 인생에서 중년운이 가장 중요한데, 이병찬 회장님은 중년운에서 첫자음이 받침자음에 있는 나쁜 운을 극하여, 흉변위길토록 함으로서 대길한 운으로 바꾼 것이 가장 큰 특징이지요.

계소향 : 큰 인물은 벌써 이름 명운에 나타나 있는 것 같아요.

도금선생 : 다음은 H 그룹을 창업하신 정주용 회장님의 이름풀이를 해 보겠습니다.

도금식 성명 풀이서

시기	천간명운	성명	지지명운
초년운 25~30세	정재(6) 정관(8)	정	정재(6) 정관(8)
중년운 55~60세	편재(5)	주	편재(5)
말년운 60세이후	정관(8) 정관(8)	용	정관(8) 정관(8)

〈참고〉 1. 초년운, 중년운, 말년운의 시기는, 사람들의 수명에 따라
다르므로, 위의 시기는 참고용입니다.

2. 천간명운 : 태어날 때, 가지고 온 운입니다.

3. 지지명운 : 살아가면서 생기는 운입니다.

H 그룹 창업자 정주용 회장님의 이름풀이를 해 보겠습니다.

〈천간명운과 지지명운〉

천간명운과 지지명운은 같습니다. 이럴경우, 명운의 운세가 매우
강합니다. 따라서 좋은 이름으로 살아가면 더욱 더 행복해 지고, 나
쁜 이름으로 살아가면 더욱 더 불행해 집니다.

〈초년운〉

초년운 첫자음은 정재(6) - 정재(6) 명운 배합입니다.

정재(6)의 기운이 넘쳐 납니다. 정재(6)의 특성은, 고정 재물운으로서, 노력하여 얻어지는 바른 재물입니다.

근면, 성실, 저축, 알뜰합니다. 총명하고 다재다능합니다. 보수적이고 가정적입니다. 처복이 있습니다. 명예가 따릅니다.

초년운 받침자음은 정관(8) - 정관(8) 명운 배합입니다.

정관(8)의 기운이 넘쳐 납니다. 정관(8)의 특성은, 권위, 명예, 법률, 지도자, 보수적, 책임감, 문관, 관청, 직장 등이 있으며, 남자에게는 자식운도 의미합니다.

초년운 천간명운과 지지명운은, 정재(6) - 정관(8) 명운 배합입니다.

두 명운 배합의 특성은, 재물운과 관운이 만나서 대길한 운이 되었습니다.

재물운이 강하여 부귀합니다. 권위, 명예가 드높습니다.

성공이 매우 크고 명성을 떨칩니다. 하는 일마다 순조롭게 성공 발전합니다.

처복이 많습니다. 자식복도 많습니다. 평생 안락하고 대액이 없는 화평한 운입니다.

〈중년운〉

중년운은, 편재(5) - 편재(5) 명운 배합입니다.

편재(5)의 기운이 넘쳐 납니다. 편재(5)의 특성은, 재물운이 많습니다. 유동 재물운입니다. 활동성이 대단합니다. 분주다사합니다.

선량하고 인정이 많습니다. 여자복이 많습니다. 상, 하 명운 배합에 따라 대길하거나 대흉합니다. 주색을 좋아합니다.

〈초년운과 중년운의 연결 운세〉

초년운 받침자음은 정관(8)이고, 중년운은 편재(5)입니다.

정관(8) - 편재(5) 명운 배합인데, 서로 상생하여 대길한 운이 되었습니다.

두 명운 배합의 특성은, 관운과 재물운이 만나서 대길합니다.

처세에 탁월하여 신망이 두텁습니다. 다방면으로 능력이 탁월합니다.

지도자적 운으로서 만인의 숭상을 받습니다. 부귀합니다. 명성을 크게 떨칩니다.

인품이 고귀하고 품위가 있어서 많은 사람들로부터 존경을 받습니다. 여자복과 자식복이 많습니다.

초년운 첫자음은 정재(6)이고, 중년운은 편재(5)입니다.

정재(6) - 편재(5) 명운 배합인데, 고정재물운과 유동재물운이 만나서 재물운이 넘쳐 납니다. 두 명운 배합의 특성은, 장수 행복하는 수복겸전의 운입니다.

재운이 왕성하여 부귀영달합니다. 명예가 따르고 다방면에서 크게 성공합니다.

재운이 너무 강하여 불행한 일면도 있습니다.

〈말년운〉

말년운은 첫자음과 받침자음이 같아서 명운도 같습니다.

정관(8) 명운 일색입니다. 정관(8) - 정관(8) 명운 배합인데, 두 명운 배합의 특성은, 권위, 명예를 중히 여깁니다. 자식이 많습니다.

상, 하 명운 배합에 따라 대길하거나 대흉합니다.

〈중년운과 말년운의 연결 운세〉

중년운은 편재(5)이고 말년운은 정관(8)입니다.

편재(5) - 정관(8) 명운 배합인데, 초년운과 중년운의 연결 운세에서 설명한 바와 같이 대길한 운입니다.

도금선생 : 계소향님, 정주용 회장님의 명운은 어떤 특징이 있습니까?

계소향 : 네, 정주용 회장님의 명운은 온통 재물운과 관

운으로 구성되어 있네요. 이름만 보아도 회장님의 앞날이 떠 오를 것 같아요.

도금선생 : 잘 보셨습니다. 정주용 회장님은 성명에서 자음이 "ㅈ"과 "ㅇ"으로만 구성되어 있어요. "ㅈ"은 재물운을 나타내고, "ㅇ"은 관운을 나타내니, 오직, 재물운과 관운에 집중하여 대성한 분이라고 보아야 겠지요. 재물운과 관운이 서로 조화롭게 구성되어 있어서 큰 성공을 거두었답니다.

이처럼 성명이 세 글자라 해도, 같은 자음끼리 조합하여 이름을 지으면, 한 명운에 집중하여 큰 효과를 거둘 수 있지만, 만약, 불행한 명운으로 구성되어 있던가, 배합이 부조화하여 극을 한다면 대흉한 운으로 변하여, 불행한 인생이 된다는 것도 알아야 합니다.

다음은 L 그룹 창업자이신 신격우 회장님의 이름을 풀어 보겠습니다.

도금식 성명 풀이서

시기	천간명운	성명	지지명운
초년운	**겁재(2)**	**신**	**겁재(2)**
25~30세	정재(6)		정재(6)
중년운	**편관(7)**	**격**	**편관(7)**
55~60세	편관(7)		편관(7)
말년운	**상관(4)**	**우**	**상관(4)**
60세이후			

〈참고〉 1. 초년운, 중년운, 말년운의 시기는, 사람들의 수명에 따라
다르므로, 위의 시기는 참고용입니다.

2. 천간명운 : 태어날 때, 가지고 온 운입니다.

3. 지지명운 : 살아가면서 생기는 운입니다.

L 그룹 창업자이신 신격우 회장님의 이름을 풀어 보겠습니다.

〈천간명운과 지지명운〉

천간명운과 지지명운은 같습니다. 이럴경우, 명운의 운세가 매우

강합니다. 따라서 좋은 이름으로 살아가면 더욱 더 행복해 지고, 나

쁜 이름으로 살아가면 더욱 더 불행해 집니다.

〈초년운〉

초년운 첫자음은, 겁재(2) - 겁재(2) 명운 배합입니다.

겁재(2) 명운의 기운이 매우 강합니다. 겁재(2)의 특성은, 재산탕진, 가정파괴, 패가망신, 투기, 허욕, 야망, 가정에 소홀하고 대외활동에 적극적임, 사교성이 뛰어남, 재물운(편재, 정재)은 극하지만 다른 명운을 만나면 그 명운에 동화되어 힘을 보태줌 등이 있는데, 나쁜 운입니다. 겁재(2)가 2개나 있으니, 초년운은 매우 불우하게 보냈습니다.

초년운 받침자음은, 정재(6) - 정재(6) 명운 배합입니다.

정재(6) 명운의 기운이 매우 강합니다. 정재(6)의 특성은, 고정재물, 본처, 근면, 성실, 저축, 절약, 총명, 다재다능, 가정적, 보수적, 명예 등이 있는데, 정재(6) 명운이 2개나 있어서 기운이 매우 강하나, 첫자음에 있는 겁재(2)가 직접 정재(6)를 극하고 있으니, 힘을 펴지 못하고 있습니다.

초년운 천간명운과 지지명운은, 겁재(2) - 징재(6) 명운 배합입니다.

겁재(2)가 정재(6)를 극하고 있습니다. 두 명운 배합의 특성은, 실패가 반복됩니다.

처와 재물로 인해 애로가 많습니다. 병고, 형액, 횡액, 등의 재앙이 따릅니다.

집안이 적막하고 고독하며, 단명할 수도 있습니다.

이처럼 초년운은 겁재(2)가 정재(6)를 극하여 대흉한 시절이었습니다.

〈중년운〉

중년운 첫자음과 받침자음은 같습니다. 명운도 같습니다. 편관(7) 명운이 4개나 있으니, 편관(7)의 기운이 강력합니다.

편관(7)의 특성은, 무관으로서 야성적인 관운입니다. 권세, 완강, 항쟁심, 투쟁심, 승부욕, 추진력, 야망, 살기, 귀기, 자식(아들), 관청 등이 있으며, 10대 명운중에서 기운이 제일 강합니다.

주변 명운 배합에 따라 대길하거나, 대흉합니다.

〈초년운과 중년운의 연결 운세〉

초년운 받침자음은 정재(6)이고, 중년운은 편관(7)입니다.

정재(6) - 편관(7) 명운인데, 두 명운은 서로 상생하여 대길한 운이 되었습니다.

두 명운 배합의 특성은, 재물운이 발복하여 큰 성공을 이룹니다.

순박하고 소탈하며 무독합니다. 명성을 떨칩니다.

초년운 첫자음은 겁재(2)이고, 중년운은 편관(7)입니다.

겁재(2) - 편관(7) 명운 배합인데, 편관(7)이 겁재(2)를 극하고 있습니다.

겁재(2)는 편관(7)을 만나서 나쁜 운이 사라지고 좋은 운으로 변함과 동시에 편관(7)에게 동화되어 힘을 보태주니, 편관(7)의 기운이 더욱 더 왕성해 졌습니다.

두 명운 배합의 특성은, 지혜와 용기를 겸비한 영웅운입니다. 무언가 시작하였다 하면 파죽지세로 일을 처리하고 성공합니다. 대담합니다. 지모와 책략이 뛰어납니다. 어려운 일을 해결하는데 탁월한 능력을 가졌습니다.

많은 사람들로부터 존경을 받습니다. 통솔력이 탁월합니다.

초년운에서 풀리지 않은 재운이, 편관(7)을 만나서 겁재(2)를 극해주어 재운이 발복하였습니다. 큰 재물을 얻습니다.

〈말년운〉

말년운은, 상관(4) - 상관(4) 명운 배합입니다.

상관(4)의 기운이 강합니다. 상관(4)의 특성은, 비관, 비판, 반항, 망신, 염세주의, 허무, 불안, 실패, 자살, 감성적 등이 있으며, 관운(편관, 정관)을 극합니다. 나쁜 운입니다.

이런 나쁜 운이 2개나 있어서 말년운은 대흉한 배합입니다. 대흉하다 보니, 말년에 경영권 승계도 본인 뜻대로 되지 않고, 중국 사업도 실패하였습니다.

〈중년운과 말년운의 연결 운세〉

중년운은 편관(7)이고, 말년운은 상관(4)입니다.

편관(7) - 상관(4) 명운 배합인데, 상관(4)이 편관(7)을 극하고 있습니다. 편관(7)은 극을 당하여 말년기 때, 더 이상 힘을 펴지 못하고 주저앉고 말았습니다. 두 명운 배합의 특성은, 비운의 대흉한 배합입니다. 천추에 한을 남기는 운입니다. 불명예가 자주 발생합니다. 불구, 형액, 조난, 단명 등의 재앙이 많이 생깁니다.

자식중 불행한 자식이 있습니다. 실권합니다. 실패합니다.

도금선생 : 계소향님, 신격우 회장님의 명운은 어떤 특이한 것이 있을까요?

계소향 : 네, 중년운이 매우 강하다고 보여지네요.

도금선생 : 그렇지요, 중년운이 초년운을 살렸어요. 초년운에 있는 겁재(2) - 정재(6) 명운 배합은 대흉한 배합이었는데, 겁재(2)를 억제하는 관운이 소통해 주면, 재운이 다시 살아나서 부귀가 따른다고 했어요.

중년운에 강력한 편관(7)의 기운이 나타나서 겁재(2)을 억제하니, 대길한 운으로 변하였답니다. 그러니, 초년운에 대흉한 운이 있다고 실망하면 않되요.

소통할 수 있는 명운을 찾아서 이름을 지어주면, 대성

하고 행복하게 살 수가 있답니다.

아쉬운 점은, 말년운에 관운을 극하는 상관이 있었는데, 중년운은 편관(7)이라서 바로 말년운인 상관(4)에게 극을 당하게되어 불행해 졌답니다.

편관(7)과 상관(4) 사이에 인성(편인, 정인)을 넣었다면 말년운도 잘 풀려서 행복하게 살았을텐데, 이 점이 못내 아쉽습니다.

다음은 카오 그룹 회장님이신 김범주 회장님에 대하여 알아 보겠습니다.

도금식 성명 풀이서

시기	천간명운		성명	지지명운
초년운	**상관(4)**		**김**	**식신(3)**
25~30세	정재(6)			편재(5)
중년운	**편재(5)**		**범**	**정재(6)**
55~60세	편재(5)			정재(6)
말년운	**정관(8)**		**주**	**편관(7)**
60세이후				

〈**참고**〉　1. 초년운, 중년운, 말년운의 시기는, 사람들의 수명에 따라
　　　　　　다르므로, 위의 시기는 참고용입니다.

　　　　　2. 천간명운 : 태어날 때, 가지고 온 운입니다.

　　　　　3. 지지명운 : 살아가면서 생기는 운입니다.

　카오 그룹 김범주 회장님의 이름을 풀어 보겠습니다.

〈천간명운과 지지명운〉

　천간명운과 지지명운은 같은 부류에 속하는 명운입니다. 서로 극을 하지 않지만, 음, 양이 서로 달라서 가끔 혼란합니다. 이익이 되고 합리적인 쪽으로 살아 간다면 행복한 삶이 될 것입니다.

　같은 부류에 속하는 명운을 가진 사람은 명운의 기운이 매우 강합니다. 왜냐하면, 편재(5), 정재(6)를 가지면 재물운을 다 가지는 것이기 때문입니다. 이름을 지을 때, 조심하여야 할 것은, 비견(1)을 선택하면, 나쁜 운인 겁재(2)가 따라오고, 식신(3)을 선택하면, 나쁜 운인 상관(4)이 따라오고, 정인(10)을 선택하면, 나쁜 운인 편인(9)이 따라오고, 정관(8)을 선택하면, 살기가 강한 편관(7)이 따라오므로, 이런 나쁜 운들을 어떻게 제압하고 활용하느냐에 따라 길, 흉이 결정됩니다.

〈초년운〉

초년운 첫자음은, 상관(4) - 식신(3) 명운 배합입니다.

상관(4)과 식신(3)의 특성은, 정신적, 심리적, 감성적, 예술적, 종교적, 연구 학문적 분야에 탁월한 재능을 가지고 있습니다. 규정, 규칙 등 얽매인 것을 싫어하고, 변화하고, 창조하고, 새로운 것을 좋아합니다. 초년기에 마침, 인터넷 게임이 유행하여, 게임에 푹 빠졌다가, 통신분야에서 새로운 시스템에 도전하여 성공하게 되었습니다. 상관(4), 식신(3) 명운 특성에 기인한 것이었습니다.

초년운 받침자음은, 정재(6) - 편재(5) 명운 배합입니다.

두 명운 배합의 특성은, 재물운이 차고 넘칩니다. 여복이 많으며 처, 첩이 동거하기 쉽습니다. 명예가 큽니다. 다재다능하고 다방면에서 성공합니다. 수복겸전합니다. 재물로 인하여 불행한 일이 많이 생깁니다.

초년운 천간명운은, 상관(4) - 정재(6) 명운 배합입니다.

서로 상생하여 길합니다. 두 명운 배합의 특성은, 초기에는 고생하기만, 말기에는 성공하는 운입니다. 근면, 성실하며 투기를 싫어합니다. 성격이 까다롭고 조심성이 많습니다. 예술, 학문, 연구 분야에서 성공하는 사람이 많습니다.

초년운 지지명운은, 식신(3) - 편재(5) 명운 배합입니다.

서로 상생하여 길합니다. 두 명운 배합의 특성은, 건강 장수합니다. 재물복이 많습니다.

주변 사람들의 도움이 많으며, 순조롭게 성공합니다. 여복도 있습니다. 주색을 좋아합니다.

인격이 어질고 넓은 마음을 가졌습니다. 복록이 따르고 집안이 부유해 집니다.

〈중년운〉

중년운 첫자음과 받침자음은 같습니다. 따라서 명운도 같으며 명운의 기운이 매우 강합니다.

중년운 첫자음과 받침자음은, 편재(5) - 정재(6) 명운 배합입니다.

초년운의 받침자음에서 설명한 바와 같이 재물운이 엄청납니다.

상, 하 명운에 따라 흉할 수도 있고, 길할 수도 있습니다.

〈초년운과 중년운의 연결 운세〉

초년운 천간명운 받침자음은 정재(6)이고, 중년운 천간명운 첫자음은 편재(5)입니다. 정재(6) - 편재(5) 명운 배합인데, 초년운 받침자음에서 설명한 바와 같이 재물운이 차고 넘칩니다.

초년운 천간명운 첫자음은 상관(4)이고, 중년운 천간명운 첫자음은 편재(5)입니다. 상관(4) - 편재(5) 명운 배합인데, 두 명운 배합의 특성은, 반흉반길한 배합입니다. 이럴경우, 상, 하, 또는 받침자음의 명운에 따라 대길하거나 대흉합니다. 다행히도 아래에 편재 (5) 및 정관(8)이 있어서 대길한 운으로 변하였습니다.

초년운 지지명운 받침자음은 편재(5)이고, 중년운 지지명운 첫자음은 정재(6)입니다.

편재(5) - 정재(6) 명운 배합인데, 초년운 받침자음에서 설명한 바와 같이 재물운이 차고 넘칩니다.

초년운 지지명운 첫자음은 식신(3)이고, 중년운 지지명운 첫자음은 정재(6)입니다. 식신(3) - 정재(6) 명운 배합인데, 두 명운 배합의 특성은, 건강하고 장수합니다. 부귀가 따릅니다.

주위의 도움이 많고 권리도 많으며, 경사가 많습니다. 유족한 생활을 하며 일생 안락합니다. 처복도 많습니다. 명예가 따릅니다.

위와 같이 초년운과 중년운의 연결 운세는 대길한 운입니다.

〈말년운〉

말년운은, 정관(8) - 편관(7) 명운 배합입니다.

두 명운 모두 관운이라서 관운의 기운이 매우 강합니다.

두 명운 배합의 특성은, 명예, 권위가 매우 높습니다. 권리가 많습니다. 자식복이 많습니다. 분주다사합니다. 권력욕, 승부욕이 강합니다. 지도자, 통솔자의 운입니다.

〈중년운과 말년운의 연결 운세〉

중년운 천간명운은 편재(5)이고, 말년운 천간명운은 정관(8)입니다. 편재(5) - 정관(8) 명운 배합인데, 재물운과 관운이 만나서 대길한 운이 되었습니다. 두 명운 배합의 특성은, 지도자, 통솔자의 운입니다. 인격이 고귀합니다. 부귀하고 명성을 크게 떨칩니다.

처세에 탁월합니다. 주변 사람들에게 신망을 얻고 존경을 받습니다.

중년운 지지명운은 정재(6)이고, 말년운 지지명운은 편관(7)입니다. 정재(6) - 편관(7) 명운 배합인데, 재물운과 관운이 만나서 대길한 운이 되었습니다. 두 명운 배합의 특성은, 재물운과 명예가 따릅니다. 무독합니다. 처복과 자식복도 많습니다.

위와 같이 중년운과 말년운의 연결 운세도 대길한 운입니다.

도금선생 : 계소향님, 김범주 회장님과 계소향님의 명운이 좀 닮아 있지 않나요?

계소향 : 네, 제 명운과 좀 닮아 있어요. 제 명운은 성이 식신(3) - 상관(4) 명운 배합인데, 김범주 회장님 성은 상관(4) - 식신(3) 명운 배합이라서 같은 부류의 명운으로 구성되어 있고, 제 중년운은 정관(8) - 편관(7) 명운 배합이고, 김범주 회장님은 말년운이 정관(8) - 편관(7) 명운 배합이라서 같은데, 차이점은, 김범주 회장님

은 중년운에 편재(5) - 정재(6) 명운 배합으로 되어 있고, 저는 말년운에 정인(10) - 편인(9) 명운 배합으로 되어 있는 것이 차이가 있네요.

도금선생 : 네, 잘 보셨습니다. 천간 명운과 지지명운은 같은 부류에 속하는 명운인데, 김범주 회장님은 젊은 나이에 사업을 일으켜서 지금은 대 재벌의 총수가 되셨고, 계소향님은 지금 외롭고 힘겹게 살아가고 있습니다.

명운의 상생관계를 보면, 비견(1)과 겁재(2)는 식신(3)과 상관(4)을 생하고, 식신(3)과 상관(4)은 편재(5)와 정재(6)을 생하고, 편재(5)와 정재(6)는 편관(7)과 정관(8)을 생하고, 편관(7)과 정관(8)은 편인(9)과 정인(10)을 생하고, 편인(9)과 정인(10)은 비견(1)과 겁재(2)을 생합니다. 생한다는 것은 서로 잘 어울리며 기를 북돋아준다는 뜻입니다.

김범주 회장님의 명운을 보면, 초년운의 상관(4) - 식신(3) 명운 배합이, 중년운에 있는 정재(6) - 편재(5) 명운 배합을 만나서 기를 북돋아 주었고, 중년운에 있는 정재(6) - 편재(5) 명운 배합이, 말년운에 있는 정관(8) - 편관(7) 명운 배합을 만나서 기를 북돋아 주니, 만사가 막힘이 없이 술술 잘 풀려 나갔던 것입니다.

계소향님의 명운을 보면, 초년운의 식신(3) - 상관(4) 명운 배합이, 중년운에 있는 정관(8) - 편관(7) 명운 배합을 만나서 극을 해 버리니, 정관(8) - 편관(7) 명운 배합의 운세가 꽉 막혀 풀리지 않고 있습니다. 다행히도 정관(8) - 편관(7) 명운 배합이, 말년운에 있는 정인(10) - 편인(9) 명운 배합하고는 생하여, 말년운 때에는 좀 나아지는 삶을 누릴 것입니다. 하지만, 젊은 시절 불우하게 보내고, 늙어서 좀 나아지는 것은 그리 반가운 일이 아닙니다.

하루라도 빨리 개명하여 막힌 운을 풀어서 행복하게 살아가는 것이 현명하다고 생각됩니다.

개명은 간단합니다. 김범주 회장님처럼 개명하면 되는 것입니다.

다음은 독창적인 남자 음악 그룹을 만들어서 세계적으로 흥행몰이에 성공한, 하이 그룹의 방시욱 회장님의 이름풀이를 해 보겠습니다.

도금식 성명 풀이서

시기	천간명운	성명	지지명운
초년운	겁재(2)	**방**	비견(1)
25~30세	정재(6)		편재(5)
중년운	상관(4)	**시**	식신(3)
55~60세			
말년운	정재(6)	**욱**	편재(5)
60세이후	정인(10)		편인(9)

〈참고〉 1. 초년운, 중년운, 말년운의 시기는, 사람들의 수명에 따라
다르므로, 위의 시기는 참고용입니다.
2. 천간명운 : 태어날 때, 가지고 온 운입니다.
3. 지지명운 : 살아가면서 생기는 운입니다.

하이 그룹 방시욱 회장님의 이름을 풀어 보겠습니다.

〈천간명운과 지지명운〉

천간명운과 지지명운은 같은 부류에 속하는 명운입니다. 서로 극을 하지 않지만, 음, 양이 서로 달라서 가끔 혼란합니다. 이익이 되고 합리적인 쪽으로 살아 간다면 행복한 삶이 될 것입니다.

같은 부류에 속하는 명운을 가진 사람은 명운의 기운이 매우 강

합니다. 왜냐하면, 편재(5), 정재(6)를 가지면 재물운을 다 가지는 것이기 때문입니다. 이름을 지을 때, 조심하여야 할 것은, 비견(1)을 선택하면, 나쁜 운인 겁재(2)가 따라오고, 식신(3)을 선택하면, 나쁜 운인 상관(4)이 따라오고, 정인(10)을 선택하면, 나쁜 운인 편인(9)이 따라오고, 정관(8)을 선택하면, 살기가 강한 편관(7)이 따라오므로, 이런 나쁜 운들을 어떻게 제압하고 활용하느냐에 따라 길, 흉이 결정됩니다.

〈초년운〉

초년운 첫자음은, 겁재(2) - 비견(1) 명운 배합입니다.

두 명운 배합의 특성은, 재물복이 없습니다. 복록이 부족합니다. 여복도 없습니다. 형제간 불화가 심합니다. 사업은 대흉합니다. 직장생활은 무난합니다. 명예는 있으나 실속은 없습니다. 야망과 허욕은 매우 크며, 허황된 꿈을 꿉니다. 통이 큽니다.

초년운 받침자음은, 정재(6) - 편재(5) 명운 배합입니다.

두 명운 배합의 특성은, 재물운이 차고 넘칩니다. 여복이 많으며 처, 첩이 동거하기가 쉽습니다. 명예가 큽니다. 다재다능하고 다방면에서 성공합니다. 수복겸전합니다. 재물로 인하여 불행한 일이 많이 생깁니다.

초년운 천간명운은, 겁재(2) - 정재(6) 명운 배합입니다.

겁재(2)가 정재(6)를 극하고 있습니다. 두 명운 배합의 특성은, 하는 일마다 실패하며 고통이 심합니다. 고독하고 적막하고 단명합니다. 재산을 탕진합니다. 처와 이별합니다. 형제와의 불화가 심하고 덕이 없습니다.

초년운 지지명운은, 비견(1) - 편재(5) 명운 배합입니다.

비견(1)이 편재(5)를 극하고 있습니다. 두 명운 배합의 특성은, 재물복이 없습니다. 부모님이 일찍 돌아가십니다. 형제와의 불화가 심합니다. 여복이 없습니다. 주위의 도움이 적습니다. 온갖 병고와 형액, 횡액, 객사의 재앙이 있습니다. 부부 이별수가 있습니다.

분주하지만 실속이 없습니다.

이처럼 초년운은 겁재(2)와 비견(1)이 재물운과 여자운과 부모운을 극하여 불우하게 보냈습니다.

〈중년운〉

중년운은, 상관(4) - 식신(3) 명운 배합입니다.

상관(4)과 식신(3)의 특성은, 정신적, 심리적, 감성적, 예술적, 종교적, 연구 학문적 분야에 탁월한 재능을 가지고 있습니다.

규정, 규칙 등 얽매인 것을 싫어하고, 변화하고, 창조하고, 새로운 것을 좋아합니다. 방시욱 회장님은 연예, 예술 분야에 특별한 관심과 사업성을 늘 연구 개발하고 있었는데, 중년에 들어서 중년운에 있는 상관(4) - 식신(3) 명운 배합을 만나니, 물고기가 물을 만난 듯, 재능과 운이 만나서, 남자들의 음악그룹을 결성하여 새로운 스타일과 새로운 음악세계를 보여줌으로서, 세계적으로 명성을 떨치게 됩니다.

〈초년운과 중년운의 연결 운세〉

초년운 천간명운 받침자음은 정재(6)이고, 중년운 천간명운은 상관(4)입니다. 정재(6) - 상관(4) 명운 배합인데, 두 명운 배합의 특성은, 처음에는 고생하나 마침내는 성공하는 흉중 길한 운입니다.

초년운 천간명운 첫자음은 겁재(2)이고, 중년운 천간명운은 상관(4)입니다. 겁재(2) - 상관(4) 명운 배합인데, 두 명운 배합의 특성은, 두 명운 다 나쁜 운이라서 대흉한 배합입니다. 온갖 재앙이 속출하고, 좌절합니다. 하지만, 겁재(2) 명운은 사교성과 대외 활동력이 뛰어나고, 상관(4) 명운은 예술적 재능이 뛰어나서, 두 명운이 만나서 예능 분야에서는 대성할 수 있는 기운이 넘쳐 납니다.

초년운 지지명운 받침자음은 편재(5)이고, 중년운 지지명운은 식식(3)입니다. 편재(5) - 식신(3) 명운 배합인데, 두 명운이 서로 상생하여 대길한 운이 되었습니다. 두 명운 배합의 특성은, 처복과 재물복이 많습니다. 집안을 윤택하게 합니다. 건강 장수하고 행복합니다. 어진 인격과 마음이 넓습니다. 주변의 도움이 많고 순조롭게 성공합니다. 주색을 좋아합니다.

초년운 지지명운 첫자음은 비견(1)이고, 중년운 지지명운은 식신(3)입니다. 비견(1) - 식신(3) 명운 배합인데, 서로 상생상합하여 대길한 운이 되었습니다. 두 명운 배합의 특성은, 매우 건강하고 장수하며 행복합니다. 부귀가 따릅니다. 감수성이 예민합니다.

낙천적입니다. 주변에서 도움이 많습니다. 예술, 문예 분야에서 탁월한 재능이 있습니다. 한 성질하며 편협적인 성격이라서 조심하여야 합니다.

이처럼 초년운과 중년운의 연결 운세는 대길한 운입니다.

초년운에 막혀 있던 불우한 운을, 상관(4) - 식신(3) 명운 배합이 풀어 주었습니다.

〈말년운〉

말년운 첫자음은, 정재(6) - 편재(5) 명운 배합입니다.

초년운 받침자음에 있는 정재(6) - 편재(5) 명운 배합과 같습니다.

재물운, 여자운이 넘쳐 납니다.

말년운 받침자음은, 정인(10) - 편인(9) 명운 배합입니다.

정인(10)과 편인(9)은 두뇌활동을 많이 하는 명운으로서, 지혜, 지식, 학문 등의 재능이 뛰어 납니다. 두 명운 배합의 특성은, 이론과 비판 능력이 탁월합니다. 남녀 불문 아들이 귀합니다. 재물운이 많습니다. 복록도 많습니다. 주위에서 도움이 많고, 매사 순조로우며 안정된 생활을 합니다.

말년운 천간명운은, 정재(6) - 정인(10) 명운 배합입니다. 정재(6)가 정인(10)을 극하고 있습니다. 두 명운 배합의 특성은, 복록이 극을 당하여 좌절합니다. 온갖 병고와 횡액, 불구, 단명 등의 재앙이 있습니다. 재물복이 없습니다. 부부가 불화하여 가정에 파란이 생깁니다.

말년운 지지명운은, 편재(5) - 편인(9) 명운 배합입니다. 편재(5)가 편인(9)을 극하고 있습니다. 나쁜 운인 편인(9)이 극을 당하여 흉변위길하니, 대길한 운이 되었습니다. 두 명운 배합의 특성은, 처음에는 고생하나 말년운은 길합니다. 부귀가 따릅니다. 대업을 달성합니다. 건강, 장수합니다. 자식복도 있습니다.

말년운을 보면, 천간명운은 대흉하고, 지지명운은 대길합니다. 말년 때, 나쁜 일과 좋은 일이 동시에 일어난다고 보여집니다.

〈중년운과 말년운의 연결 운세〉

중년운 천간명운은 상관(4)이고, 말년운 천간명운 첫자음은 정재(6)입니다. 서로 상생하여 길합니다. 두 명운 배합의 특성은, 초년운과 중년운의 연결 운세에서 설명한 바와 같이 흉중 길한 운입니다.

중년운 천간명운은 상관(4)이고, 말년운 천간명운 받침자음은 정인(10)입니다. 상관(4) - 정인(10) 명운 배합인데, 정인(10)이 상관(4)을 극하고 있습니다. 상관(4)의 예술적 운이 말년운 하반기에 와서, 정인(10)에게 극을 당하였으나, 정재(6)가 정인(10)을 극하여, 정인(10)이 힘을 못 쓰니, 상관(4)의 기운도 계속 살아나게 되었습니다.

중년운 지지명운은 식신(3)이고, 말년운 지지명운 첫자음은 편재(5)입니다. 식신(3) - 편재(5) 명운 배합인데, 초년운과 중년운의 연결 운세에서 설명한 바와 같이 대길한 운입니다.

중년운 지지명운은 식신(3)이고, 말년운 지지명운 받침자음은 편인(9)입니다. 식신(3) - 편인(9) 명운 배합인데, 편인(9)이 식신(3)을 극하고 있으나, 편인(9)이 편재(5)에게 극을 당하여, 나쁜 운이 사라져서, 두 명운 배합도 길한 운으로 변하였습니다.

도금선생 : 계소향님이 보시기에, 방시욱 회장님의 명운에서 어떠한 점이 특이하다고 생각합니까?

계소향 : 저도 초년운에 식신(3) - 상관(4) 명운 배합이 있는데, 방시욱 회장님도 중년운에 상관(4) - 식신(3) 명운 배합이 있네요.

상관(4) - 식신(3) 명운 배합이 이렇게 큰 힘을 가지고 있는 줄은 몰랐어요.

상관(4) - 식신(3) 명운 배합의 기운으로 성공한 것이 아닐까요? 이런 것이 특이해요.

저도 식신(3) - 상관(4) 명운 배합이 있는데, 저는 왜 성공하지 못했을까요?

도금선생 : 그래요, 방시욱 회장님의 특이한 점은, 중년운에 상관(4) - 식신(3) 명운 배합이 있어서, 두 명운 배합의 기운과 운을 바탕으로 예능 분야에서 마음껏 능력을 발휘한 것입니다.

그리고 초년운 받침자음과 말년운 첫자음에 있는 재물운이 힘을 보태주니, 대성공을 거두어서 부귀와 공명을 크게 떨치게 되었답니다. 카오 그룹 김범주 회장님의 명운에서도 보았듯이, 상관(4)-식신(3) 명운 배합에는, 재물운이 붙어주면, 부귀와 명예가 따르는 것을 알 수가 있었습니다. 방시욱 회장님도 마찬가지로 상관(4)-식신(3) 명운 배합에서 아래 위로 재물운이 따라 붙어서 부귀와 명예가 따라왔던 것입니다.

계소향님도 부귀를 누리고 싶지 않으십니까?

계소향 : 선생님도 참, 이 나이와 이 처지에 무슨 부귀를

도금선생 : 하! 하1 하! 글쎄요, 재물운을 넣으면 될 것 같은데요.

그 문제는 새 이름을 짓고 나서 얘기하도록 하고, 다음은 불운의 사업가 동화그룹 최원식 회장님의 이름을 풀어 보도록 하겠습니다.

도금식 성명 풀이서

시기	천간명운	성명	지지명운
초년운 25~30세	상관(4)	**최**	정인(10)
중년운 55~60세	편재(5) 편관(7)	**원**	비견(1) 식신(3)
말년운 60세이후	식신(3) 편인(9)	**식**	편인(9) 편재(5)

〈참고〉 1. 초년운, 중년운, 말년운의 시기는, 사람들의 수명에 따라 다르므로, 위의 시기는 참고용입니다.

2. 천간명운 : 태어날 때, 가지고 온 운입니다.

3. 지지명운 : 살아가면서 생기는 운입니다.

동화그룹 최원식 회장님의 이름을 풀어 보겠습니다.

〈천간명운과 지지명운〉

지지명운이 천간명운을 극하고 있습니다.

이럴경우, 좋은 운을 극하면 불행해 지고, 나쁜 운을 극하면 나쁜 운이 좋은 운으로 변하여 흉변위길하니, 대성하고 행복해 집니다.

〈초년운〉

초년운은, 상관(4) - 정인(10) 명운 배합입니다.

정인(10)이 상관(4)을 극하고 있습니다. 상관(4)은 극을 당하여, 나쁜 운이 좋은 운으로 변하니, 흉변위길하여 대길한 운이 되었습니다. 두 명운 배합의 특성은, 복록이 많습니다. 부귀와 명성이 세계를 진동시킵니다. 만인이 우러러 봅니다. 지혜, 지식, 학문이 뛰어납니다. 장수, 행복합니다.

장남인 최원식 회장님은, 동화 그룹을 물려 받아서, 초년운인 상관(4) - 정인(10) 명운 배합의 대길한 운을 가지고, 22개의 계열사를 탄생시키고 거느리며, 재계 10위까지 위상을 높였습니다.

〈중년운〉

중년운 첫자음은, 편재(5) - 비견(1) 명운 배합입니다.

비견(1)이 편재(5)를 극하고 있습니다. 편재(5)가 극을 당하니, 재물운, 여자운, 부모운에 불운이 생기기 시작합니다. 두 명운 배합의 특성은, 재물복이 없습니다. 부부 이별수가 있습니다. 형제간의 불화가 심합니다. 부모덕이 없습니다. 주변 사람들의 도움이 적고, 하는 일마다 실패합니다. 분주하지만 소득은 없고 지출은 많습니다. 온갖 질병, 형액, 단명의 재앙이 따릅니다.

중년운 받침자음은, 편관(7) - 식신(3) 명운 배합입니다.

식신(3)이 편관(7)을 극하고 있습니다. 편관(7)이 극을 당하니, 명예, 권위, 관운에 불행이 나타납니다. 두 명운 배합의 특성은, 명예, 권위가 실추되고 실권, 실의가 따릅니다. 부부 이별수가 있습니다. 자식복이 없습니다. 주위의 도움이 부족합니다. 온갖 질병, 수술, 형액, 조난 등의 재앙이 따릅니다.

중년운 천간명운은, 편재(5) - 편관(7) 명운 배합입니다.

재물운과 관운이 만나서 대길한 운이 되었습니다. 두 명운 배합의 특성은, 자립 대성하는 운입니다. 명예, 권위가 높습니다. 재물복이 많습니다. 주변의 도움이 많으며, 경사로운 일도 많습니다.

가운을 흥하게 합니다. 선견지명이 있습니다. 활동성이 강합니다.자식복도 있습니다.

중년운 지지명운은, 비견(1) - 식신(3) 명운 배합입니다.

서로 상생상합하여 대길한 운이 되었습니다. 두 명운 배합의 특성은, 매우 건강하며 장수합니다. 낙천적입니다. 주위의 도움이 많습니다. 부귀가 따릅니다. 성질이 까다롭습니다. 정신적, 심리적,

감성적, 예술적, 종교적 재능이 탁월합니다. 풍류를 즐깁니다.

〈초년운과 중년운의 연결 운세〉

초년운 천간명운은 상관(4)이고, 중년운 천간명운 첫자음은 편재(5)입니다. 상관(4) - 편재(5) 명운 배합인데, 두 명운은 서로 상생하나, 반흉 반길의 운이라서, 상, 하 또는 받침자음에 따라 대길하거나, 대흉합니다. 두 명운 배합의 특성은, 부부 이별수가 있습니다. 재물운이 적어서 모이지를 않습니다. 온갖 병고와 형벌이 따릅니다. 주색에 빠질 수 있습니다. 여자는 춤바람이 잘 납니다.

초년운 천간명운은 상관(4)이고, 중년운 천간명운 받침자음은 편관(7)입니다. 상관(4) - 편관(7) 명운 배합인데, 상관(4)이 편관(7)을 극하고 있습니다. 두 명운 배합의 특성은, 명예가 실추됩니다.

자식복이 없습니다. 온갖 재앙이 따릅니다. 만사불성입니다.

여자는 극부극자하는 과부운으로서 대흉한 운입니다.

초년운 지지명운은 정인(10)이고, 중년운 지지명운 첫자음은 비견(1)입니다. 정인(10) - 비견(1) 명운 배합인데, 서로 상생상합하여 대길한 운입니다. 두 명운 배합의 특성은, 학문, 비평, 이론에 탁월한 재능이 있습니다. 성격은 고귀하고 덕망도 있습니다. 장수 행복합니다. 복록이 많습니다. 인생 역경을 잘 이겨내며 무난한 운세입니다. 육친애가 강하여 가족간의 유대관계를 중히 여깁니다.

초년운 지지명운은 정인(10)이고, 중년운 지지명운 받침자음은 식신(3)입니다. 정인(10) - 식신(3) 명운 배합인데, 서로 상생하여 대길합니다. 두 명운 배합의 특성은, 복록이 많습니다. 오복을 가지는 대길한 운입니다. 권리가 많고 다방면에서 성공합니다. 집안을 중흥시킵니다. 지덕을 겸비한 지도자 운입니다. 장수하며 일생이 안락합니다. 초년운과 중년운의 연결 운세도, 천간명운은 불행하나, 지지명운은 대길합니다.

〈말년운〉

말년운 첫자음은, 식신(3) - 편인(9) 명운 배합입니다.

편인(9)이 식신(3)을 극하고 있습니다. 식신(3)은 좋은 운인데 극을 당하니, 대흉한 운이 되었습니다. 두 명운 배합의 특성은, 식록이 극을 받아서 의식주가 불안하고 빈곤합니다. 주위의 도움이 없습니다. 복록이 없어지고 집안이 망할 수 있습니다. 온갖 병이 생기고 단명할 수 있습니다. 만사 불성하고 실패합니다. 형액, 횡액이 많습니다. 자식복도 없습니다.

말년운 받침자음은, 편인(9) - 편재(5) 명운 배합입니다.

편재(5)가 편인(9)을 극하고 있습니다. 나쁜 운인 편인(9)이 극을 당하여 흉변위길하였습니다. 두 명운 배합의 특성은, 처음에는 고생하나, 결국 성공합니다. 화기와 길상이 따릅니다. 목적을 달성합니다. 부귀가 따릅니다. 건강 장수합니다. 창의적인 일을 달성합니다.

말년운 천간명운은, 식신(3) - 편인(9) 명운 배합입니다.

편인(9)이 식신(3)을 극하고 있습니다. 식신(3)은 받침자음에 있는 편인(9)에게도 극을 당하고, 지지명운 첫자음에 있는 편인(9)에게도 극을 당하여 운세가 완전히 힘을 펴지 못하게 되었습니다.

말년운 지지명운은, 편인(9) - 편재(5)입니다.

편재(5)가 편인(9)을 극하고 있습니다. 편인(9)의 나쁜 운이 말년운 하반기에 와서 힘이 약해졌습니다.

〈중년운과 말년운의 연결 운세〉

중년운 천간명운 받침자음은 편관(7)이고, 말년운 천간명운 첫자음은 식신(3)입니다. 편관(7) - 식신(3) 명운 배합인데, 식신(3)이 편관(7)을 극하고 있습니다. 중년운 받침자음에서 설명한 바와 같이 대흉한 운입니다.

중년운 지지명운 받침자음은 식신(3)이고, 말년운 지지명운 첫자음은 편인(9)입니다. 식신(3) - 편인(9) 명운 배합인데, 편인(9)이 식신(3)을 극하고 있습니다. 말년운 첫자음에서 설명한 바와 같이 대흉한 운입니다.

이처럼 중년운과 말년운의 연결 운세는 대흉합니다.

〈첨언〉

최원식 회장님의 일생을 보면, 파란만장하게 명운대로 살았습니다.

초년운에 있는 상관(4) - 정인(10) 명운 배합의 운으로, 부친의 사업을 물려 받아서, 22개 계열사를 거느리고, 재계 10위권까지 사세를 성장시켰습니다.

하지만, 중년운에 와서, 지지명운이 천간명운을 극할 때, 좋은 운을 극하니, 제대로 잘 되는 일이 없었으며, 재앙이 속출하게 됩니다.

동화건설이 완성한 한강에 있는 다리가 붕괴되면서 한 순간에 그룹 신용, 명예가 실추되었고, 정부와 주변 거래처로부터 거래 단절을 겪게 됩니다. 그리고 인천 서구의 간척지 사업에 몰빵하면서 모든 자금과 사비까지 투입하였는데, 국내외 경영환경이 악화 추세이며, 정부도 허가를 내 주지 않아서 결국 그룹은 해체하게 됩니다. 결혼도 4번이나 하였는데, 여자운이 극을 당하니, 부인들이 다 떠나 버렸습니다. 혼자서 외롭게 쓸쓸히 죽음을 맞이하였지요.

중년운을 자세히 보면, 천간명운은 편재(5) - 편관(7) 명운 배합이고, 지지명운은 비견(1) - 식신(3) 명운 배합입니다. 두 명운 다 대길한 운입니다. 하지만, 천간명운과 지지명운이 서로 극을 하며,

좋은 운이 극을 당하니, 대흉한 운이 되어 불행해 졌습니다.

태어날 때 가지고 온 운(천간명운)과 살아가면서 생기는 운(지지명운)이 서로 화합하지 못하고, 서로 극을 하고, 좋은 운이 극을 당한다면, 아무리 다른 운이 좋아도 불행진다는 것을 알 수 있었습니다. 말년운도 좋은 운인 식신(3)이 극을 당하니, 당연히 대흉하게 되었습니다.

계소향 : 선생님, 동화그룹이 대단한 그룹이었는데, 무너진 이유가 회장님의 명운에 다 들어가 있네요. 참으로 성명에 있는 명운이 무서워요. 회장님께서 이름풀이를 해서 빨리 개명했더라면 이런 불행은 겪지 않았을텐데, 아쉽습니다.

도금선생 : 그룹 회장님은 종사원들의 임금을 책임지고, 또 행,불행도 관여되어 있어서, 회장님의 명운이 매우 중요하겠지요.

책임이 무거운 분들이신데, 자기의 명운이 어떻게 되어 있나를 알아보고, 불행한 명운이라면 빨리 개명하여 좋은 운으로 바꾸어 주는 것도 책임자로서 해야할 도리라고 생각해요. 다음은 서양그룹 창업자이신 이양규 회장님에 대하여 알아 보겠습니다.

도금식 성명 풀이서

시기	천간명운	성명	지지명운
초년운 25~30세	비견(1)	**이**	식신(3)
중년운 55~60세	정인(10) 정인(10)	**양**	겁재(2) 겁재(2)
말년운 60세이후	상관(4)	**규**	정재(6)

〈참고〉　1. 초년운, 중년운, 말년운의 시기는, 사람들의 수명에 따라 다르므로, 위의 시기는 참고용입니다.

　　　　2. 천간명운 : 태어날 때, 가지고 온 운입니다.

　　　　3. 지지명운 : 살아가면서 생기는 운입니다.

서양그룹 창업자이신 이양규 회장님의 이름을 풀어 보겠습니다.

〈천간명운과 지지명운〉

천간명운과 지지명운은 서로 상생상합하여 길합니다.

〈초년운〉

초년운은, 비견(1) - 식신(3) 명운 배합입니다.

비견(1)이 식신(3)에게 동화되어 힘을 보태주니, 식신(3)의 기운이 더욱 더 왕성해져서 대길한 운이 되었습니다. 두 명운 배합의 특성은, 매우 건강하며 장수합니다. 낙천적입니다. 주위의 도움이 많습니다. 부귀가 따릅니다. 성질이 까다롭습니다. 정신적, 심리적, 감성적, 예술적, 종교적 재능이 탁월합니다. 풍류를 즐깁니다.

〈중년운〉

중년운은 첫자음과 받침자음이 같습니다. 이럴경우, 그 명운의 기운이 더욱 강합니다. 천간명운과 지지명운은, 정인(10) - 겁재(2) 명운 배합입니다. 겁재(2)가 정인(10)에게 동화되어 힘을 보태주니, 정인(10)의 기운이 더욱 더 왕성해 졌습니다. 두 명운 배합의 특성은, 복록이 풍부합니다. 부귀하며 명성을 떨칩니다. 복수쌍전 합니다. 주위의 도움이 많고, 성공이 순조롭습니다. 장수하며 경사도 많습니다. 집안을 일으키고 번영시킵니다. 학문, 지식, 지혜, 예술, 종교 방면에 탁월한 재능이 있습니다. 육친애가 강하여 가족간의 유대를 중히 여깁니다.

중년운 천간명운은, 정인(10) - 정인(10) 명운 배합입니다.

두 명운 배합의 특성은, 학문, 이론, 비판에 능합니다. 복록이 많고 재운도 좋습니다. 아들이 귀하고 딸이 많습니다.

주변의 도움이 많습니다. 부모덕이 없습니다. 온갖 병으로 고생합니다.

중년운 지지명운은, 겁재(2) - 겁재(2) 명운 배합입니다. 두 명운 배합의 특성은, 명예를 중히 여기며 허욕, 야망이 매우 큽니다.

재물복은 없습니다. 직장생활은 대길하나, 사업은 대흉합니다.

부부간의 불화가 많습니다. 사교성이 매우 좋습니다. 수단이 뛰어납니다.

〈초년운과 중년운의 연결 운세〉

초년운 천간명운은 비견(1)이고, 중년운 천간명운은 정인(10)입니다. 비견(1) - 정인(10) 명운 배합인데, 비견(1)이 정인(10)에게 동화되어 힘을 보태주니, 정인(10)의 기운이 더욱 더 왕성해 졌습니다. 두 명운 배합의 특성은, 학예, 학문, 지식, 비평, 이론, 예술에 탁월한 재능이 있습니다. 성격은 고귀하고 덕망도 있습니다. 장수 행복합니다. 복록이 많습니다. 인생 역경을 잘 이겨내며 무난한 운세입니다. 육친애가 강하여 가족간의 유대관계를 중히 여깁니다.

초년운 지지명운은 식신(3)이고, 중년운 지지명운은 겁재(2)입니다. 서로 상생상합하여 길한 운이 되었습니다. 두 명운 배합의 특성은, 무독합니다. 큰 풍파없이 일생을 편안하게 지냅니다. 여자복도 있고, 재물운도 따릅니다. 매우 건강하고 장수하며 행복합니다. 초년운과 중년운의 연결 운세는 좋습니다.

〈말년운〉

말년운은, 상관(4) - 정재(6) 명운 배합입니다.

서로 상생하여 길합니다. 두 명운 배합의 특성은, 초기에는 고생하기만, 말기에는 성공하는 운입니다. 근면, 성실하며 투기를 싫어합니다. 성격이 까다롭고 조심성이 많습니다. 예술, 학문, 연구분야에서 성공하는 사람이 많습니다.

〈중년운과 말년운의 연결 운세〉

중년운 천간명운은 정인(10)이고, 말년운 천간명운은 상관(4)입니다. 정인(10) - 상관(4) 명운 배합인데, 정인(10)이 상관(4)을 극하고 있습니다. 나쁜 운인 상관(4)이 극을 당하여 흉변위길하니, 대길한 운이 되었습니다. 두 명운 배합의 특성은, 복록이 많습니다.

부귀와 명성이 세계를 진동시킵니다. 만인이 우러러 봅니다.

지혜, 지식이 뛰어납니다. 장수 행복합니다.

중년운 지지명운은 겁재(2)이고, 말년운 지지명운은 정재(6)입니다. 겁재(2) - 정재(6) 명운 배합인데, 겁재(2)가 정재(6)를 극하고 있습니다. 좋은 운인 정재(6)가 극을 당하니, 대흉한 운이 되었습니다. 두 명운 배합의 특성은, 실패가 반복됩니다. 처와 재물로 인해 애로가 많습니다. 병고, 형액, 횡액, 등의 재앙이 따릅니다.

집안이 적막하고 고독하며, 단명할 수도 있습니다.

중년운과 말년운의 연결 운세는, 천간명운은 대길하나, 지지명운은 대흉합니다. 대길한 일과 대흉한 일이 다 발생된다는 뜻인데, 첫째딸이 물려 받은 사업체는 망했고, 둘째딸이 물려 받은 사업체는 크게 흥하여 현재 세계적으로 발전하고 있습니다.

도금선생 : 계소향님, 이양규 회장님의 명운에서 특이한 점이 있었던가요?

계소향 : 네, 중심명운에 재물운이 없고, 재물운은 말년운에 있었지만, 중년운에서 극을 당하여, 재물운이 제대로 힘을 쓰지 못하였는데도 큰 재벌의 회장님이 되셨다는 것이 의아해요.

도금선생 : 그렇군요. 중심명운에는 강력한 정인(10) 명운이 있었지요. 정인(10) 명운은 복록의 신이라고도 하는데요. 복록이란 재물운 뿐만 이니라, 사람이 살아가는데 행복하게 해주는 운들을 모두 복록이라고 하지요. 그래서 복록이 강하면 재물운은 저절로 따라온다고 보아야겠지요.

계소향 : 그럼, 선생님, 성명에 복록의 운이 많으면 좋겠네요.

도금선생 : 성명에 복록의 운들이 많으면 도리어 흉하답니다.

복록의 신인 정인(10)은 어머니를 의미하기도 하는데, 정인(10)이 많다는 것은 어머니가 많다는 뜻과 같잖아요. 어머니가 많으면 불행하지요. 어머니는 한 분이라야 정상이지요.

계소향 : 아, 그렇군요. 제 이름 말년운에 정인(10)이 2개나 있고, 편인(9)이 2개나 있습니다. 좋지 않나 보군요.

도금선생 : 그것은 새 이름을 지을 때, 이야기 하도록 하지요.

기업가분들의 이름풀이를 해 주었는데, 이해를 하였습니까?

계소향 : 네, 선생님, 감명이에요. 재벌 회장님의 성함이 명쾌하고, 재물운이나 복록운과 잘 조화되어 있네요.

도금선생 : 네, 그냥 부자가 된 것이 아니랍니다. 성명에 재물운이 많다던가, 복록운이 많다던가, 관운이 많다던가, 그리고 흉변 위길하여 대길한 운으로 변하여 버린다던가 하여, 좋은 운을 가지고 있는 분들이랍니다. 태어날 때, 부모님으로부터 좋은 성명을 선물로 받은 것이지요. 그 후, 삶의 과정에서 엄청난 노력으로 성명처

럼 살아가는 것이지요.

계소향 : 참말로 선생님의 성명학은 놀라워요. 저와 제 남동생 새 이름은 언제 지어주실 겁니까?

도금선생 : 네, 지금 지어 줄게요. 조금만 기다리세요.

17.

그녀와 남동생의 새 이름

이름이 바르면 모든 것이 순조롭다

도금식 성명 풀이서

시기	천간명운	성명	지지명운
초년운 25~30세	식신(3)	계	상관(4)
중년운 55~60세	정재(6)	미	편재(5)
말년운 60세이후	편관(7)	주	정관(8)

〈참고〉 1. 초년운, 중년운, 말년운의 시기는, 사람들의 수명에 따라 다르므로, 위의 시기는 참고용입니다.

2. 천간명운 : 태어날 때, 가지고 온 운입니다.

3. 지지명운 : 살아가면서 생기는 운입니다.

계소향님의 새 이름 계미주님의 이름을 풀어 보겠습니다.

〈천간명운과 지지명운〉

천간명운과 지지명운은 기존 이름에서 설명한 바와 같이, 같은 부류에 속하는 운인데, 음, 양이 다를 뿐, 속성은 같습니다.

〈초년운〉

초년운은, 식신(3) - 상관(4) 명운 배합입니다.

상관(4)과 식신(3)의 특성은, 정신적, 심리적, 감성적, 예술적, 종교적, 연구 학문적 분야에 탁월한 재능을 가지고 있습니다. 낙천적인 감성, 감각과 슬픈 감성, 감각을 모두 가지고 있는 탁월한 능력의 소유자입니다. 규정, 규칙 등 얽매인 것을 싫어하고, 변화하고, 창조하고, 새로운 것을 좋아합니다. 구속하고 얽매인 것을 싫어하니, 관운(편관, 정관)을 극합니다. 한 성질하며, 까다롭습니다. 식신(3)은 낙천적이나, 상관(4)은 비관적입니다. 두 명운 다 여자에게는 자식을 의미합니다.

〈중년운〉

중년운은, 정재(6) - 편재(5) 명운 배합입니다.

두 명운 다 재물운으로서 재물운이 넘쳐납니다. 두 명운 배합의 특성은, 재물운이 넘쳐서 부귀합니다. 결혼후 살림이 늘어나고 남편이 출세합니다. 총명하고 다재다능하며 다방면에서 능력을 발휘합니다. 성격은 조심성이 많고, 고지식하고, 이기적입니다.

건강하고 장수하며 행복합니다.

⟨초년운과 중년운의 연결 운세⟩

초년운 천간명운은 식신(3)이고, 중년운 천간명운은 정재(6)입니다. 식신(3) - 정재(6) 명운 배합인데, 서로 상생하고, 식록 건강 자식운과 재물운이 만나니, 대길한 운이 되었습니다. 두 명운 배합의 특성은, 주위의 도움이 많고, 경사도 많으며, 성공이 순조롭습니다. 건강 장수 합니다.

자식복이 많으며 남편복도 있습니다. 재물복이 많습니다. 일생 평안하며 결혼 후 집안이 융성해 집니다.

초년운 지지명운은 상관(4)이고, 중년운 지지명운은 편재(5)입니다.

상관(4) - 편재(5) 명운 배합인데, 두 명운 배합의 특성은, 재운이 좋으나, 불안정합니다. 사업은 불길하고 직장생활은 길합니다.

생활력이 강하고 자존심도 강합니다. 주색이나 춤바람을 조심하여야 합니다. 서로 상합하나 상관(4)은 흉하고, 편관(5)은 길하여 길 흉이 반 반이라서 다른 명운에 따라 대길하거나 대흉합니다.

다른 명운이 좋아서 대길한 운이 되었습니다.

〈말년운〉

말년운은, 편관(7) - 정관(8) 명운 배합입니다.

두 명운 다 관운으로서 명예가 큽니다. 두 명운 배합의 특성은, 통이 크고 뱃장이 두둑합니다. 여자는 남자 역할을 해야 합니다.

여자에게는 남자문제가 복잡합니다. 흠있는 남자를 만나면 대길합니다. 여자는 사회 생활을 하면 길합니다. 재운을 만나면 명예와 권위가 더욱 더 빛을 발합니다.

〈중년운과 말년운의 연결 운세〉

중년운 천간명운은 정재(6)이고, 말년운 천간명운은 편관(7)입니다. 정재(6) - 편관(7) 명운 배합인데, 재물운과 관운이 만나서 대길한 운이 되었습니다.

두 명운 배합의 특성은, 재물운이 많습니다. 명예, 권위가 따릅니다.

일평생 안락하고 무독합니다. 근면 성실하면서도 추진력이 강합니다.

진취적입니다. 결혼 후 집안 살림이 부유해 집니다. 남편이 출세합니다. 사회활동은 길합니다.

중년운 지지명운은 편재(5)이고, 말년운 지지명운은 정관(8)입니다. 편재(5) - 정관(8) 명운 배합인데, 재물운과 관운이 만나서 대길한 운이 되었습니다. 두 명운 배합의 특성은, 지, 덕을 겸비한 지도자 운입니다. 처세에 뛰어납니다. 재물복이 많습니다. 권위, 명예가 따릅니다. 재물운이 힘을 보태주어 남편이 출세합니다.

직장운도 좋습니다. 인품이 뛰어납니다.

이처럼 중년운과 말년운의 연결 운세는 대길한 운입니다.

〈첨언〉

기존의 성명인 계소향은 초년운이 식신(3) - 상관(4) 명운 배합이었고, 중년운은 정관(8) - 편관(7) 명운 배합이었습니다. 식신(3) - 상관(4) 명운 배합이, 정관(8) - 편관(7) 명운 배합을 극하고 있는 상태이므로, 남자운, 권위 명예 직장운 등에 불행이 닥쳐왔습니다.

이런 문제점을 해결하고자, 중년운에 재물운인 정재(6), 편재(5) 명운을 넣었습니다.

그리고 편재(5)는 아버지를 의미하므로 아버지 덕도 볼 것입니다.

식신(3), 상관(4) 명운도 재물운을 좋아하고, 정관(8), 편관(7) 명운도 재물운을 좋아하니, 초년운, 중년운, 말년운이 서로 막히지 않고 잘 흘러서 대길한 운이 되었습니다.

카오그룹 김범주 회장님의 명운도 이처럼 구성되어 있어서 대성하게 된 것입니다.

이제 개명을 하면, 계미주님도 하는 일마다 막힘없이 잘 풀려나갈 것입니다. 김범주 회장님 명운과 비교해 보세요. 거의 같지요.

계소향 : 정말 그렇네요. 김범주 회장님은 성 김의 받침 자음에 재물운이 더 있는 것 빼고는 다 같네요.

도금선생 : 계소향님도 개명하면 부자가 될 것입니다. 아니, 재벌이 될 수도 있겠지요.

계수향 : 호! 호! 호! 선생님도, 농담도 잘 하시네요. 무슨 수로 재벌이 될 수 있단 말입니까?

도금선생 : 누가 압니까? 미래에 일어날 일들을, 그러나 확실한 것은, 절대 명운은 거짓말을 하지 않습니다. 다 자기 명운대로 살아가고 있는 것이지요. 분명히 재물운 이 계수향님의 인생문제를 해결해 줄 것입니다.

계수향 : 듣고 있으니, 기분이 좋고, 희망이 생기네요. 계미주, 새 이름을 불러 보니, 나쁘지는 않는데, 익숙하 지 않아서 그런지 몰라도 아직 정이 붙지 않네요.

도금선생 : 걱정 마세요. 계속 남들이 불러주고, 본인도 부르고, 또 글자로 쓰고 하면, 저절로 익숙해 지고, 정도 붙고, 자기의 분신처럼 느껴지게 될 것입니다.

계수향 : 네, 알겠습니다. 남동생 새 이름은 무엇입니까?

도금선생 : 남동생인 계홍직님의 새 이름은 계동백입니다.

도금식 성명 풀이서

시기	천간명운	성명	지지명운
초년운 25~30세	편관(7)	계	편관(7)
중년운 55~60세	편재(5) 식신(3)	동	편재(5) 식신(3)
말년운 60세이후	정인(10) 정관(8)	백	정인(10) 정관(8)

〈참고〉 1. 초년운, 중년운, 말년운의 시기는, 사람들의 수명에 따라
　　　　　다르므로, 위의 시기는 참고용입니다.

　　　　2. 천간명운 : 태어날 때, 가지고 온 운입니다.

　　　　3. 지지명운 : 살아가면서 생기는 운입니다.

남동생 계홍직님의 새 이름 계동백님의 이름을 풀어 보겠습니다.

〈천간명운과 지지명운〉

천간명운과 지지명운은 같습니다. 이럴경우, 명운의 기운이 매우

강합니다. 따라서 좋은 이름으로 살아가면, 더욱 더 행복해 지고,

나쁜 이름으로 살아가면, 더욱 더 불행해 집니다.

〈초년운〉

초년운은 편관(7) - 편관(7) 명운 배합입니다. 기존 이름과 같으며, 십대 명운중에서 가장 강한 기운의 명운 배합입니다. 기존 이름에서 설명했듯이 다른 명운의 결합에 따라 대길하거나 대흉합니다.

〈중년운〉

중년운 첫자음은, 편재(5) - 편재(5) 명운 배합입니다.

재운인 편재(5)가 2개나 있어서 재운이 매우 강합니다. 두 명운 배합의 특성은, 재운이 많아서 부귀를 누립니다. 주색을 좋아합니다. 수입보다 지출이 많을 수 있으니, 금전관리를 철저히 하여야 성공할 수 있습니다. 분주 다사합니다. 역마성이 강하여 객지로 많이 돌아 다닙니다. 인정이 많고 선량하며 친절합니다. 이성에 특히 친절합니다. 아버지 덕이 많습니다. 다른 명운의 결합에 따라 대길하거나 대흉합니다.

중년운 받침자음은, 식신(3) - 식신(3) 명운 배합입니다.

식신(3)이 2개나 있어서 식신(3)의 기가 매우 강합니다. 두 명운 배합의 특성은, 매우 건강하고 낙천적입니다. 식록이 풍부하여 의식주에 근심 걱정이 없습니다. 정신적, 심리적, 감성적, 예술적, 종교적 분야에 탁월한 재능이 있습니다. 성격은 까다롭고, 의심이 많고 외곬수입니다. 구속과 얽매임을 싫어합니다. 재물복도 있습니다.

중년운 천간명운과 지지명운은, 편재(5) - 식신(3) 명운 배합입니다. 두 명운이 서로 상생하여 대길한 운입니다. 두 명운 배합의 특성은, 재물운과 식록이 만나니 복록이 많습니다. 주위의 도움이 많고 순조롭게 성공합니다. 처복이 있습니다. 여자를 만나서 결혼하면 집안이 융성해집니다. 인격이 고귀하고 도량이 넓습니다. 건강 장수하며 행복합니다. 주색을 좋아합니다.

〈초년운과 중년운의 연결 운세〉

초년운은 편관(7)이고, 중년운 첫자음은 편재(5)입니다.

편관(7) - 편재(5) 명운 배합인데, 관운과 재운이 만나서 대길한 운이 되었습니다. 두 명운 배합의 특성은, 재물운과 관운이 만나서 성공이 순조롭고 목적을 달성합니다. 부귀를 누리고 명예가 따릅니다. 주위의 도움이 많습니다. 자립대성하는 운입니다.

주색을 좋아합니다. 귀기가 있어 영적 감각이 뛰어나 선경지명 능력이 있습니다.

초년운은 편관(7)이고, 중년운 받침자음은 식신(3)입니다.

편관(7) - 식신(3) 명운 배합인데, 식신(3)이 편관(7)을 극하고 있습니다. 극을 하여 대흉하였는데, 가운데 편재(5)가 있어서 서로 소통시켜주니, 편관(7) - 식신(3) 명운 배합이 대길한 운으로 변하였습니다.

〈말년운〉

말년운 첫자음은, 정인(10) - 정인(10) 명운 배합입니다.

정인(10)이 2개나 있어서 정인(10)의 기운이 매우 강합니다.

정인(10)의 특성은, 복록, 지혜, 지식, 장수, 수명, 어머니, 모성애, 유순함 등이 있으며, 육친애가 강합니다. 좋은 운입니다.

말년운 받침자음은, 정관(8) - 정관(8) 명운 배합입니다.

정관(8)이 2개나 있으니, 명예, 권위의 운세가 강합니다. 다른 명운과의 결합에 따라 대길하거나 대흉합니다.

말년운 천간명운과 지지명운은 정인(10) - 정관(8) 명운 배합입니다. 두 명운 배합의 특성은, 지덕을 겸비한 지도자 운입니다.

권리가 많고 순조롭게 성공합니다. 주위에서 도와주는 사람이 많습니다. 부귀와 명예를 얻습니다. 집안을 빛냅니다. 장수합니다.

〈중년운과 말년운의 연결 운세〉

중년운 받침자음은 식신(3)이고, 말년운 첫자음은 정인(10)입니다.

식신(3) - 정인(10) 명운 배합인데, 두 명운은 서로 좋은 운이라서 대길한 운이 되었습니다. 두 명운 배합의 특성은, 오복을 가지는 대길운입니다.

복록이 많습니다. 건강 장수하며 행복합니다.

군자 대인입니다. 집안을 번성하게 합니다. 일평생 안락합니다.

중년운 첫자음은 편재(5)이고, 말년운 첫자음은 정인(10)입니다.

편재(5) - 정인(10) 명운 배합인데, 편재(5)는 아버지요, 정인(10)은 어머니이므로, 이상적인 부부의 만남이므로 길한 운으로 봅니다. 두 명운 배합의 특성은, 부모덕이 있습니다. 재물복도 있습니다. 건강 장수 합니다. 명예심이 강합니다. 학문, 문예, 비평, 이론, 종교 방면에 탁월한 재능이 있습니다. 무독합니다.

이처럼 중년운과 말년운의 연결 운세도 대길한 운입니다.

〈첨언〉

기존 이름인 계홍직의 명운은, 편관(7) - 식신(3) - 편관(7) 으로 구성되어 있었습니다. 식신(3)이 편관(7)을 극하니, 살아가면서 제대로 풀리는 일이 없었을 것입니다. 꽉 막힌 운을 풀어주기 위하여, 계수향님의 새 이름에 있는 명운처럼 재물운을 넣어서 막힌운을 소통시켰습니다. 그리고 중년운과 말년운도 잘 연결될 수 있도록, 말년운에는 정인(10)명운과 정관(8)명운을 넣었습니다.

초년운, 중년운, 말년운이 잘 연결되어 성명 전체가 대길한 운이 된 것입니다.

중년운에 강한 편재(5)운을 넣었으니, 아직 미혼이시면, 여자를 만날 것이고, 결혼 후에는 집안이 번창해질 것입니다.

계소향 : 고맙습니다. 선생님, 제가 들어도 느낌이 좋은 이름이에요.

동생이 개명하여 잘 살아주면 더없이 좋겠습니다만, 제 말을 들을 지 걱정이에요. 약간 소심하고 의심이 많아서 적극적이지 못해요.

도금선생 : 한번 저한테 오시라고 해요, 상담을 해서 마음을 돌려 보도록 하지요.

계소향 : 네, 얘기해 볼게요. 오늘은 이만 가 보아야 겠습니다.

안녕히 계세요.

도금선생 : 네, 잘 가십시요.

18.

형제간에 돌림자를 쓰는 아이의 명운

이 세상에서 가장 아름다운 말은 자기 이름이다.
이름을 소중히 여겨라.

〈이제 제법 따스한 기운이 느껴지는 것을 보니, 봄이 왔음을 피부로 알 수가 있다. 묵은 작년 자료를 정리하고, 겨울내 쌓인 먼지를 털어내는 대청소를 하고 있는데, 젊은 부인이 어린 여자아이를 데리고 사무실을 찾아왔다〉

젊은부인 : 안녕하세요?

도금선생 : 어서 오세요. 이리로 와서 앉으세요.

젊은부인 : 네, 감사합니다. 여기서 이름풀이도 해 줍니까?

도금선생 : 네, 이름풀이도 하지요. 누구 이름이 궁금하십니까?

젊은부인 : 제 딸 이름이 궁금하구요, 그리고 첫째인 제 아들 이름도 같이 풀이를 좀 해 주세요.

도금선생 : 같이 온 아이 이름이 제일 궁금하다는 것이지요.

젊은부인 : 네, 둘째랍니다. 얘야, 선생님께 인사드려라.

어린아이 : 안녕하세요?

도금선생 : 아이구, 귀엽게 생겼구나. 그래, 이름이 뭐지?

어린아이 : 네, 김지열이에요.

도금선생 : 아이구, 대답도 잘하지, 그래, 몇살이니?

어린아이 : 네살이에요.

도금선생 : 김지열 어머님, 여기 종이에 아들과 딸 이름과 나이를 적어 주실래요.

젊은부인 : 네, 여기 적어 왔답니다.

도금선생 : 어디 봅시다. 형제간에 두살 터울이네요. 그리고 형제라고 "열" 자를 돌려 썼네요. 그럼 잠깐 기다리세요.

도금식 성명 풀이서

시기	천간명운	성명	지지명운
초년운	정관(8)	**김**	편인(9)
25~30세	정인(10)		비견(1)
중년운	비견(1)	**지**	상관(4)
55~60세			

시기	천간명운	성명	지지명운
말 년 운 60세이후	상관(4)	열	편재(5)
	정재(6)		편관(7)

〈참고〉　1. 초년운, 중년운, 말년운의 시기는, 사람들의 수명에 따라
　　　　　다르므로, 위의 시기는 참고용입니다.
　　　　2. 천간명운 : 태어날 때, 가지고 온 운입니다.
　　　　3. 지지명운 : 살아가면서 생기는 운입니다.

여자아이 김지열의 이름을 풀어 보겠습니다.

〈천간명운과 지지명운〉

좌측에 있는 명운을 천간명운이라고 하고, 태어날 때 가지고 온
운입니다. 우측에 있는 명운을 지지명운이라고 하고, 살아가면서
생기는 운입니다.

천간명운과 지지명운이 서로 상생상합하여 조화로우면, 행복해
지고, 서로 조화롭지 않으면 불행해 지며, 서로 극을 할 때에는, 좋
은 운을 극을 하면 불행해 지고, 나쁜 운을 극을 한다면, 나쁜 운이
좋은 운으로 변하여 흉변위길하니, 대성하고 행복해 집니다.

김지열 아이의 이름은 천간명운과 지지명운이 서로 상생상합하
여 좋습니다. 다만, 중년운에서 나쁜 운이 상생상합하여 전체적으

흉한 운이 되었습니다.

10대 명운중에서 나쁜 운은, 겁재(2), 상관(4), 편인(9)이 있으며, 정재(6)는 재물운으로서 재물운이 너무 많으면 나쁜 운으로 변하고, 편관(7)은 살기가 강해서 주변 명운이 도와주지 않으면 나쁜운으로 변합니다.

〈초년운〉

초년운은 성 김이 초년운인데, 보통 25세 ~ 30세까지로 봅니다.

초년운, 중년운, 말년운은 그 사람의 수명에 따라 기간이 다르므로, 대략적으로 3등분하여 이해하시면 됩니다.

초년운 첫자음은, 정관(8) - 편인(9) 명운 배합입니다.

정관(8)의 특성은, 관운으로서 문관을 의미하며, 관리의 품성입니다. 명예, 권위, 관청, 직장, 법률, 보수성, 책임자, 지도자, 통솔 등이 있으며, 여자에게는 정실남편을 의미하기도 합니다. 따라서 강한 정실남편운이 있습니다.

편인(9)의 특성은, 실패, 좌절, 중도포기, 유시무종, 도식, 건강해, 자식해, 의식주 불안, 파재, 병재, 방랑, 고독한 개척자, 창조, 창의적인 아이디어, 변화, 혁신, 난세의 영웅 등이 있는데, 나쁜 운입니다. 성에 편인(9)이 강하게 있거나, 이름에 편인(9)이 많으면, 계모 또는 서모가 있는 것이고, 만약, 계모 또는 서모가 없고 친모라면,

아버지와 인연이 적거나 친모의 젖이 부족했을 것입니다.

두 명운 배합의 특성은, 길, 흉이 반반이라서 다른 명운의 길, 흉에 따라서 대길하거나 대흉합니다. 권위 명예를 좋아하고, 두뇌가 비상합니다. 건강을 해하므로 잔병이 있습니다. 무엇인가 달성할려고 하나 잘 이루어지지가 않습니다. 관리업무를 잘 하므로 직장생활은 길합니다. 심성을 단정히 하고 수련을 꾸준히 한다면, 복록이 따르고 영화도 많습니다.

초년운 받침자음은, 정인(10) - 비견(1) 명운 배합입니다.

두 명운이 서로 상생상합하고, 비견(1)이 정인(10)에게 동화되어 힘을 보태주니, 정인(10)의 기운이 더욱 왕성해져서 대길한 운이 되었습니다. 정인(10)의 특성은, 복록, 지혜, 지식, 학문, 수명, 장수, 어머니, 모성애, 유순함 등이 있으며, 좋은 운입니다. 비견(1)의 특성은, 나 자신, 자존, 형제, 친구, 친척, 독립, 고집, 세력을 형성함, 대외관계 적극, 가정은 무관심, 직장생활은 길하고 사업은 흉함. 재물을 가벼이 여김, 재물운을 극함, 재물운은 극하지만 다른 명운을 만나면, 그 명운에 동화되어 힘을 보태줌 등이 있습니다.

두 명운 배합의 특성은, 육친애가 강하여 가족간 유대관계를 소중히 여깁니다. 모성애가 강합니다. 유순한 성격입니다. 복록이 많습니다. 장수합니다. 지혜, 지식, 학문, 문예, 종교, 예술 등에 탁월한 재능이 있습니다. 인생항로를 헤쳐나가는데 적응력이 뛰어나서 남들에게 신망을 얻습니다. 가장 무난하고 안정된 운입니다.

사방에 도와주어야할 사람이 많습니다. 음식솜씨가 좋습니다.

고상한 취미 갖기를 좋아합니다.

초년운 천간명운은, 정관(8) - 정인(10) 명운 배합입니다.

두 명운 배합의 특성은, 지덕을 겸비한 지도자의 운으로서, 매우 강한 지도자 운입니다. 그래서 남자에게는 대길한 운이나, 여자에게는 흉할 수도 있습니다. 하지만, 요즘 시대에는 남녀가 평등하고, 정치계, 학계, 예술계, 공무원, 기업 등, 각계, 각층에서 여성지도자 및 책임자가 많습니다. 그러므로 지도자나 책임자가 될 인물이면, 여자에게도 대길한 운입니다.

초년운 지지명운은, 편인(9) - 비견(1) 명운 배합입니다.

비견(1)이 편인(9)에게 동화되어 힘을 보태주니, 편인(9)의 기운이 더욱 왕성해 졌습니다.

두 명운 배합의 특성은, 난세의 영웅운입니다.

평화일 때는 평범합니다. 가정이나 사회나 동일합니다.

편인(9)은 자녀운을 극하므로 자녀로 인해 애로가 많습니다. 병고가 많습니다. 이론이나, 지혜, 사고력이 심원합니다. 식신을 극하므로 의식주가 불안하며, 늘 허기진 상태이므로, 음식과 관련한 직업을 가지는 사람이 많습니다. 창의적이며 창조하려 합니다.

〈중년운〉

중년운은, 비견(1) – 상관(4) 명운 배합입니다.

비견(1)이 상관(4)에게 동화되어 힘을 보태주니, 상관(4)의 기운이 더욱 왕성해 졌습니다.

상관(4)의 특성은, 비관, 비판, 허무, 망신, 불안, 염세주의, 실패, 자살, 자식(배다른 자식), 정신적, 심리적, 감성적, 예술적, 종교적, 재능이 탁월합니다.

변화, 혁신적이며, 구속을 싫어합니다. 관운(편관, 정관)을 극하므로 과부운입니다.

10대 명운 중에서 제1 흉운으로 매우 나쁜 운입니다.

중년운은 인생에서 가장 열심히 일하고 활기찬 때이므로, 주요 성격도 이 때 형성됩니다.

그래서 중심운이라고도 합니다. 남, 녀 궁합을 볼 때도 중심운을 먼저 봅니다.

이처럼 중요한 중심운이 대흉한 운으로 구성되어 있습니다. 잘못된 작명입니다.

두 명운 배합의 특성은, 평생 풍파가 많고 고통을 많이 겪는 운입니다.

복록이 부족합니다. 슬픈 일과 흉사가 많이 생깁니다.

자주 남과 충돌합니다. 신경질적입니다. 과부운입니다.

병치레를 많이 합니다. 항상 적막합니다.

〈초년운과 중년운의 연결 운세〉

초년운 천간명운 받침자음은 정인(10)이고, 중년운 천간명운은 비견(1)입니다. 정인(10) - 비견(1) 명운 배합인데, 초년운의 받침자음에서 설명한 바와 같이 대길한 운입니다.

초년운 천간명운 첫자음은 정관(8)이고, 중년운 천간명운은 비견(1)입니다.

정관(8) - 비견(1) 명운 배합인데, 비견(1)이 정관(8)에게 동화되어 힘을 보태주니, 정관(8)의 기운이 더욱 왕성해 져서 대길한 운이 되었습니다.

여자에게는 정관(8)이 정실남편도 되므로, 혹여 정관(8)이 2개가 되는 모양새이므로, 다른 남자에게 한 눈 팔지 않도록 조심하고 본남편에게 잘 대해 주어야 합니다.

초년운 지지명운 받침자음은 비견(1)이고, 중년운은 상관(4)입니다. 비견(1) - 상관(4) 명운 배합인데, 중년운과 같으며 대흉한 운입니다.

초년운 지지명운 첫자음은 편인(9)이고, 중년운 지지명운은 상관(4)입니다. 편인(9) - 상관(4) 명운 배합인데, 둘 다 나쁜 운이지만 편인(9)이 상관(4)을 극하여 흉변위길하니 길한 운이 되었습니다.

두 명운 배합의 특성은, 난세를 만나면 영웅격입니다.

소질을 살려 대성할 수 있습니다. 자식에게 안 좋은 일이 생깁니다.

복록도 있고 행운도 잡을 수 있으나, 편인(9)과 상관(4)은 모두 나쁜 운이라서, 어떤 형태로든 불행은 닥쳐오니, 횡액을 조심하여야 합니다.

〈말년운〉

말년운 첫자음은, 상관(4) - 편재(5) 명운 배합입니다.

상관(4) 명운과 편재(5) 명운은 서로 상생하나 길, 흉이 반반이라서 다른 명운과의 결합에 따라 대길하거나 대흉합니다.

두 명운 배합의 특성은, 재운은 좋으나 불안정합니다.

사업은 불길하고 직장생활은 길합니다.

생활력이 강하고 자존심도 강합니다.

주색이나 춤바람을 조심하여야 합니다.

말년운 받침자음은, 정재(6) - 편관(7) 명운 배합입니다.

재물운과 관운이 만나서 대길한 운이 되었습니다.

두 명운 배합의 특성은, 재물운이 많습니다.

결혼 후 집안이 부유해 집니다. 사회활동은 길합니다.

재운이 남자를 도와서 출세시킵니다.

흠있는 남자를 만날 가능성이 높습니다. 일생 안락합니다.

말년운 천간명운은, 상관(4) - 정재(6) 명운 배합입니다.

두 명운은 서로 상생하여 길합니다.

두 명운 배합의 특성은, 처음에는 고생하나, 결국은 성공하는 운입니다.

사업은 실패하나 직장생활은 길합니다.

근면, 성실, 절약, 저축하는 기질이 있습니다.

생활력이 강하고 인내력이 있습니다. 흉중 길한 운입니다.

말년운 지지명운은, 편재(5) - 편관(7) 명운 배합입니다.

재물운과 관운이 만나서 대길한 운이 되었습니다. 두 명운 배합의 특성은, 역경에 강한 여장부의 운입니다. 사회활동은 길합니다.

흠있는 남자와 인연이 있어서 후처로 가면 좋습니다. 재물운이 많습니다. 자수성가하는 운입니다. 주위의 도움이 많습니다.

〈중년운과 말년운의 연결 운세〉

중년운 천간명운은 비견(1)이고, 말년운 천간명운 첫자음은 상관(4)입니다.

비견(1) - 상관(4) 명운 배합인데, 중년운에서 설명한 바와 같이 대흉한 배합입니다.

중년운 천간명운은 비견(1)이고, 말년운 천간명운 받침자음은 정재(6)입니다.

비견(1) - 정재(6) 명운 배합인데, 비견(1)이 정재(6)를 극하고 있습니다.

두명운 배합의 특성은, 재물운이 극을 당하여 재물로 인한 고통이 심합니다.

복록이 없습니다. 형제간의 덕이 없고 손해를 봅니다. 생활고가 많습니다.

부부 풍파가 있습니다. 병고와 재앙이 닥칩니다.

중년운 지지명운은 상관(4)이고, 말년운 지지명운 첫자음은 편재(5)입니다.

상관(4) - 편재(5) 명운 배합인데, 말년운 첫자음에서 설명한 바와 같이, 길 흉이 반반이라서 다른 명운의 길 흉에 따라 대길하거나 대흉합니다만, 다른 명운 배합이 대흉하여 대흉한 운으로 변하였습니다.

중년운 지지명운은 상관(4)이고, 말년운 지지명운 받침자음은 편관(7)입니다.

상관(4) - 편관(7) 명운 배합인데, 상관(4)이 편관(7)을 극하고 있습니다.

두 명운 배합의 특성은, 편관(7)이 극을 당하여 극부극자하는 과부운으로서 대흉한 운입니다.

팔자가 세며 인덕이 없습니다. 분주다사하지만 별 소득은 없습니다.

빈곤, 망신, 온갖 질병, 단명의 재앙이 따르고 천박한 생활을 합니다.
이처럼 중년운과 말년운의 연결 운세는 대흉합니다.

도금선생 : 지금까지 딸의 이름풀이를 했는데, 잘 들었습니까?

젊은부인 : 네, 선생님. 어찌 이렇게 안 좋을 수가 있나요? 일찍 찾아 뵙고 딸의 인생을 알아봤으니 다행이네요. 그냥 그대로 살아가도록 하였다면, 큰 불행을 겪을 뻔 했어요.

도금선생 : 딸의 이름을 보면, 초년운인 성 김은, 리더하고 지도하고 책임지는 관리자 또는 책임자의 운을 가지고 태어났답니다. 이런 좋은 운을 복돋아 주거나 이어받을 운으로 이름을 지어야 하는데, 중년운을 보면, 나쁜 운이 강하게 있는 대흉한 운으로 되어 있었고, 중년운과 말년운의 연결 운세도 대흉하게 구성되어 있습니다.
풍파가 많고 고통이 심한 인생으로 구성된 이름을 지어 주었답니다.

젊은부인 : 제 아들 이름도 좀 풀어 주세요.

도금선생 : 네, 첫째 자녀인 아들 김춘열에 대하여 알아 보겠습니다.

도금식 성명 풀이서

시기	천간명운	성명	지지명운
초년운	정재(6)	김	정재(6)
25~30세	정관(8)		정관(8)
중년운	편인(9)	춘	편인(9)
55~60세	식신(3)		식신(3)
말년운	겁재(2)	열	겁재(2)
60세이후	상관(4)		상관(4)

〈참고〉 1. 초년운, 중년운, 말년운의 시기는, 사람들의 수명에 따라
다르므로, 위의 시기는 참고용입니다.

2. 천간명운 : 태어날 때, 가지고 온 운입니다.

3. 지지명운 : 살아가면서 생기는 운입니다.

첫째 자녀인 아들 김춘열의 이름풀이를 해 보겠습니다.

〈천간명운과 지지명운〉

천간명운과 지지명운은 같습니다. 이럴경우, 명운의 기운이 매우
강렬합니다. 따라서 좋은 이름으로 살아가면 더욱 더 행복해 지고
나쁜 이름으로 살아가면 더욱 더 불행해 집니다.

초년운은 대길하나, 중년운과 말년운은 나쁜 운으로 구성되어 있

어서 대흉합니다.

〈초년운〉

초년운 천간명운과 지지명운은, 정재(6) - 정관(8) 명운 배합입니다.

서로 상생하며, 재물운과 관운이 만나니, 대길한 운이 되었습니다.

두 명운 배합의 특성은, 재물운이 많아서 부귀가 따릅니다.

권위, 명예를 소중히 여깁니다. 주위의 도움이 많고 하는 일마다 쉽게 달성하고 발전합니다.

평생 큰 재앙이 없으며 부귀영화를 누립니다.

직장생활은 대길하나, 사업은 흉합니다. 매우 성실하며 책임감이 강합니다. 처복도 많습니다.

〈중년운〉

중년운 천간명운과 지지명운은, 편인(9) - 식신(3) 명운 배합입니다. 편인(9)이 식신(3)을 극하고 있어서, 대흉한 운이 되었습니다.

두 명운 배합의 특성은, 온갖 장애가 따르며, 성공은 낙망입니다.

복록이 없습니다. 각종 질병, 파재, 형벌의 재앙이 따릅니다.

의식주가 불안합니다. 건강악화, 단명할 수 있습니다. 빈곤합니다.

〈말년운〉

말년운 천간명운과 지지명운은, 겁재(2) - 상관(4) 명운 배합입니다.

두 명운 서로 상생상합하나, 모두 나쁜 운이 상생상합하기 때문에 대흉한 운이 되어 버렸습니다.

겁재(2)의 특성은, 재물운을 극하는 것이고, 상관(4)의 특성은, 관운을 극하는 것이이라서, 두 명운의 만남은 너무나 나쁜 것입니다.

두 명운 배합의 특성은, 대단히 대흉한 배합이며 만사지흉입니다.

재물복도 없고, 재물을 탕진합니다. 처복도 없습니다. 관운을 극하여 직장복도 없고, 관청에 끌려갈 운이므로 형벌의 재앙이 있습니다.

부부간의 불화가 심합니다. 온갖 질병과 사상의 불행이 따릅니다.

형제에게 불행이 닥칩니다. 특이하게 예능, 예술, 학문, 연구계통에는 대성할 수도 있습니다.

〈첨언〉

태어날 때, 성인 김의 초년운을 보면, 대길한 운이었습니다.

그런데, 이름을 잘못 지어서 중년운과 말년운은 대흉한 운으로 되어 있습니다. 아이의 인생을 완전히 망쳐 놓을 수가 있습니다.

하루 빨리 개명하여 아이의 장래를 밝게 해주는 것이 좋겠습니다.

젊은부인 : 아니, 제 아들 이름이 이렇게 흉하단 말입니까? 아! 큰일날 뻔 했네요. 제가 오늘 정말 잘 찾아왔습니다.

도금선생 : 어떤 이유에서 "열" 자를 자녀 이름에 돌림자로 사용했는지는 모르겠으나, "열" 자가 자녀에게는 매우 나쁜 이름입니다. 그리고, 자녀에게 같은 글자를 돌림자로 사용하여 이름을 짓는 것은 잘못된 것입니다. 왜냐하면, 같은 글자라도 명운이 매년 바뀌기 때문에 자녀의 운명이 싹 달라집니다. 바뀌는 명운이 무엇인지도 모르고, 형제, 자매라 해서 같은 글자를 사용하는 것은, 자녀의 인생을 어두운 세계로 던져 놓은 것과 같습니다.

젊은부인 : 그럼, 선생님, 어떻게 하면 좋겠습니까?

도금선생 : 남편분과 잘 상의하셔서 개명하세요. 자녀들이 아직 어리니까 다행이에요. 운이 굳어지기 전에 빨리 개명하세요.

과거에는 개명하기가 너무 어려웠답니다. 이제 법이 바뀌어서 특별한 사유가 없는 한, 가정법원에서 개명을 허가해 준답니다.

젊은부인 : 고맙습니다. 남편과 의논해서 빨리 개명할게요.

오늘 비용은 얼마입니까?

도금선생 : 네, 이름풀이는 한 사람당 100,000원을 받고

있습니다. 두 사람이니, 200,000원입니다.

젊은부인 : 네, 여기 있습니다. 오늘 정말 감사했습니다.

그럼, 수고하세요. 얘야 선생님께 인사드려야지.

김지열 : 선생님, 안녕히 계세요.

도금선생 : 잘 가요.

〈두 모녀가 간 후, 나는 젊은 부인의 예지력에 찬사를 보냈다. 자녀 이름을 풀어보지 않았다면, 두 자녀 모두 불행하게 살아갔을테고, 집안도 엉망이 되었을텐데, 자녀가 초등학교도 가지 않은 어린 나이에, 이름풀이를 해서 자녀의 인생을 알아보고 대처하는 부모는 거의 없었다. 참, 잘한 일이었다. 자녀가 다 커서 불행이 닥쳤을 때, 운명을 알아보면 늦은 감이 있는 것이다〉

19.

연예인의 명운

이름의 명운을 파악하고 살아갈 길을 모색하라.

〈오후 저녁 무렵, 계소향님이 찾아왔다〉

도금선생 : 아니, 며칠전 뵙는데, 어찌 이리 빨리 저를 찾아 왔나요?

계소향 : 네, 선생님이 지어주신 저와 제 남동생 새 이름에 대하여 의논할 것이 있어서요. 가족들에게 이야기를 했더니만, 어머니께서 저의 새 이름에 어머니운을 모두 뺐다고 반대하신답니다.

그리고, 제 남동생 새 이름에 "동" 자가 아버지 이름에도 있어서 반대를 하시네요. 어떻게 하면 좋겠습니까?

도금선생 : 아, 그래요? 그러면 가족이 원하는 방향으로 다시 이름을 지어 드릴께요.

계소향 : 제 딸은 사춘기라서 그런지, 자기는 연예계로 진출하고 싶다고 하는데, 괜찮을까요?

도금선생 : 연예계요? 연예계는 적성이 맞아야 하는데,

그냥 젊은 기분으로 연예계로 진출한다는 것은 큰 실수랍니다. 무척 힘든 분야입니다.

그렇다면, 우선 연예계에서 활동하고 계신 몇몇 분들의 명운을 알아 보도록 할게요.

계소향 : 고맙습니다. 딸을 설득시킬 그 무엇인가가 필요해요.

도금선생 : 조금 기다려 주세요. 자료를 가지고 오겠습니다.

도금선생 : 자, 자료를 가지고 왔습니다.

연예인들의 명운을 보면, 겁재(2), 식신(3), 상관(4), 정인(10) 명운이 주력 명운으로 자리잡고 있습니다. 이들 명운의 특성을 보면, 겁재(2)는, 대중적이고 사교성이 뛰어난 능력을 가지고 있습니다.

식신(3)은, 정신적, 심리적, 감성적, 예술적, 종교적 재능이 뛰어나며, 말을 잘합니다. 낙천적인 감성이 뛰어납니다.

상관(4)은, 정신적, 심리적, 감성적, 예술적, 종교적 재능이 뛰어나며, 말을 잘합니다. 비관적이고 슬픈 감성이 뛰어납니다.

정인(10)은, 학문, 학예, 예술, 종교 분야에 재능이 뛰어나며, 말을 잘하고, 논리적, 이론적으로 말을 잘합니다.

자, 지금부터 유명한 연예인 몇몇 분의 명운을 알아 보겠습니다.

도금식 성명 풀이서

시기	천간명운	성명	지지명운
초년운 25~30세	정재(6)	이	편관(7)
중년운 55~60세	상관(4) 상관(4)	영	편재(5) 편재(5)
말년운 60세이후	상관(4)	아	편재(5)

〈참고〉 1. 초년운, 중년운, 말년운의 시기는, 사람들의 수명에 따라 다르므로, 위의 시기는 참고용입니다.

2. 천간명운 : 태어날 때, 가지고 온 운입니다.

3. 지지명운 : 살아가면서 생기는 운입니다.

세계적인 스타, 영화 배우이고 탤런트인 이영아님의 명운을 알아 보겠습니다.

중년운과 말년운의 천간명운이, 모두 상관(4) 명운으로 되어 있습니다.

강력한 상관(4) 명운입니다. 상관(4) 명운의 특성대로 명 연기를 하며, 세계적인 스타가 되었습니다.

중년운과 말년운의 지지명운은, 모두 편재(5) 명운으로 구성되어 있는데, 편재(5) 명운의 특성에따라 재물복이 많으며, 기부도 많이 하며, 좋은 일을 하고 지냅니다. 바쁘게 살아갈 것이며 인정이 많습니다.

상관(4) - 편재(5) 명운 배합은, 길 흉이 반반인데, 상, 하 명운에 따라 대길하거나 대흉합니다. 초년운을 보면, 정재(6) - 편관(7) 명운 배합입니다.

이 두 명운 배합이 대길한 운이라서 상관(4) - 편재(5) 명운 배합도 대길한 운이 되었습니다.

상관(4)은 자식운도 의미하므로 자식운도 좋습니다.

편관(7)은 남자운을 의미하는데, 극을 당하지 않고 정재(6)인 재물운과 같이 있어서 남자운도 좋고, 재물운의 도움을 받아서 남자도 출세를 합니다.

단, 편재(7)는 흠있는 남자를 의미하기 때문에 흠있는 남자와 결혼하면 행복해 집니다.

도금식 성명 풀이서

시기	천간명운	성명	지지명운
초년운 25~30세	겁재(2)	**조**	정재(6)
중년운 55~60세	상관(4) 상관(4)	**용**	정관(8) 정관(8)
말년운 60세이후	정인(10) 정재(6)	**민**	상관(4) 정인(10)

〈참고〉 1. 초년운, 중년운, 말년운의 시기는, 사람들의 수명에 따라
　　　　　다르므로, 위의 시기는 참고용입니다.

　　　　2. 천간명운 : 태어날 때, 가지고 온 운입니다.

　　　　3. 지지명운 : 살아가면서 생기는 운입니다.

　가수의 왕이라고 불리는 조용민님의 이름을 풀어 봅니다.

　천간명운을 보면, 초년운에는 겁재(2)가 있고, 중년운에는 상관
(4) - 상관(4)이 있고, 말년운에는 정인(10)이 있습니다.

　겁재(2)의 특성은, 대중적이고, 사교적이며, 상관(4)의 특성은, 슬
픈 감성이 뛰어나고, 말도 잘하며, 정인(10)의 특성은, 논리적이고,
이론적인 것에 탁월한 능력이 있고 말도 잘 합니다.

　이런 명운의 특성에 의해서 가수로 진출하여 대성하게 되었습니다.

가수는 대성하였으나, 초년운에 있는 겁재(2) - 정재(6) 명운 배합이 본처를 극하는 것이라서 본처와 이별을 하였고, 말년운의 정인(10) - 정재(6) 명운 배합도, 복록이 처와 어울리지 않아서 둘째 부인도 사별을 하였습니다.

중년운 지지명운은 정관(8) - 정관(8) 명운 배합입니다. 정관(8)은 남자에게는 자식을 의미합니다. 강한 자식운이 있었지만, 천간명운에 있는 상관(4)이 정관(8)을 극하여 자식운도 사라져 버렸습니다. 자식이 없는 것이지요.

도금식 성명 풀이서

시기	천간명운	성명	지지명운
초년운	비견(1)	엄	식신(3)
25~30세	편관(7)		편인(9)
중년운	정인(10)	정	겁재(2)
55~60세	겁재(2)		상관(4)
말년운	비견(1)	혜	식신(3)
60세이후			

〈참고〉 1. 초년운, 중년운, 말년운의 시기는, 사람들의 수명에 따라
다르므로, 위의 시기는 참고용입니다.
2. 천간명운 : 태어날 때, 가지고 온 운입니다.
3. 지지명운 : 살아가면서 생기는 운입니다.

영화배우겸 탤런트이고 가수인 엄정혜님의 이름을 풀어 봅니다.

가운데 있는 중년운이 가장 중요한데, 중년운 첫자음은, 정인(10) - 겁재(2) 명운 배합이고, 중년운 천간명운도, 정인(10) - 겁재(2) 명운 배합입니다.

중년운 받침자음은, 겁재(2) - 상관(4) 명운 배합이고, 중년운 지지명운도, 겁재(2) - 상관(4) 명운 배합입니다.

중년운의 모든 명운 배합이 연예인에게 필요한 재능을 소유한 명운들로 구성되어 있습니다.

초년운을 보면, 첫자음이 비견(1) - 식신(3) 명운 배합인데, 비견(1)이 식신(3)에게 동화되어 힘을 보태주니, 식신(3)의 기운이 더욱 더 왕성해 졌습니다. 식신(3)도 감성이 뛰어나고 말도 잘하는 재능이 있어서 연예인으로서 충분한 자질을 갖춘 명운입니다.

말년운도 보면, 비견(1) - 식신(3) 명운 배합입니다.

초년운 첫자음처럼 식신(3)의 기운이 왕성합니다.

식신(3)의 기운이 왕성하여, 슬픈 내용보다는 기쁘고, 즐겁고, 유쾌한 내용에 출현하는 작품이 더 많네요.

성명 전체가 연예인의 재능이 넘쳐나는 명운입니다.

도금식 성명 풀이서

시기	천간명운	성명	지지명운
초년운	비견(1)	장	비견(1)
25~30세	식신(3)		식신(3)
중년운	상관(4)	윤	상관(4)
55~60세	정재(6)		정재(6)
말년운	겁재(2)	성	겁재(2)
60세이후	상관(4)		상관(4)

〈참고〉 1. 초년운, 중년운, 말년운의 시기는, 사람들의 수명에 따라 다르므로, 위의 시기는 참고용입니다.

2. 천간명운 : 태어날 때, 가지고 온 운입니다.

3. 지지명운 : 살아가면서 생기는 운입니다.

인기 여가수인 장윤성님의 이름을 풀어 봅니다.

장윤성님의 천간명운과 지지명운은 같습니다.

이럴경우, 명운의 기운이 더욱 더 강합니다.

따라서, 좋은 이름으로 살아가면, 더욱 더 행복해 지고, 나쁜 이름으로 살아가면, 더욱 더 불행해 집니다.

가장 중요한 중년운을 보면, 첫자음이, 상관(4) – 상관(4) 명운 배합입니다.

상관(4)의 기운이 엄청 강합니다.

슬픈 감성이 뛰어나다는 것이고, 말도 잘합니다.

초년운을 보면, 천간명운과 지지명운이, 비견(1) – 식신(3) 명운 배합입니다.

비견(1)이 식신(3)에게 동화되어 힘을 보태주니, 식신(3)의 기운이 더욱 더 왕성해 졌습니다. 식신(3)도 감성이 뛰어나며, 말도 잘합니다.

말년운을 보면, 천간명운과 지지명운이, 겁재(2) – 상관(4) 명운 배합입니다.

겁재(2)와 상관(4) 모두 연예계에서 성공할 수 있는 소질을 갖춘 명운들입니다.

성명 전체가 연예계에서 필요한 재능을 갖춘 명운들로 구성되어 있습니다.

도금식 성명 풀이서

시기	천간명운	성명	지지명운
초년운	편재(5)	**임**	식신(3)
25~30세	편인(9)		편관(7)
중년운	상관(4)	**영**	겁재(2)
55~60세	상관(4)		겁재(2)
말년운	식신(3)	**홍**	비견(1)
60세이후	식신(3)		비견(1)

〈참고〉 1. 초년운, 중년운, 말년운의 시기는, 사람들의 수명에 따라
다르므로, 위의 시기는 참고용입니다.

2. 천간명운 : 태어날 때, 가지고 온 운입니다.

3. 지지명운 : 살아가면서 생기는 운입니다.

요즘 인기 절정을 누리고 있는 남자 가수 임영홍님의 이름을 풀어 봅니다.

초년운을 보면, 연예인에게 필요한 재능을 가진 명운은 식신(3)1개 뿐이라서 별로 관심을 못 받았지만, 중년운을 보면, 첫자음도, 상관(4) - 겁재(2) 명운 배합이고, 받침자음도, 상관(4) - 겁재(2) 명운 배합입니다.

상관(4) - 겁재(2) 명운 배합의 기운이 강력합니다.

상관(4) - 겁재(2) 명운 배합의 기운은 연예계에 딱 맞는 재능을 갖춘 운입니다. 그리하여, 중년운에 들어서자마자 최고의 사랑을 받으며 인기 절정을 누리고 있습니다.

말년운을 보면, 첫자음과 받침자음이, 식신(3) - 비견(1) 명운 배합인데, 비견(1)이 식신(3)에게 동화되어 힘을 보태주니, 식신(3)의 기운이 차고 넘칩니다. 식신(3)도 감성이 뛰어나고, 말도 잘하는 재능이 있어서, 말년까지 훌륭한 가수로 인정받아 살아갈 것입니다.

도금식 성명 풀이서

시기	천간명운	성명	지지명운
초년운 25~30세	편관(7)	이	정관(8)
중년운 55~60세	식신(3) 편재(5)	정	상관(4) 정재(6)
말년운 60세이후	상관(4)	채	식신(3)

〈참고〉　1. 초년운, 중년운, 말년운의 시기는, 사람들의 수명에 따라 다르므로, 위의 시기는 참고용입니다.

2. 천간명운 : 태어날 때, 가지고 온 운입니다.

3. 지지명운 : 살아가면서 생기는 운입니다.

세계적 스타가 된 영화배우 이정채님의 이름을 풀어 봅니다.

이정채님의 천간명운과 지지명운은, 같은 부류에 속하는 명운입니다. 이런 배합을 가진 사람들은 명운의 기운이 매우 강합니다.

왜냐하면, 예를 들면, 정재(6)와 편재(5)를 가진 사람은 고정재물운과 유동재물운을 다 가지고 있으므로, 재물운이 무척 강하기 때문입니다.

중년운을 보면, 첫자음이 식신(3) - 상관(4) 명운 배합입니다.

식신(3)은 낙천적인 감성을 뜻하고, 상관(4)은 비관적인 감성을 뜻하는데, 감성과 예술감각이 매우 뛰어난 소유자입니다.

말년운도 보면, 상관(4) - 식신(3) 명운 배합입니다. 중년운 첫자음처럼 감성과 예술감각이 매우 뛰어 납니다.

이런 명운을 가졌기 때문에 영화계에서 두각을 나타내는 것입니다.

초년운에 있는 편관(7) - 정관(8) 명운 배합이 극을 당하지 않아서 관운이 발현되어, 권위, 명예, 책임자, 지도자의 위치도 누릴 수가 있습니다.

중년운 받침자음에 있는 편재(5) - 정재(6) 명운 배합도 있어서, 재물복이 넘쳐나서 부귀도 누릴 수가 있습니다.

도금식 성명 풀이서

시기	천간명운	성명	지지명운
초년운 25~30세	겁재(2) 상관(4)	송	겁재(2) 상관(4)
중년운 55~60세	상관(4)	혜	상관(4)
말년운 60세이후	정관(8)	규	정관(8)

〈참고〉 1. 초년운, 중년운, 말년운의 시기는, 사람들의 수명에 따라
         다르므로, 위의 시기는 참고용입니다.
       2. 천간명운 : 태어날 때, 가지고 온 운입니다.
       3. 지지명운 : 살아가면서 생기는 운입니다.

인기 여자 영화배우 겸 탤런트인 송혜규님의 이름을 풀어 봅니다.

송혜규님의 천간명운과 지지명운은 같습니다.

이럴경우, 명운의 기운이 더욱 더 강합니다. 따라서, 좋은 이름으로 살아가면, 더욱 더 행복해 지고, 나쁜 이름으로 살아가면, 더욱 더 불행해 집니다.

초년운 천간명운과 지지명운은, 겁재(2)- 상관(4) 명운 배합입니다. 겁재(2) - 상관(4) 명운 배합의 기운이 매우 강합니다.

겁재(2) - 상관(4) 명운 배합은 연예계에서는 적합한 운이라서 어릴 때부터 연예계로 진출하여 인정을 받았으며, 인기를 누렸습니다.

중년운도 보면, 상관(4) - 상관(4) 명운 배합입니다.

상관(4)의 기운이 차고 넘칩니다. 상관(4) 명운은 감성이 뛰어나고, 말도 잘하고, 예술감각도 뛰어납니다.

이런 명운들을 가지고 있어서 연예계에서 출세하고 있는 것입니다.

말년운은 정관(8) - 정관(8) 명운 배합입니다.

남자운이 강하게 있으나, 중년운에 있는 상관(4)이 정관(8)을 극하고 있어서, 남자 문제는 애로가 있을 것으로 보입니다.

도금식 성명 풀이서

시기	천간명운	성명	지지명운
초년운 25~30세	상관(4)	이	상관(4)
중년운 55~60세	겁재(2)	효	겁재(2)
말년운 60세이후	상관(4)	래	상관(4)

1. 초년운, 중년운, 말년운의 시기는, 사람들의 수명에 따라
   다르므로, 위의 시기는 참고용입니다.
2. 천간명운 : 태어날 때, 가지고 온 운입니다.
3. 지지명운 : 살아가면서 생기는 운입니다.

인기 여자 가수인 이효래님의 이름을 풀어 봅니다.

성인 이씨는 한자로 오얏나무리 입니다.

이로 부르고 쓰지만, 성명학에서는 "리"로 보고, 자음 "ㄹ"로 풀이 합니다. 북한이나 중국에서는 아직도 "리"로 발음하고 있습니다.

이효래님의 천간명운과 지지명운은 같습니다.

이럴경우, 명운의 기운이 더욱 더 강합니다. 따라서, 좋은 이름으로 살아가면, 더욱 더 행복해 지고, 나쁜 이름으로 살아가면, 더욱 더 불행해 집니다.

초년운을 보면, 상관(4) - 상관(4) 명운 배합입니다.

상관(4)의 기운이 차고 넘칩니다. 감성이 뛰어나고, 말을 잘 합니다. 예술 감각도 뛰어 납니다. 어릴 때부터 가수의 길로 들어가서 그룹 멤버로 활동하다가 솔로로 데뷔하였는데, 대중의 인기를 크게 누렸습니다.

중년운을 보면, 겁재(2) - 겁재(2) 명운 배합입니다.

겁재(2)의 기운이 차고 넘칩니다. 사교성이 뛰어나고 대중적입니다.

말년운을 보면, 상관(4) - 상관(4) 명운 배합입니다. 초년운처럼

상관(4)의 기운이 강력합니다.

성명전체가 상관(4), 겁재(2) 두 명운으로만 구성되어 있습니다.

명운이 단순한데, 주어진 명운에 집중하여 성공하기는 좋겠으나, 가지지 못한 명운들의 운을 누리지 못하는 단점도 있습니다.

도금식 성명 풀이서

시기	천간명운	성명	지지명운
초년운 25~30세	편재(5)	유	정재(6)
중년운 55~60세	상관(4)	재	식신(3)
말년운 60세이후	상관(4) / 정인(10)	식	식신(3) / 편인(9)

〈참고〉　1. 초년운, 중년운, 말년운의 시기는, 사람들의 수명에 따라 다르므로, 위의 시기는 참고용입니다.

　　　　2. 천간명운 : 태어날 때, 가지고 온 운입니다.

　　　　3. 지지명운 : 살아가면서 생기는 운입니다.

코메디언이자 예능계의 실력자인 유재식님의 이름을 풀어 봅니다.

유재식님의 천간명운과 지지명운은 같은 부류에 속하는 명운입니다. 음, 양은 다르지만, 그 속성은 같습니다. 이런 명운 배합을 가진 사람은 그 명운의 기운이 매우 강합니다.

중년운을 보면, 상관(4) - 식신(3) 명운 배합입니다.

상관(4)과 식신(3)의 특성은, 정신적, 심리적, 감성적, 예술적, 종교적 재능이 뛰어나고, 말을 잘 합니다.

중년운에 상관(4) - 식신(3) 명운 배합이 있어서, 당연히 코메디언이나 예능계에서 두각을 나타낼 수 밖에 없습니다.

말년운도 보면, 첫자음에 상관(4) - 식신(3) 명운 배합입니다.

상관(4) - 식신(3) 명운 배합의 기운이 차고 넘칩니다.

초년운을 보면, 편재(5) - 정재(6) 명운 배합으로서 재물운이 넘쳐나서, 부귀도 누립니다.

말년운 받침자음은, 정인(10) - 편인(9) 명운 배합인데, 상관(4) - 식신(3) 명운 배합을 극하고 있습니다. 말년운 말기에는 상관(4)-식신(3) 명운 배합의 기운이 쇠퇴하여 무대에서 내려올 것으로 보여집니다.

도금식 성명 풀이서

시기	천간명운	성명	지지명운
초년운	식신(3)	강	상관(4)
25~30세	편인(9)		정인(10)
중년운	정관(8)	수	편관(7)
55~60세			
말년운	편인(9)	현	정인(10)
60세이후	비견(1)		겁재(2)

〈참고〉 1. 초년운, 중년운, 말년운의 시기는, 사람들의 수명에 따라
　　　　 다르므로, 위의 시기는 참고용입니다.
　　　　2. 천간명운 : 태어날 때, 가지고 온 운입니다.
　　　　3. 지지명운 : 살아가면서 생기는 운입니다.

　국내에서도 인기를 누렸지만, 세계적으로도 그 명성을 떨친, 여자영화배우 강수현님의 이름을 풀어 봅니다.

　강수현님의 천간명운과 지지명운은 같은 부류에 속하는 명운입니다. 음, 양은 다르지만, 그 속성은 같습니다. 이런 부류의 명운을 가진 사람은 명운의 기운이 강합니다.

　초년운 첫자음은, 식신(3) - 상관(4) 명운 배합입니다. 태어날 때부터 강한 예술적 재능을 가지고 태어났습니다. 그리하여, 어릴때

부터 영화계에 발탁되어, 연예인의 생활을 시작하였습니다.

초년운 받침자음을 보면, 편인(9) - 정인(10) 명운 배합입니다.

편인(9) - 정인(10) 명운 배합이 첫자음에 있는 식신(3) - 상관(4) 명운 배합을 극하고 있어서, 식신(3)과 상관(4)이 힘을 뻗지 못하고 있습니다.

중년운을 보면, 정관(8) - 편관(7) 명운 배합인데, 관운이 매우 강하여 남자운도 강해야 되나, 초년운 첫자음에 있는 식신(3) - 상관(4) 명운 배합이, 정관(8) - 편관(7) 명운 배합을 극하고 있어서, 관운과 남자운도 힘을 펴지 못하고 있습니다.

초년운과 중년운이 서로 극을 하고, 극을 당하고 있으니, 인생이 풀리지가 않고, 예술활동도 줄어들어 인기도 시들어 갔습니다.

말년운이 다가오면서 다시 편인(9)을 만나서 불행이 닥쳐오더니, 애석하게도, 지병에 의해 50대 중반에 미혼인 상태에서 저 세상으로 떠나 갔습니다.

연예인은 식신(3)과 상관(4)이 극을 당하던가, 방해를 받으면, 결코 성공할 수가 없답니다.

도금선생 : 여러 유명 연예인 분들의 이름풀이를 해 보 았는데, 어떤 것이 특히하다고 생각해요?

계소향 : 네, 유명 연예인의 중심명운에 상관(4), 식신

(3), 겁재(2) 명운들이 들어 있네요. 상관(4)이나 겁재(2)는 나쁜 운인데, 나쁜운을 가지고 유명 인사가 된 것이 의아합니다.

도금선생 : 그래요, 유명 연예인의 중심명운에는 상관(4), 식신(3), 겁재(2) 명운들이 들어 있답니다. 상관(4)과 식신(3)은 감성이 매우 뛰어나고, 말고 잘 한답니다. 언어 구사력이 뛰어나지요.

감성과 언어구사력이 필수인 연예계에서는 딱, 들어 맞는 재능이지요.

그리고, 겁재(2)는 사교성이 대단히 탁월합니다.

또 대중적인 마인드가 강해요. 사교성과 대중성도 연예계에서는 필요한 재능이라서 딱 들어맞는 명운이라고 보아야겠지요.

그리고, 지금까지 이야기한 명운중에서 나쁜 운이라고 말했던 겁재(2), 상관(4), 편인(9) 등의 명운에는 해로운 운들만 가득찬 것이 아니랍니다.

좋은 운도 많이 들어 있어요. 예를 든다면, 겁재(2)는 사교성, 대중성, 야망 등의 좋은 운이 있고, 상관(4)은 감성, 개혁, 혁신, 변화, 언어 구사력, 문예, 연구 개발 등의 좋은 운이 있고, 편인(9)은 창의, 지혜, 아이디어, 혁신,

개척, 등의 좋은 운이 있답니다.

이런 좋은 운들이 실현될 수 있는 분야에서 일을 하면, 자연히 재능이 나타나서 출세를 하는 것이지요.

계소향 : 제 딸의 명운에도 식신(3)과 겁재(2), 정인(10) 명운이 있는데, 연예계로 진출하면 괜찮을까요?

도금선생 : 따님의 이름에 식신(3), 겁재(2), 정인(10) 명운이 잘 조화되어 있지요. 하지만, 가장 중요한 중년운 천간명운에는 정관(8)이 자리잡고 있답니다. 정관(8)은 상관(4)이나 식신(3)처럼 감성적이고 자유분방하고 유희를 즐기는 성격이 아니랍니다. 그 반대이지요. 규정, 규칙, 질서를 좋아하고, 이성적이고 근면 성실한 성격이지요. 그래서 연예계하고는 맞지가 않답니다.

차라리 계소향님이 초년운에 식신(3) - 상관(4) 명운 배합이 있어서, 개명하였다면, 연예계에 맞는 운이었답니다.

계소향 : 선생님도 참, 저는 아니에요. 아무튼, 딸에게 가서 잘 이야기할게요.

저와 남동생 새 이름 문제는 어떻게 하면 좋겠습니까?

도금선생 : 새로 지어 드릴게요

20.

그녀와 남동생의 새 이름 수정

사람들의 이름을 기억하고 자주 불러라,
그러면 당신은 많은 찬사를 받을 것이다.

도금식 성명 풀이서

시기	천간명운	성명	지지명운
초년운 25~30세	식신(3)	계	상관(4)
중년운 55~60세	편재(5)	미	정재(6)
말년운	정관(8)	정	편관(7)
60세이후	정인(10)		편인(9)

〈참고〉 1. 초년운, 중년운, 말년운의 시기는, 사람들의 수명에 따라
　　　　　　다르므로, 위의 시기는 참고용입니다.

　　　　2. 천간명운 : 태어날 때, 가지고 온 운입니다.

　　　　3. 지지명운 : 살아가면서 생기는 운입니다.

도금선생 : 기존 이름인 계소향의 말년운이, 정인(10) - 편인(9) 명운 배합이지요. 강한 어머니 운과 모성애가 있었지요.

어머니와의 정이 매우 돈독하였나 봅니다. 제가 왜 말년운을 모두 없애 버렸는가 하면, 편인(9) 때문이랍니다. 편인(9)은 나쁜 운인데, 건강을 해하고, 자식운을 해하고, 하는 일마다 실패와 좌절을 겪고, 고독한 삶을 살아갈 운이기 때문에 없애버렸던 것이지요.

어머니의 운인 정인(10)이 꼭 필요하다고 하니, 말년운 받침자음에 "ㅇ" 자음을 선택하되, 편인(9)의 나쁜 운을 억제하기 위하여 중년운에 있는 정재(6) 아래에 편인(9)을 넣어야 해요.

만약, 편재(5) 아래에 편인(9)을 넣으면, 편재(5)가 편인(9)을 극하여 흉변위길할 수 있겠으나, 반대로 정재(6)가 정인(10)을 극하여 이머니운과 모성애가 극을 당하여 불행해 질 수가 있답니다.

수정한 새 이름 "계미정" 어때요?

계수향 : 계미정! 괜찮네요. 좋아요.

도금선생 : 한자도 바꾸었어요. 미 자는 맛 미 (味 8획)이고요,

정 자는 단정할 정(靚 15획)입니다. 성명 한자 총 획수가 33획으로서 겨울에 태어난 사람에게 좋은 숫자입니다. 한자를 결정할 때는 획수에 따라 명운이 달라질 수 있으니, 저와 의논을 하여야 합니다.

계수향 : 네, 선생님, 만약 한자를 바꾸고 싶으면 연락할게요.

도금선생 : 다음은 남동생 분의 수정된 새 이름입니다.

도금식 성명 풀이서

시기	천간명운	성명	지지명운
초년운 25~30세	편관(7)	계	편관(7)
중년운 55~60세	편재(5) 식신(3)	룡	편재(5) 식신(3)
말년운 60세이후	정인(10) 정관(8)	백	정인(10) 정관(8)

〈참고〉　1. 초년운, 중년운, 말년운의 시기는, 사람들의 수명에 따라 다르므로, 위의 시기는 참고용입니다.
　　　　2. 천간명운 : 태어날 때, 가지고 온 운입니다.
　　　　3. 지지명운 : 살아가면서 생기는 운입니다.

도금선생 : 아버님 성명에 "동" 자가 있어서 남동생 새 이름인 계동백을 반대하신다고 했지요?

계소향 : 네, 같이 쓰면 동급이 되어서 싫다고 하셨습니다.

도금선생 : 한자가 다르면 괜찮을텐데, 어쩔 수가 없네요. 북한 김정은도 아버지 이름이 김정일인데, 정자를 같이 사용하고 있잖아요. 그러나, 여기는 한국이고 가족이 반대하면 않되지요.

새 이름을 수정하겠습니다.

중년운에 편재(5)를 넣기 위해서는 첫자음에 "ㄴ, ㄹ, ㄷ, ㅌ" 자음 중에서 하나를 선택하여야 합니다. 위 4개 자음은 같은 명운이랍니다. 그리고 받침자음에 "ㅇ" 이 들어가는 글자를 선택하여야 하는데, 마땅한 글자가 별로 없답니다.

낭, 냉, 농, 눙, 능, 닝, 랑, 랭, 롱, 룽, 룡, 륭, 릉, 링, 당, 댕, 동, 둥, 등, 딩, 탕, 탱, 통, 퉁, 등 등 선택의 여지가 별로 없는 글자들입니다.

이 중 "동" 자가 가장 부르기 쉽고 듣기 좋은 글자였고, 차선책으로 "룡" 자를 선택했습니다. 마침 한자도 용 룡(龍16획)자 이고, 획수도 16획이라서 좋으며, 성명 전체 한자 획수도 47획이라서 매우 좋은 숫자입니다.

"계룡백" 어떻습니까?

계소향 : 아, "계룡백" 괜찮아요, 좋아요. 뜻도 좋네요. 또 한자 획수도 좋다고 하니, 만족합니다.

도금선생 : 그럼 이제 두 분의 새 이름은 마무리 되었습니다.

계소향 : 선생님, 고맙습니다. 오늘은 이만 가 보겠습니다.

21.

형제간에 돌림자를 쓴 아이의 새 이름과 아버지의 이름과 개명

이름에는 인생이 깃들어 있습니다.

〈며칠전에 두 자녀 이름풀이를 해 간 젊은 부부가 찾아왔다〉

도금선생 : 김춘열, 김지열 남매 어머님이 아니십니까?

젊은부인 : 선생님, 안녕하세요? 여기 제 남편입니다.

도금선생 : 반갑습니다. 박도금입니다.

젊은남편 : 네, 처음 뵙겠습니다. 아내를 통해 선생님 말씀을 들었습니다. 제 자식들 이름 문제를 의논하고자 찾아 뵙습니다.

도금선생 : 잘 오셨습니다. 자녀들의 인생길에 애로 사항이 있다면, 하루라도 빨리 해결해 주는 것이 부모로서의 도리고, 자녀들에게도 무척 좋은 일이지요. 참, 성함이 어떻게 되는지요?

저는 김영훈입니다. 제 아내는 이효심이랍니다.

도금선생 : 네, 자, 이리로 와서 앉으세요.

김영훈 : 제 자식들 인생에서 어떤 문제점이 있는지, 선생님께 직접 듣고 싶습니다.

도금선생 : 먼저, 이야기하기 전에, 성명에는 그 사람의 인생이 깃들어 있다는 사실을 믿어야 됩니다. 믿지 않으면 아무런 말도 다 소용이 없습니다.

수 많은 사람들의 이름을 풀어 보았는데, 거의 다, 성명에 들어 있는 명운대로 살아간다는 것을 알 수가 있었습니다.

맞지 않는 사람들은 특이한 사람들인데, 속세를 떠난 사람이거나, 어떤 한가지 일에 몰두하여, 오직 그 일에만 신경쓰면서 살아가는 사람들이었습니다.

김영훈 : 네, 알겠습니다.

도금선생 : 그럼, 첫째 자녀인 아들 김춘열 아이에 대하여 이야기 하겠습니다.

김춘열은 태어날 때 가지고 온 운과 살아가면서 생기는 운이 똑같습니다. 이런 명운 배합은 자주 오는 것이 아니랍니다. 사람도 태어날 때의 간지가 60년만에 다시 돌아오지요. 그래서 60살을 회갑이라고 하지요. 귀한 명운 배합이랍니다.

태어날 때 가지고 온 운을 천간명운이라고 하고, 살아가면서 생기는 운을 지지명운이라고 합니다. 천간명운과 지지명운이 같으면, 똑같은 명운이 2개나 되어서 명운의 기운이 매우 강렬합니다.

출세한 사람들 중에서 이처럼 천간명운과 지지명운이 같은 사람이 많습니다. 예를 든다면, H그룹 창업자 정주용 회장님도 천간명운과 지지명운이 같지요.

그런데, 명운의 기운이 강하다 보니, 좋은 이름으로 살아가면 더욱 더 행복해 지고 대성하게 되며, 나쁜 이름으로 살아가면 더욱 더 불행해 지고 나락으로 빠져 버립니다. 이름을 잘 지어 주어야 합니다.

김춘열은 초년운인 성 "김"의 운이 대길한 운입니다. 재물운과 관운이 만나서 일평생 안락하고 부귀와 명예를 누리는 운입니다.

이런 좋은 운을 가지고 태어났는데, 좋은 운이 계속 이어가도록 해 주고, 꿈을 펼치도록 좋은 이름을 지어 주어야 하나, 중년운과 말년운이 완전히 대흉한 운입니다.

중년운은 편인(9)이라는 나쁜 운이 식신(3)을 직접 극하여, 의식주가 불안하고, 건강을 해치며, 자식운 재물운 여자운이 사라지고

실패, 좌절, 형액이 따르는 대흉한 운입니다.

말년운을 보면, 겁재(2)의 나쁜 운과 상관(4)의 나쁜 운이 결합되되어 최악의 운이 되었습니다. 겁재(2)는 재산탕진, 가정파괴, 패가망신, 처복을 극하는 나쁜 운이요, 상관(4)은 관운을 극하여, 직장운이 없고, 관청운이 없으니 관청에 끌려갈 운이고, 비관, 망신, 허

망, 염세주의, 자살, 실패 등의 특성이 있는 아주 나쁜 운입니다.

두 나쁜 운이 만났으니, 만사지흉입니다.

중년운과 말년운이 대흉하여, 결국 중년운에 들어서면서 온갖 불행이 닥쳐올 것입니다.

다음은, 둘째 자녀인 딸 김지열 아이에 대하여 이야기하겠습니다.

김지열은 초년운인 성 "김"의 운이 지도자, 책임자, 난세의 개척자 운입니다. 평화시 때나 난세 때나 항상 두령운입니다. 여자라서 안타깝지만, 남자라면 한자리 크게 하는 운입니다. 요즘 시대에는 여자도 얼마든지 지도자, 책임자, 개척자의 길로 갈수가 있으므로 귀한 운입니다. 그리고 초년운에는 편인(9) 정인(10) 두 명운이 있어서 두뇌가 명석합니다. 학문을 많이 해도 좋습니다.

중년운을 보면, 10대 명운중 가장 흉한 상관(4)이 자리잡고 있습니다. 더불어 비견(1)이 상관(4)에게 동화되어 힘을 보태주니 상관(4)의 기운이 더욱 더 왕성하여 불행이 더 강하게 되었습니다.

상관(4)은 관운을 극하여 남자운이 없습니다. 여자에게 있어서 남자운은 매우 중요한 운입니다. 옛말에 여자 팔자는 남자에게 달렸다는 말이 있죠. 지금은 많이 변하여 잘 맞지 않지만, 아직도 좋은 남자를 만나야 여자의 인생이 행복해 지는 것이지요.

첫째 자녀 이름 설명에서 말한 바와 같이, 상관(4)은 불행이 강한 운이랍니다. 단, 예술계, 종교계, 연구 분야 등에 진출한다면, 상관

(4)의 운도 성공할 수 있습니다만, 성공하기 위해서는 상, 하 명운이 도와주어야 하는데, 김지열은 초년운과 말년운이 중년운과 어울리지가 않습니다.

말년운은 자체적으로는 무난하나, 중년운과의 연결 운세가 불행하여, 결국 성명 전체가 불행해 지는 것입니다.

김영훈 : 선생님, 그렇다면 이름을 개명하면 좋아질까요?

도금선생 : 조금전에도 말씀드렸습니다만, 이름 속에는 인생이 깃들어 있답니다. 각자 자기의 이름 명운대로 살아가니까, 개명하면 자연히 개명된 이름으로 인생을 살아 간답니다. 개명한 이름이 어떤 것이냐가 문제가 되겠지요.

김영훈 : 그럼, 선생님만 믿겠습니다. 저희 부부 아들, 딸 새 이름을 지어주세요.

도금선생 : 그래요, 태어날 때 두 자녀가 좋은 기운을 가지고 태어 났으니, 한평생 멋지고, 행복하게 살도록 해야 되겠지요.

조금 기다려 주세요.

김영훈 : 네, 알겠습니다.

도금식 성명 풀이서

시기	천간명운	성명	지지명운
초년운	**정재(6)**	**김**	**정재(6)**
25~30세	정관(8)		정관(8)
중년운	**편관(7)**	**백**	**편관(7)**
55~60세	편재(5)		편재(5)
말년운	**정인(10)**	**진**	**정인(10)**
60세이후	상관(4)		상관(4)

〈참고〉　1. 초년운, 중년운, 말년운의 시기는, 사람들의 수명에 따라 다르므로, 위의 시기는 참고용입니다.

2. 천간명운 : 태어날 때, 가지고 온 운입니다.

3. 지지명운 : 살아가면서 생기는 운입니다.

김춘열의 새 이름 제 1안으로 김백진을 지었습니다.

〈천간명운과 지지명운〉

천간명운과 지지명운은 같습니다. 이럴경우, 명운의 기운이 강합니다.

따라서 좋은 이름으로 살아가면 더욱 더 대성하고 행복해지고, 나쁜 이름으로 살아가면 더욱 더 불행해지고 나락으로 빠집니다.

<초년운>

초년운 천간명운과 지지명운은, 정재(6) - 정관(8) 명운 배합입니다. 재물운과 관운이 만나서 대길한 운이 되었습니다.

<중년운>

중년운 천간명운과 지지명운은, 편관(7) - 편재(5) 명운 배합입니다. 재물운과 관운이 만나서 대길한 운이 되었습니다.

편관(7) - 편재(5) 명운 배합의 특성은, 자립하여 성공하는 대길운입니다.

주위의 도움이 많고 성공이 순조로우며 원하는 것을 성취합니다.

분주다사하며 활동성이 매우 강합니다. 귀기가 있어 영적감각이 뛰어나서 선견지명이 있습니다.

복록이 많습니다. 부귀와 명성을 얻습니다. 집안을 일으킵니다. 명예와 권리가 많습니다.

주색에 빠져서 몸을 망칠 수가 있으니, 주색을 멀리하여야 합니다.

<말년운>

말년운 천간명운과 지지명운은, 정인(10) - 상관(4) 명운 배합입니다. 정인(10)이 상관(4)을 극하고 있습니다. 나쁜 운인 상관(4)이 극을 당하니, 나쁜 운이 사라지고 좋은 운으로 변하여 흉변위길

하여 대길한 운이 되었습니다. 두 명운 배합의 특성은, 복록이 많습니다. 부귀와 명성이 세계를 진동시킵니다.

만인이 우러러 봅니다. 지혜, 지식이 뛰어납니다. 장수 행복합니다.

〈초년운과 중년운과 말년운의 연결 운세〉

초년운 – 중년운 – 말년운의 연결 운세는 막힘없이 매우 길한 운세입니다.

도금식 성명 풀이서

시기	천간명운	성명	지지명운
초년운	**정재(6)**	**김**	**정재(6)**
25~30세	정관(8)		정관(8)
중년운	**편재(5)**	**권**	**편재(5)**
55~60세	식신(3)		식신(3)
말년운	**정인(10)**	**진**	**정인(10)**
60세이후	상관(4)		상관(4)

〈참고〉　1. 초년운, 중년운, 말년운의 시기는, 사람들의 수명에 따라 다르므로, 위의 시기는 참고용입니다.

2. 천간명운 : 태어날 때, 가지고 온 운입니다.

3. 지지명운 : 살아가면서 생기는 운입니다.

김춘열의 새 이름 제 2안으로 김권진을 지었습니다.

초년운과 말년운은 제 1안 김백진과 같으나, 중년운은 다릅니다.

〈중년운〉

중년운은, 편재(5) - 식신(3) 명운 배합입니다.

재물운과 식록이 만나서 대길한 운이 되었습니다.

두 명운 배합의 특성은, 재물운이 많습니다. 여자복도 많습니다.

주변 사람들로부터 도움이 많으며, 하고자 하는 일이 쉽게 풀립니다.

건강하고 장수하며 행복합니다. 마음이 넓고 높은 인격을 갖추었습니다.

유흥을 즐깁니다. 주색이나 노름을 조심하여야 합니다.

〈첨언〉

제 1안 김백진은, 편관(7)이 강하게 있어서, 초년운 받침자음에 있는 정관(8)과 함께 결합하여 관운이 엄청나게 강합니다.

직장운이 좋습니다. 권세, 권위, 명예, 투쟁심, 승부욕이 강합니다.

살기와 귀기가 강하여 무엇이든 적극적이고 몸조심을 하지 않습니다.

재물운이 위 아래에서 도와주니, 부귀와 명성을 떨칩니다.

제 2안 김권진은, 식신(3)이 있어서, 건강, 장수, 낙천적입니다.

재물운과 식신(3)이 만나서 부귀영화를 우립니다.

아이의 건강상태나 성격을 잘 파악한 후, 결정하세요.

1안, 2안 모두 대길한 운이며, 초년운 – 중년운 – 말년운의 연결 운세도 대길합니다.

한자는 으뜸 백(21획), 베풀 진(16획), 돌아볼 권(11획) 입니다.

도금식 성명 풀이서

시기	천간명운	성명	지지명운
초년운 25~30세	정관(8) 정인(10)	김	편인(9) 비견(1)
중년운 55~60세	편재(5) 식신(3)	동	정관(8) 정재(6)
말년운 60세이후	식신(3)	화	정재(6)

〈참고〉 1. 초년운, 중년운, 말년운의 시기는, 사람들의 수명에 따라
다르므로, 위의 시기는 참고용입니다.

2. 천간명운 : 태어날 때, 가지고 온 운입니다.

3. 지지명운 : 살아가면서 생기는 운입니다.

둘째 자녀인, 딸 김지열의 새 이름 제 1안 김동화를 지었습니다.

〈천간명운과 지지명운〉

천간명운과 지지명운은 서로 상생상합하여 좋습니다.

〈초년운〉

초년운은 기존 이름과 같습니다.

〈중년운〉

중년운 첫자음은, 편재(5) - 정관(8) 명운 배합입니다.

재물운과 관운이 만나서 대길한 운이 되었습니다.

두 명운 배합의 특성은, 재복이 많습니다. 성격이 고상합니다.

여러 분야에서 성공합니다. 지덕을 겸비한 두령운입니다.

처세에 탁월하고 신망이 두텁습니다.

정실남편운이 강하나, 초년운 지지명운 받침자음에 있는 비견(1)이 정관(8)에게 동화되어 힘을 보태주니, 정관(8)의 기운이 더욱 더 왕성해 져서 남편이 두 사람이 될 수 있으니, 항상 남자 문제에 조심하고, 정실남편에게 유순하게 잘 대해 주어서 부부가 화목하게 살아가도록 노력하여야 합니다.

중년운 받침자음은, 식신(3) - 정재(6) 명운 배합입니다.

두 명운은 서로 상생하여 대길한 운이 되었습니다.

두 명운 배합의 특성은, 주위의 도움이 많아서 성공이 순조롭고 부귀가 따르고, 도처에 권리가 많은 대길한 운입니다. 자식복이 많습니다. 건강하고 장수하며 행복합니다. 남편복도 많아서 집안을 빛냅니다.

중년운 천간명운은, 편재(5) - 식신(3) 명운 배합입니다.

두 명운은 서로 상생하여 대길한 운이 되었습니다.

두 명운 배합의 특성은, 주위의 도움이 많아서 성공이 순조롭습니다.

자식복과 남편복이 많습니다. 복록이 많습니다. 건강하며 장수합니다.

활동성이 강합니다. 재물운이 많습니다.

중년운 지지명운은, 정관(8) - 정재(6) 명운 배합입니다.

관운과 재물운이 만나서 대길한 운이 되었습니다.

두 명운 배합의 특성은, 남편에게 명예가 따릅니다. 사회생활을 하면 명성을 얻습니다. 결혼후 생활이 부유해 집니다. 초년이 어려워도 말년은 길합니다. 재복이 많으며 주위에서 도움을 줍니다.

평생 대액이 없고 부귀와 복록을 누립니다.

이처럼 중년운은 모두가 대길한 운입니다.

〈말년운〉

말년운은 식신(3) - 정재(6) 명운 배합입니다.

위에서 설명한 바와 같이 대길한 운입니다. 초년운 지지명운 첫 자음에 편인(9)이 있는데, 편인(9)은 건강을 해치고, 자식운을 해치고, 단명하는 나쁜 운이라서, 보강책으로, 건강과 장수, 자식운을 나타내는 식신(3)을 또 말년운에 넣었습니다. 그리고 편인(9)의 기운을 막기위해 정재(6)를 또 넣었습니다. 말년운에는 편인(9)의 기운이 얼씬도 못하게 하였습니다. 그리하여 말년에는 완전하게 건강하고 장수하며, 부귀와 영화를 누리도록 하였습니다.

초년운 - 중년운 - 말년운의 연결 운세는 좋습니다.

도금식 성명 풀이서

시기	천간명운	성명	지지명운
초년운	정관(8)	김	편인(9)
25~30세	정인(10)		비견(1)
중년운	식신(3)	영	정재(6)
55~60세	식신(3)		정재(6)
말년운	편재(5)	나	정관(8)
60세이후			

김지열의 새 이름 제 2안으로 김영나를 지었습니다.

초년운 지지명운 첫자음에 있는 편인(9)의 기운이 매우 강하여, 혹시나, 병치레나 건강이 나빠질 것이 염려되어서, 편인(9)을 억제하고 극할 수 있는 명운인 정재(6)를 중년운 지지명운에 넣었습니다. 정재(6)를 중년운 지지명운에 넣다보니, 초년운 지지명운 받침자음에 있는 비견(1)이 정재(6)를 극하여, 정재(6)의 기운이 약해져 버렸습니다.

약해진 정재(6) 명운을 살리기 위하여, 중년운 지지명운 받침자음에 또 정재(6)을 넣었습니다.

편인(9)의 기운을 막고, 건강운, 식록, 자식운을 누리기 위하여, 중년운 천간명운 첫자음과 받침자음에 식신(3)을 2개 넣었습니다.

강한 식신(3) - 정재(6) 명운 배합이 된 것입니다.

말년운에는 편재(5) - 정관(8) 명운 배합을 넣어서, 부귀과 명예, 남편운이 좋아지도록 하였습니다.

김지열의 건강 상태를 살펴서, 약한 체질이면, 제 2안 김영나가 좋고, 건강하고, 활달하며, 적극적이면 제 1안이 좋습니다.

제 1안은 초년운을 건드리지 않고, 기운를 이어 받아서 권위, 명예, 부귀를 누리는 운입니다.

도금선생 : 지금까지 두 자녀의 새 이름을 1안, 2안으로 하여 지어 보았습니다. 마음에 드십니까?

김영훈 : 네, 선생님, 마음에 듭니다. 이렇게 대길한 운으로 지어주셨는데, 우리 자식들이 대길한 운대로 인생을 살아갈 그릇이 될수 있을까? 걱정이 됩니다.

이효심 : 맞아요, 애들이 나약하여 큰 운들을 소화할 수 없으면 어쩌나 걱정이 되네요.

도금선생 : 그런 것까지 걱정하여 평범한 사람처럼 이름을 지으면 않되지요.

대길한 이름이라 해서 꼭, 만인들의 존경을 받고, 명성을 떨치며, 부귀영화를 누리는 것이 아니랍니다.

대길한 이름으로 살아가면, 평범하게 산다고 해도, 평범한 삶 속에서 대액이 없고, 하고싶은 일이 잘 풀리고, 가정적으로 화목하며, 행복하게 살아갈 확률이 높답니다.

그리고, 두 자녀가 태어나기도 전에 성이 결정되어 있는데, 김씨 성이 두 자녀가 태어난 해에는 매우 대길한 운이었답니다. 성이 초년운인데, 초년운이 대길한데, 이

기운에 맞추어서 이름을 지어야 인생이 잘 풀리고 행복
해 질수가 있답니다. 그런데, 두 부모님이 지어준 이름
이 초년운과 맞지가 않아서 대흉한 이름이 되었답니다.
참, 두 자녀 이름은 누가 지어주었나요?

김영훈 : 아버지인 제가 이름을 지어 주었습니다.

도금선생 : 아, 그래요? 그럼, 김영훈님의 태어난 년도와
한자이름을 여기 적어 주실래요?

김영훈 : 여기 있습니다. 무엇 때문에 보고 싶어 하십니까?

도금선생 : 이름을 짓는 사람이 아무런 원칙이나 학문
없이 이름을 지었다면, 이름짓는 사람의 오감과 사고방
식, 판단력, 또 이름짓는 사람의 명운에 맞추어 이름을
짓게 되어 있습니다.

아들의 이름이 크게 대흉하고, 아버지운이 이름에 없었
고, 딸도 이름이 대흉하며, 아버지의 운이 있지마는 도
움이 되지 못하고 도리어 흉한 운으로 바뀌어 버리는
형세이었습니다.

아마 아버지의 이름 명운의 운세가 나쁠 것으로 느껴집
니다.

조금 기다려 주세요, 김영훈님의 이름풀이를 하고 올게요.

김영훈 : 네 알겠습니다.

도금식 성명 풀이서

시기	천간명운	성명	지지명운
초년운	정인(10)	**김**	정재(6)
25~30세	겁재(2)		정관(8)
중년운	정재(6)	**영**	겁재(2)
55~60세	정재(6)		겁재(2)
말년운	편재(5)	**훈**	비견(1)
60세이후	편관(7)		식신(3)

〈참고〉　1. 초년운, 중년운, 말년운의 시기는, 사람들의 수명에 따라
　　　　　　다르므로, 위의 시기는 참고용입니다.

　　　　2. 천간명운 : 태어날 때, 가지고 온 운입니다.

　　　　3. 지지명운 : 살아가면서 생기는 운입니다.

　두 자녀 아버지인 김영훈님의 이름풀이입니다.

〈천간명운과 지지명운〉

　지지명운이 천간명운을 극하고 있습니다. 이럴경우, 좋은 운을 극하면 불행해 지고, 나쁜 운을 극하면, 나쁜 운이 좋은 운으로 변하여 흉변위길하니, 대성하고 행복해 집니다.

　좋은 운인 정인(10), 정재(6), 편재(5), 편관(7)을 극하고 있어서

대흉합니다. 나쁜 운인 겁재(2)을 극하고 있는 것은 다행한 일입니다. 지지명운이 천간명운을 극하고 있으므로, 주력명운은 지지명운입니다. 그래서 지지명운 위주로 파악하겠습니다.

〈초년운〉

초년운 첫자음은, 정인(10) - 정재(6) 명운 배합입니다.

정재(6)가 정인(10)을 극하고 있습니다. 두 명운 배합의 특성은, 아무리 노력해도 운이 따르지 않아서 좌절하고 실패합니다.

재물복이 없습니다. 복록이 없습니다. 불의의 재앙이 닥칩니다.

초년운 받침자음은, 겁재(2) - 정관(8) 명운 배합입니다.

정관(8)이 겁재(2)를 극하고 있습니다. 겁재(2)는 나쁜 운인데, 극을 당하여 흉변위길하였습니다. 두 명운 배합의 특성은, 지덕을 겸비한 위정자의 운입니다(정치에 뛰어남). 권위 명예가 따릅니다. 재물운도 있고, 처복도 있습니다. 성공이 순조롭습니다. 사업은 대흉합니다.

초년운 지지명운은, 정재(6) - 정관(8) 명운 배합입니다.

재물운과 관운이 만나서 대길한 운이 되었습니다.

두 명운 배합의 특성은, 재물운이 많아서 부귀가 따릅니다.

권위, 명예를 소중히 여깁니다. 주위의 도움이 많고 하는 일마다 쉽게 달성하고 발전합니다. 평생 큰 재앙이 없으며 부귀영화를 누립니다. 직장생활은 대길하나, 사업은 흉합니다. 매우 성실하며 책임감이 강합니다. 처복도 많습니다. 자식복(딸)도 있습니다.

〈중년운〉

중년운 첫자음과 받침자음은, 정재(6) - 겁재(2) 명운 배합입니다.

겁재(2)가 정재(6)를 극하고 있습니다. 재물, 본처, 총명, 근면, 성실, 저축 등의 특성이 있는 정재(6)가 극을 당하니, 대흉한 운이 되었습니다. 두 명운 배합의 특성은, 아무리 노력해도 막히고 풍파가 많아서 실패합니다. 처복이 없습니다. 재물복이 없습니다.

형제덕이 없습니다. 병고, 형액등의 재앙이 따릅니다.

만약, 관운(편관, 정관)이 겁재(2)을 극하여 준다면, 성공할 수가 있습니다. 그래서 초년운 지지명운 받침자음에 정관(8)이 있는데, 이 정관(8)이 아래와 옆에 있는 겁재(2)를 극하고 있었습니다.

겁재(2)가 정관(8)에게 극을 당하여 흉변위길하니, 대길한 운이 되었으며, 정재(6)운도 살아남게 되었습니다.

하지만, 정관(8)이 겁재(2)를 극하여도, 겁재(2)가 첫자음과 받침자음에 2개나 있어서, 겁재(2)의 기운을 다 억제할 수가 없습니다.

겁재(2)의 기운이 되살아나서 정재(6)를 극할 것입니다.

따라서, 중년운 중반을 넘기면 재앙이 닥쳐올 것입니다.

〈말년운〉

말년운 첫자음은, 편재(5) - 비견(1) 명운 배합입니다.

비견(1)이 편재(5)를 극하고 있습니다. 편재(5)는 유동재물, 여자운, 활동성, 인정, 친절 등의 특성이 있는 운인데, 극을 당하니, 대흉한 운이 되었습니다.

두 명운 배합의 특성은, 재물복이 없습니다. 처복도 없습니다. 조실부모합니다. 형제간의 불화가 생깁니다.

주위의 도움이 없습니다. 수입보다 지출이 많습니다. 좌절이 많습니다.

부부 이별수도 있습니다. 병고, 형액, 단명 등의 재앙이 닥칩니다. 성공에 장애가 많습니다.

말년운 받침자음은, 편관(7) - 식신(3) 명운 배합입니다.

식신(3)이 편관(7)을 극하고 있습니다. 편관(7)은 권세, 투쟁심, 명예, 무관, 추진력, 자식운(아들) 등이 있는데, 극을 당하여 대흉한 운이 되었습니다. 두 명운 배합의 특성은, 주위의 도움이 없습니다. 명예 권위가 실추됩니다. 자식(아들)에게 불행이 닥칩니다.

수술, 병고, 형액 등의 재앙이 닥칩니다. 이처럼 말년운은 대흉한 운입니다.

〈첨언〉

초년운은 첫자음에서 정재(6)가 정인(10)을 극하여, 복록이 사라져 버려서 불우한 때를 보냈지만, 다행히도 초년운 받침자음에 있는 정관(8)이 겁재(2)를 극하여 나쁜 운이 사라지고 좋은 운으로 변하여, 중년운 중반까지 행복을 누리며 살아 왔습니다.

하지만, 겁재(2)의 기운이 매우 강하여서 다시 나쁜 운이 되살아나 재앙을 가지고 올 것입니다.

이어지는 말년운도 대흉하여 계속 불행한 삶을 살아가게 될 것입니다.

말년운에 보면, 식신(3)이 편관(7)을 극하고 있는데, 편관(7)은 아들을 의미하므로 자식에게 불행한 일들이 닥치게 됩니다.

자식의 이름도 풀어 보면, 대흉한 운들로 구성되어 있고요.

이런 것들이 다 가족간에 운들이 연결되어 있는 것입니다.

자식의 이름을 지을 때, 본인도 모르게 본인의 운대로 살아가도록 자식의 이름에 운들을 심어 놓는 것이지요.

모두 개명을 하여 잘못된 운들을 바로 잡아야 합니다.

김영훈 : 제 이름에 이렇게 나쁜 운들이 있는 줄 미쳐 몰랐네요.

요즘, 늘 불안한 마음을 가지고 살아가고 있었습니다.

선생님, 어떻하면 좋겠습니까? 저도 개명을 하여야겠지요?

도금선생 : 네, 개명을 하여야 합니다. 김영훈님은 이제 중년운 중반에 들어섰기 때문에 시간이 별로 없어요. 개명 신청을 법원에 하면, 약 5개월 정도 지나야 허가가 납니다. 그리고, 개명후 새 이름이 자리잡는데도 약 2년이라는 기간이 걸립니다. 과도기가 있답니다. 지금 당장 개명을 추진하여도 2년 5개월의 시간이 지나야 새 이름의 효과가 나타납니다. 시간이 없어요.

그리고 자녀들도 초등학교 입학하기 전에 개명을 해 주어야 좋지 않겠어요? 아무도 모르게 자연스럽게 초등학교 친구들이 새 이름을 불려줄 것이니까요,

김영훈 : 그럼, 선생님, 저도 새 이름을 지어 주세요.

도금선생 : 알겠습니다. 좀 기다리세요.

김영훈 : 네, 기다리겠습니다.

도금식 성명 풀이서

시기	천간명운	성명	지지명운
초년운	정인(10)	김	정재(6)
25~30세	겁재(2)		정관(8)
중년운	편인(9)	갑	편재(5)
55~60세	비견(1)		편관(7)
말년운	상관(4)	수	정인(10)
60세이후			

〈참고〉 1. 초년운, 중년운, 말년운의 시기는, 사람들의 수명에 따라
　　　　　　다르므로, 위의 시기는 참고용입니다.
　　　　2. 천간명운 : 태어날 때, 가지고 온 운입니다.
　　　　3. 지지명운 : 살아가면서 생기는 운입니다.

　김영훈님의 새 이름 김갑수님의 이름을 풀어 봅니다.

〈천간명운과 지지명운〉

　지지명운이 천간명운을 극하고 있습니다.

　이럴경우, 좋은 운을 극하면 불행해 지지만, 나쁜 운을 극하면 나쁜 운이 사라지고 좋은 운으로 변하여 흉변위길하니, 대성하고 행복해 집니다.

초년운은 기존 이름의 초년운과 같습니다.

중년운 첫자음은, 편인(9) - 편재(5) 명운 배합입니다.

편재(5)가 편인(9)을 극하고 있습니다. 편인(9)은 나쁜 운인데, 극을 당하여 흉변위길하니, 대길한 운으로 변하였습니다.

하고자하는 일을 달성합니다. 재물복이 많습니다. 창의적으로 일을 추진합니다. 분주다사합니다. 여자복도 많습니다.

중년운 받침자음은, 비견(1) - 편관(7) 명운 배합입니다.

편관(7)이 비견(1)을 극하고 있습니다. 비견(1)은 편관(7)에게 동화되어 힘을 보태주니, 편관(7)의 기운이 더욱 더 왕성해졌습니다.

두 명운 배합의 특성은, 모든 어려움을 극복하고 자립하여 대성합니다. 두뇌가 명석하며 세상 대세를 파악하여 대중을 이끕니다.

재물울 가벼이 여기고 명예는 중히 여깁니다. 추진력이 강합니다.

자식(아들)의 운이 매우 좋습니다. 자식덕을 봅니다.

중년운 지지명운은, 편재(5) - 편관(7) 명운 배합입니다.

재물운과 관운이 만나서 대길한 운이 되었습니다. 두 명운 배합의 특성은, 주위의 도움이 많으며 순조롭게 성공합니다. 부귀와 명성을 얻습니다. 집안이 흥합니다. 자립대성합니다. 주색을 좋아하니 주색을 조심하지 않으면 큰 불행이 닥칩니다.

〈말년운〉

말년운은, 상관(4) - 정인(10) 명운 배합입니다.

정인(10)이 상관(4)을 극하고 있습니다. 상관(4)은 나쁜 운인데, 극을 당하여, 나쁜 운은 사라지고 좋은 운으로 변하여 흉변위길하니, 대길한 운으로 변하였습니다.

두 명운 배합의 특성은, 복록이 많습니다. 부귀와 명성이 세계를 진동시킵니다. 만인이 우러러 봅니다. 지혜, 지식이 뛰어납니다. 장수 행복합니다.

초년운 - 중년운 - 말년운의 연결 운세도 매우 길합니다.

〈첨언〉

중년운 첫자음에 편인(9) - 편재(5) 명운 배합을 넣기 위해서는 자음 "ㄱ, ㅋ"을 선택하고, 받침자음에 비견(1) - 편관(7) 명운 배합을 넣기 위해서는 "ㅁ, ㅂ, ㅍ" 자음을 선택하여야 하며, 한자 획수가 홀수라야 합니다.

말년운에 상관(4) - 정인(10) 명운 배합을 넣기 위해서는 자음 "ㅅ, ㅈ, ㅊ"을 선택하고 글자는 한자 획수가 짝수여야 합니다.

이런 글자는 갑수, 갑제, 갑채, 금수, 금주, 금제, 금재, 금채 등이 있는데, 가장 부르기 쉽고, 상대방이 외우기 쉬운 이름이 갑수라서 갑수로 결정하였습니다. 마침, 영화배우겸 탤런트인 김갑수 분이 있어서, 사람들이 빨리 이름을 외울 것 같아 결정했습니다.

  더 좋은 이름이 있으면, 찾아보고 결정하면 되고, 한자 획수에 따라서 명운이 바뀔 수가 있으니, 다른 이름으로 할 때는 먼저 저와 상의한 후 하세요.

　　김영훈 : 알겠습니다. "김갑수" 좋습니다. 만족합니다.

　　선생님, 오늘 감사했습니다. 긴 시간 저희 가족을 위해 수고해 주신 선생님께 뭐라 고마움을 표해야할 지 모르겠네요.

　　도금선생 : 괜찮습니다. 가족들이 만족해 하고, 행복하게 살아간다면, 그것으로 저는 족합니다.

　　김영훈 : 오늘 비용은 얼마나 드려야 하나요.

　　도금선생 : 작명 세 사람 600,000원, 이름풀이 한 사람 100,000원 합쳐서 700,000원인데, 이름풀이는 빼고, 600,000원만 주세요.

　　김영훈 : 네, 여기 있습니다. 고맙습니다. 저희는 이만 가 보겠습니다.

　　선생님, 안녕히 계십시오.

이효심 : 선생님, 안녕히 계세요.

도금선생 : 다들 잘 가세요.

〈김영훈 부부가 가고난 후, 나는 보람을 느낀다. 젊은 부인이 빨리 자식들의 이름을 풀어보지 않고 살아갔드라면 어찌되었을까를 생각하니, 아찔하다. 자녀와 아빠가 명운이 너무 나빠서 큰 재앙이 닥쳤을텐데, 개명한다고 하니, 이제 안심이 되고 희망이 보인다. 두 자녀 훌륭한 사람이 되고, 가족의 행복을 기원해본다〉

〈5개월이 지난 어느날, 계소향 님으로부터 전화 연락이 왔다〉

도금선생 : 아니, 계소향 님, 그동안 통 발걸음도 없고, 연락도 없고, 무슨 일이 있었습니까?

계소향 : 그런게 아니라, 개명 신청한 후, 잘못될까봐서 조용히 지냈어요. 저, 오늘 개명 허가 받았어요.

도금선생 : 그래요! 축하드립니다. 참 잘되었어요. 남동생분은 어떻게 되었습니까?

계소향 : 남동생도 같이 개명 허가를 받았답니다.

도금선생 : 그것도 잘 되었네요. 그 분도 축하드립니다. 막혀있던 인생운도 이제는 풀려 나갈거에요.

오늘, 개명 허가 받았으니, 축하하는 뜻으로, 저녁에 거하게 한턱 쏘겠습니다. 시간이 된다면, 저녁식사나 같이 합시다.

계소향 : 히! 히! 좋아요. 같이 식사나 해요.

도금선생 : 그러면, 저녁 7시에 저희 사무실 옆 한식집에서 만나기로 해요.

계소향 : 네, 좋아요.

〈잘 되었다. 그동안 얼마나 힘들었겠는가, 이제 서서히 풀려나갈 것이고, 과거 아픈 상처가 있었겠지만, 다 털어버리고 새 출발해 보는거야. 나도 아픈 상처가 있었지, 오늘 만나서 이런 저런 이야기를 하면서, 위로와 축하를 잘 해주어야겠다〉

도금선생 : 지금까지 읽어주신 독자분께 깊은 감사를 드립니다.

인생길에 조금이나마 도움이 되길 바라며, 행복하세요.

끝.

맺는 말
이름의 명운을 벗어나는 방법은
속세를 떠나거나,
한가지 일에 몰두하는 것이다.

많은 사람들의 이름을 풀어 보면서 뼈저리게 느낀 것은, 사람들이 자기 이름 명운대로 인생을 살아가고 있다는 것입니다.

이런 사실을 많은 사람들에게 알려서, 행복한 삶을 영위할 수 있도록 해 주고 싶었습니다. 그래서 책을 쓰게 되었는데, 여러 분야의 사람들 이야기를 더 쓰면 좋았겠으나, 지면상 여기서 끝낸 것을 양해 바랍니다.

살아가면서, 본인이나 가족의 인생이 불행하다고 느낄 때는 성명을 풀어 보세요. 원인이나 문제점이 성명 속에 대부분 들어 있답니다. "이름 그것 별거 아니야, 내가 노력한 데로 살아가는거야" 라고 이름의 명운을 불신하면, 해결할 마땅한 방법이 없습니다.

성명은 자기 분신과 같습니다. 성명을 믿고, 자기 성명을 가장 소중히 여기세요.

이왕 성명을 풀어 볼거면, 가능한 한 일찍 풀어 보세요.

젊고 좋은 시절 다 보내고, 나이가 들어서 풀어 보았자, 때가 늦었답니다.

누구나 다 이름을 가지고 있기 때문에, 이름의 중요성을 이야기하는 이 책은, 가정에 한 권 정도는 비치해 두는 것도 좋을 것 같습니다.

운명이나 인생이 생각날 때, 이 책을 보세요.

독자님의 멋진 인생을 기원하면서 이만 줄입니다.

"도금선생 작명소" 를 운영하고 있으니, 이름풀이를 하고 싶거나, 작명, 개명을 하고 싶은 분은 연락 주세요.

전화번호 : 010-3329-7499

인터넷주소 : mikak7@naver.com

계좌번호 : 농협 302-1619-8399-61 **예금주** : 박도금

작가 학력 및 경력

1. 학력

부산대학교, 상과 대학, 경영학과 졸업.

2. 경력

- 도금선생 작명소 운영
- 책 저서 : 이름에는 인생이 깃들어 있습니다.

이름에는 인생이 깃들어 있습니다.

초판   1쇄 발행   2024년 6월 10일

저자 박도금
편집 · 디자인 홍성주
펴낸곳 도서출판 위
주소 경기도 파주시 광인사길 115
전화 031-955-5117~8

ISBN 979-11-86861-36-3 03180